Jülich

**Grundriß des Schulrechts
Nordrhein-Westfalen
2., überarbeitete Auflage**

Praxishilfen Schule
Handbuch

Christian Jülich
unter Mitarbeit von
Thomas Böhm und
Joachim Hoffmann

Grundriß des Schulrechts Nordrhein Westfalen

2., überarbeitete Auflage

Luchterhand

Die Deutsche Bibliothek – CIP-Einheitsaufnahme

Grundriß des Schulrechts Nordrhein-Westfalen/
Christian Jülich. Unter Mitarb. von Thomas Böhm und
Joachim Hoffmann. – 2., überarb. Aufl. –
Neuwied; Kriftel: Luchterhand, 1998
(Praxishilfen Schule : Handbuch)
1. Aufl. u. d. T.: Jülich, Christian: Grundriß des Schulrechts
in Nordrhein-Westfalen
ISBN 3-472-02033-4

Alle Rechte vorbehalten.
© 1998 by Hermann Luchterhand Verlag GmbH Neuwied, Kriftel.
Das Werk einschließlich aller seiner Teile ist urheberrechtlich geschützt.
Jede Verwertung außerhalb der engen Grenzen des Urheberrechtsgesetzes
ist ohne Zustimmung des Verlages unzulässig und strafbar.
Das gilt insbesondere für Vervielfältigungen, Übersetzungen,
Mikroverfilmungen und die Einspeicherung und Verarbeitung in
elektronischen Systemen.
Umschlag: Ute Weber GrafikDesign, München
Satz: Libro Satz, Kriftel
Papier: Permaplan von Arjo Wiggins Spezialpapiere, Ettlingen
Druck: MVR Druck GmbH, Brühl
Printed in Germany, Oktober 1998

∞ Gedruckt auf säurefreiem, alterungsbeständigem und chlorfreiem Papier

Vorwort

Das Schulrecht ist nicht die wesentliche Bedingung dafür, daß die Schulen ihren Auftrag erfüllen können. Aber es enthält die unverzichtbaren rechtlichen Grundlagen und Rahmenbedingungen, wie im freiheitlichen demokratischen Rechtsstaat die öffentliche Aufgabe des Schulunterrichts geordnet ist. Damit geht das Schulrecht nicht nur Verwaltungsfachleute und Juristen an, sondern hat für alle an der schulischen Praxis beteiligten Personen und Stellen unmittelbare Bedeutung.

Sowohl die inhaltliche und organisatorische Weiterentwicklung unseres Schulwesens als auch neue rechtliche Fragestellungen und Lösungen haben zu einem wachsenden Interesse an schulrechtlichen Informationen geführt. Dem soll mit dieser Einführung in die schulrechtlichen Vorschriften des Landes Nordrhein-Westfalen entsprochen werden.

Mitglieder der Schulleitungen sind ebenso wie die in der Schulaufsicht und Schulverwaltung Tätigen schon von Amts wegen gehalten, sich mit schulrechtlichen Problemen zu befassen. Aber auch viele Andere, die in unterschiedlichen Funktionen im Schulwesen Verantwortung tragen, müssen sich gelegentlich mit diesen Fragen beschäftigen.

Für diejenigen, die sich auf den Lehrerberuf vorbereiten, ist es wichtig, daß sie mit den rechtlichen Rahmenbedingungen der Schulen vertraut sind.

Die Fülle der unterschiedlichen Regelungen im Schulwesen erschwert die schnelle Orientierung. Hinzu kommen die Zersplitterung der Vorschriften, ihre unterschiedliche Rechtsqualität, ihre zeitliche Bedingtheit und insbesondere ihre ständige Anpassung und Veränderung.

Mit dieser systematischen Einführung in das Schulrecht wird das Schulwesen des Landes Nordrhein-Westfalen im Überblick dargestellt. Damit wird auch eine Orientierungshilfe für alle gegeben, die die BASS oder die große Loseblattausgabe „Schulrecht Nordrhein-Westfalen" benutzen. Sie sollen in die vielfältigen Regelungen des Schulrechts eingeführt und bei der Benutzung der Sammlungen unterstützt werden, rechtliche Fragen systematisch besser einzuordnen.

Durch Fußnoten, die auf die Fundstellen der wichtigsten Bestimmungen hinweisen, können die Sammlungen auch über diese Einführung erschlossen werden. Ausgewählte Hinweise auf Rechtsprechung, Literatur und Verwaltungspraxis ermöglichen es, spezielle Fragestellungen an anderer zugänglicher Stelle weiter zu verfolgen.

Düsseldorf, im September 1998

Dr. Christian Jülich   Dr. Thomas Böhm   Joachim Hoffmann

Die einzelnen Kapitel wurden bearbeitet von:

Dr. Christian Jülich

Ministerialdirigent, Ministerium für Schule und Weiterbildung, Wissenschaft und Forschung, Düsseldorf
Kapitel 1 bis 3

Dr. Thomas Böhm

Dozent für Schulrecht, Institut für Lehrerfortbildung, Mülheim/Ruhr
Kapitel 4 und 5

Joachim Hoffmann

Ministerialrat a.D., vorm. Ministerium für Schule und Weiterbildung, Düsseldorf
Kapitel 6 und 7

Inhalt

Vorwort ... 5
Abkürzungsverzeichnis ... 11
Literaturverzeichnis ... 17
Stichwortverzeichnis ... 163

I. Allgemeine Grundlagen des Schulrechts 19
1. Die Schule im Schulrecht ... 19
2. Schule und Grundgesetz ... 20
3. Rechtsstaats- und Demokratiegebot ... 21
4. Kulturhoheit und Bundesrecht ... 22
5. Europäische Integration ... 22
6. Landesverfassung ... 23
7. Schulgesetze ... 24
8. Rechtsverordnungen ... 25
9. Verwaltungsvorschriften ... 26
10. Rechtsanwendung ... 27
11. Selbstkoordination der Länder ... 29
12. Bildungsplanung ... 31
13. Schule und Kirche ... 31
14. Privatschulen ... 33
15. Berufsbildung ... 34
16. Kinder- und Jugendrecht ... 35
17. Amtliche Veröffentlichungen und Informationen ... 37

II. Aufbau und Gliederung des Schulwesens 39
1. Schulstufen und Schulformen ... 39
2. Weltanschauliche Gliederung: Schularten ... 40
3. Primarstufe: Grundschule ... 41
4. Schulen für Behinderte (Sonderschulen) ... 42
5. Sekundarstufe I — allgemein — ... 43
6. Hauptschule ... 45

Inhalt

7.	Realschule	46
8.	Gymnasium	46
9.	Gesamtschule	47
10.	Sekundarstufe II — allgemein —	48
11.	Gymnasiale Oberstufe	49
12.	Berufskolleg	50
13.	Berufsschule	50
14.	Berufsfachschule	52
15.	Fachoberschule	53
16.	Besondere Einrichtungen des Schulwesens	53
17.	Schulversuche, Versuchsschulen	55

III. Schulverfassung — Schulmitwirkung 57

1.	Allgemeines	57
2.	Schulkonferenz	58
3.	Schulleitung	60
4.	Lehrerinnen und Lehrer	61
5.	Lehrerkonferenz	63
6.	Klassenkonferenz	64
7.	Klassenpflegschaft	65
8.	Schulpflegschaft	66
9.	Fachkonferenzen	67
10.	Lehrerrat	68
11.	Schülervertretung	68
12.	Wahlen und Abstimmungen	70
13.	Überschulische Mitwirkung	70

IV. Erziehung und Unterricht 73

1.	Allgemeines	73
2.	Bildungs- und Erziehungsziele	74
3.	Richtlinien und Lehrpläne	75
4.	Lehrmittel und Lernmittel	76
5.	Unterrichtsorganisation	78
6.	Unterrichtszeit, Ferien	79

Inhalt

7. Fünf-Tage-Woche 80
8. Stundentafel 80
9. Hausaufgaben 82
10. Klassenarbeiten 83
11. Leistungsbewertung 84
12. Zeugnisse 85
13. Versetzung 86
14. Übergänge, Abschlüsse und Berechtigungen 88
15. Prüfungen 90
16. Religionsunterricht 90
17. Sexualerziehung 92
18. Politik-Unterricht 93
19. Sport 93
20. Hausunterricht 94
21. Besondere Fördermaßnahmen 95
22. Berufswahlvorbereitung 96
23. Schulwanderungen, Schulfahrten 97

V. Schulpflicht und Schulverhältnis   99
1. Allgemeines 99
2. Beginn der Schulpflicht 100
3. Vollzeitschulpflicht 100
4. Berufsschulpflicht 101
5. Überwachung der Schulpflicht 102
6. Beginn und Ende des Schulverhältnisses 103
7. Teilnahme, Beurlaubung, Befreiung 104
8. Erziehungs- und Ordnungsmaßnahmen 106
9. Auskunft, Information, Schulberatung 109
10. Schulgeldfreiheit, Lernmittelfreiheit 112
11. Schülerfahrkosten 113
12. Schulgesundheitswesen 114
13. Unfallverhütung 115
14. Schülerunfallversicherung 117
15. Aufsichtspflicht 118

Inhalt

16. Haftungsfragen ... 119
17. Unparteilichkeit der Schule ... 121
18. Meinungsfreiheit, Schülerzeitungen ... 123

VI. Schulaufsicht und Schulverwaltung 127

1. Allgemeines (Überblick) ... 127
2. Die Rechtsstellung der Schule ... 128
3. Selbständigkeit der Einzelschule ... 129
4. Kooperation von Schulen ... 131
5. Schulträger ... 132
6. Errichtung, Änderung und Auflösung öffentlicher Schulen ... 133
7. Schulbezirke, Schuleinzugsbereiche ... 134
8. Schulbau ... 135
9. Schulfinanzierung ... 135
10. Schulentwicklungsplanung ... 136
11. Schulverwaltung ... 137
12. Schulaufsicht ... 138
13. Schulaufsichtsbehörden ... 139
14. Verwaltungsverfahren ... 142
15. Verwaltungsrechtsschutz ... 143

VII. Privatschulen 147

1. Begriffsbestimmung, Allgemeines ... 147
2. Ersatzschulen (Begriff, Genehmigung) ... 148
3. Rechtsverhältnisse an Ersatzschulen ... 150
4. Aufsicht über Ersatzschulen ... 152
5. Ersatzschulfinanzierung ... 154
6. Ergänzungsschulen ... 157
7. Fernunterricht ... 158
8. Freie Unterrichtseinrichtungen, Privatunterricht ... 161

Abkürzungsverzeichnis

A

a. a. O.	am angegebenen Ort
ABl.NRW	Amtsblatt Nordrhein-Westfalen
ADO	Allgemeine Dienstordnung für Lehrer
ADV	Automatisierte Datenverarbeitung
ÄndG	Änderungsgesetz
AFG	Arbeitsförderungsgesetz
AG	Ausführungsgesetz
AO	Anordnung, Ausbildungsordnung
AO-BAS	Ausbildungsordnung Berufsaufbauschule
AO-BS	Ausbildungsordnung Berufsschule
AO-GS	Ausbildungsordnung Grundschule
AO-S I	Ausbildungsordnung für die Sekundarstufe I (ab 1999)
APO	Ausbildungs- und Prüfungsordnung
APO-AG	Ausbildungsordnung Abendgymnasium
APO-BBS	Allgemeine Prüfungsordnung für berufsbildende Schulen
APO-BFS	Ausbildungs- und Prüfungsordnung Berufsfachschule
APO-FOS	Ausbildungs- und Prüfungsordnung Fachoberschule
APO-FS	Ausbildungs- und Prüfungsordnung Fachschule
APO-GOSt	Ausbildungs- und Prüfungsordnung Gymnasiale Oberstufe
APO-HBFS	Ausbildungs- und Prüfungsordnung Höhere Berufsfachschule
APO-Kolleg	Ausbildungsordnung Kolleg
APO-OS	Ausbildungs- und Prüfungsordnung Oberstufenkolleg
APO-SpA	Ausbildungs- und Prüfungsordnung Spätaussiedler
APO-StK	Ausbildungs- und Prüfungsordnung Studienkolleg
APO-TK	Ausbildungs- und Prüfungsordnung Telekolleg
AQVO	Qualifikationsordnung ausländischer Vorbildungsnachweise
ArbZV	Arbeitszeitverordnung
ARVO	Auslandsreisekostenverordnung
ASchO	Allgemeine Schulordnung
AVG	Angestelltenversicherungsgesetz
AVO	Ausführungsverordnung
AVO-RL	Verwaltungsvorschriften zur VO zu § 5 SchFG (AVO-Richtlinien)
AVO-S I	Abschluß- und Versetzungsordnung für die Sekundarstufe I
AWbG	Arbeitnehmerweiterbildungsgesetz

B

BAföG	Bundesausbildungsförderungsgesetz
BAG	Bundesarbeitsgericht
BAGUV	Bundesarbeitsgemeinschaft der Unfallversicherungsträger
BAnz.	Bundesanzeiger
BASchulR	Bauaufsichtliche Schulrichtlinien
BASS	Bereinigte Amtliche Sammlung der Schulvorschriften
BAT	Bundesangestelltentarifvertrag
BauO	Bauordnung
BBauG	Bundesbaugesetz
BBesG	Bundesbesoldungsgsetz
BBiG	Berufsbildungsgesetz
BeamtVG	Beamtenversorgungsgesetz
Bek.	Bekanntmachung
BErzGG	Bundeserziehungsgeldgesetz

Abkürzungsverzeichnis

BesGR	Besoldungsgruppe
BFS	Berufsfachschule
BGBl.	Bundesgesetzblatt
BGHZ	Entscheidungen des Bundesgerichtshofs in Zivilsachen
BGJ	Berufsgrundschuljahr
BKGG	Bundeskindergeldgesetz
BLK	Bund-Länder-Kommission für Bildungsplanung
BR	Bezirksregierung
BRRG	Beamtenrechtsrahmengesetz
BSeuchG	Bundes-Seuchengesetz
BSHG	Bundessozialhilfegesetz
BT-Drs.	Bundestagsdrucksache
BUKG	Bundesumzugskostengesetz
BVerfG	Bundesverfassungsgericht
BVerwG	Bundesverwaltungsgericht
BVO	Beihilfenverordnung

D

DGB	Deutscher Gewerkschaftsbund
DÖD	Der Öffentliche Dienst
DÖV	Die öffentliche Verwaltung
DSG	Datenschutzgesetz
DVBl	Deutsches Verwaltungsblatt

E

EFG	Ersatzschulfinanzgesetz
ErzUV	Erziehungsurlaubsverordnung
ESch-VO	Verordnung über die Ersatzschulen
EUV	Erholungsurlaubsverordnung

F

FernUSG	Fernunterrichtsschutzgesetz
FM	Finanzminister/-ium
FOS	Fachoberschule

G

GABl.NW.	Gemeinsames Amtsblatt des Kultusministeriums (jetzt MSW) und des Ministeriums für Wissenschaft und Forschung des Landes Nordrhein-Westfalen
GG	Grundgesetz
GMBl.	Gemeinsames Ministerialblatt (Bund)
GOST	Gymnasiale Oberstufe
GV.NW.	Gesetz- und Verordnungsblatt für das Land Nordrhein-Westfalen

Abkürzungsverzeichnis

H

HPR	Hauptpersonalrat
HRG	Hochschulrahmengesetz
HWO	Handwerksordnung

I

I. d. F.	In der Fassung
IHK	Industrie- und Handelskammer
IM	Innenministerium

J

JArbSchG	Jugendarbeitsschutzgesetz
JÖSchG	Gesetz zum Schutz der Jugend in der Öffentlichkeit
JZ	Juristenzeitung

K

KgG	Kindergartengesetz
KJHG	Kinder- und Jugendhilfegesetz
KM	Kultusminister/-ium
KMK	Kultusministerkonferenz

L

LABG	Lehrerausbildungsgesetz
LBG	Landesbeamtengesetz
LFG	Lernmittelfreiheitsgesetz
LHO	Landeshaushaltsordnung
LID	Lehrerindividualdatei
LOG	Landesorganisationsgesetz
LPO I	Lehramtsprüfungsordnung I
LPVG	Landespersonalvertretungsgesetz
LRS	Lese-Rechtschreibschwäche
LV	Landesverfassung

M

MinBl. NW.	Ministerialblatt für das Land Nordrhein-Westfalen
MSW	Ministerium für Schule und Weiterbildung (1995—1998)
MSWWF	Ministerium für Schule und Weiterbildung, Wissenschaft und Forschung (seit 1998)
MVergV	Mehrarbeitsvergütungsverordnung

N

NJW	Neue Juristische Wochenschrift
NVwZ	Neue Zeitschrift für Verwaltungsrecht
NW	Nordrhein-Westfalen
NWVBL	Nordrhein-Westfälische Verwaltungsblätter

Abkürzungsverzeichnis

O

OVG	Oberverwaltungsgericht

P

PO-BBA	Prüfungsordnung für besondere Berufstätige
PO-NSch	Prüfungsordnung für Nichtschüler

R

RdErl.[1])	Runderlaß
RdJB	Recht der Jugend und des Bildungswesens
RKEG	Gesetz über die religiöse Kindererziehung
RVO	Reichsversicherungsordnung

S

SAV	Sonderschul-Aufnahmeverfahren
SchFG	Schulfinanzgesetz
SchfkVO	Schülerfahrkostenverordnung
SchMG	Schulmitwirkungsgesetz
SchOG	Schulordnungsgesetz
SchpflG	Schulpflichtgesetz
SchR	Schulrecht NRW (Loseblatt-Sammlung)
SchVG	Schulverwaltungsgesetz
SchVw	SchulVerwaltung
SGB	Sozialgesetzbuch
SMBl.	Sammlung des bereinigten Ministerialblatt
SPE	Sammlung schul- und prüfungsrechtlicher Entscheidungen
STDDA	Dienstanweisung für Stellendatei
StGB	Strafgesetzbuch
StrlSchV	Strahlenschutzverordnung

U

UBG	Unterhaltsbeihilfegesetz
UrhG	Urheberrechtsgesetz
UVD	Unterrichtsverteilungsdatei

---

1) Runderlasse (RdErl) ohne nähere Bezeichnung der herausgebenden Stelle wurden von der obersten Schulaufsichtsbehörde herausgegeben (früher: Kultusminister, Kultusministerium, seit 1995: Ministerium für Schule und Weiterbildung, seit 1998: Ministerium für Schule und Weiterbildung, Wissenschaft und Forschung).

Abkürzungsverzeichnis

V

VG	Verwaltungsgericht
VGH	Verwaltungsgerichtshof
VO	Verordnung
VO-DV I	Verordnung über die zur Verarbeitung zugelassenen Daten von Schülerinnen, Schülern und Erziehungsberechtigten
VO-DV II	Verordnung über die zur Verarbeitung zugelassenen Daten der Lehrerinnen und Lehrer
VO-SF	Verordnung über die Feststellung des sonderpädagogischen Förderbedarfs
VV	Verwaltungsvorschriften
VwGO	Verwaltungsgerichtsordnung
VwVfG	Verwaltungsverfahrensgesetz

W

WbG	Weiterbildungsgesetz
WRV	Weimarer Reichsverfassung

Literaturverzeichnis

Bücher

BÖHM
1994 Schulrechtliche Fallbearbeitungen für Pädagogen. 2. Aufl. Neuwied: Luchterhand

BÖHM
1995 Grundriß des Schulrechts in Deutschland. Neuwied: Luchterhand

BÖHM
1998 Aufsicht und Haftung in der Schule. Neuwied: Luchterhand

FÜSSEL u. a.
1998 RechtsABC für Lehrerinnen und Lehrer. Neuwied: Luchterhand

GAMPE / KNAPP u. a.
1993 Allgemeine Dienstordnung (ADO). Neuwied: Luchterhand

GAMPE / KNAPP u. a.
1995 Abschlüsse und Versetzung in der Sek. I. Neuwied: Luchterhand

GAMPE / KNAPP u. a.
Recht in der Schule NW. Kommentar (Loseblatt). Neuwied: Luchterhand

HECKEL / AVENARIUS
1986 Schulrechtskunde. 6. Aufl. Neuwied: Luchterhand

HOFFMANN
1988 Dienstrecht der Lehrer in Nordrhein-Westfalen. 2. Aufl. Neuwied: Luchterhand

JEHKUL
Schulrecht in der Praxis. Loseblattwerk. Essen: Wingen

JÜLICH / WEIß
1997 Allgemeine Dienstordnung. Kurzkommentar. Loseblattwerk. Kronach: Link

MARGIES / ROESER u. a.
1995 Schulverwaltungsgesetz. Kommentar. 3. Aufl. Essen: Wingen

MARGIES / GAMPE u. a.
1998 Allgemeine Schulordnung (ASchO) für NW. Praxishilfen Schule. Kommentar. 4. Aufl. Neuwied: Luchterhand

MARGIES / GAMPE u. a.
1998 Schulmitwirkungsgesetz (SchMG). Praxishilfen Schule. Kommentar. 2. Auflage. Neuwied: Luchterhand

MARGIES u. a.
1997 Der Bildungsgang in der Grundschule in NRW. 2. Aufl. Neuwied: Luchterhand

MÜLLER / GAMPE u. a.
1997 Leitung und Verwaltung einer Schule. 8. Aufl. Neuwied: Luchterhand

Literaturverzeichnis

NIEHUES
1983 Schul- und Prüfungsrecht. 2. Aufl. München: Beck
PETERMANN
1997 Schulmitwirkungsgesetz. 14. Aufl. Essen: Wingen
PÖTTGEN / JEHKUL u. a.
1997 Allgemeine Schulordnung. Kommentar. 16. Aufl. Essen: Wingen
ROEWER / HOISCHEN
1982 Schulordnungsgesetz. Kommentar. Essen: Wingen
VOGEL
1997 Das Recht der Schulen und Heime in freier Trägerschaft. Neuwied: Luchterhand

Zeitschriften

Unabhängig davon, welche Aufsätze in diesem Buch zitiert sind, kann allgemein auf folgende Zeitschriften hingewiesen werden, die regelmäßig einschlägige Beiträge zum Schulrecht bringen:

PädF	Pädagogische Führung (bundesweit)
RdJB	Recht der Jugend und des Bildungswesens (bundesweit)
SchVw NW	SchulVerwaltung Nordrhein-Westfalen (Landesausgabe NW)
SchuR	SchulRecht. Informationsdienst (bundesweit)

I. Allgemeine Grundlagen des Schulrechts

1. Die Schule im Schulrecht

Als **Schulrecht** wird die Gesamtheit der rechtlichen Vorschriften, Bestimmungen und Anordnungen bezeichnet, die das Schulwesen regeln. Bevor die einzelnen Rechtsquellen in ihren Unterschieden und Auswirkungen erörtert werden, ist es allerdings angebracht zu fragen, was die Schule ist und inwieweit die Schule überhaupt einer rechtlichen Betrachtung zugänglich ist und rechtlichen Regelungen unterliegt.

Unter **Schule** ist die öffentliche oder private Einrichtung zu verstehen, die nach allgemeiner und herkömmlicher Auffassung — und zum Teil gesetzlich definiert — den Schulbegriff erfüllt. Daß es hierbei nicht allein auf die Bezeichnung „Schule" ankommen kann, wird deutlich, wenn man an Einrichtungen wie Fahrschulen, Segelschulen oder Tanzschulen denkt, die nicht als Schulen in diesem Sinne angesehen werden. Auch Hochschulen und Einrichtungen der Weiterbildung (z. B. Volkshochschulen) fallen nicht unter diesen Begriff. Gleiches gilt für Nachhilfeeinrichtungen oder einzelne Kurse und Lehrgänge.

Vielmehr sind als Schulen nur die Bildungsstätten zu verstehen, in denen unabhängig vom Wechsel der Lehrer und Schüler Erziehung und Unterricht nach einem festgelegten Lehrplan stattfindet (§ 1 SchOG, § 1 SchVG). Allerdings ist es letztlich eine Entscheidung des jeweiligen Gesetzgebers, inwieweit er den Rahmen seiner schulrechtlichen Regelungen ziehen will (z. B. Krankenpflegeschulen, Verwaltungsschulen oder Musikschulen). Für Nordrhein-Westfalen hat der Landesgesetzgeber den Schulbegriff so bestimmt, daß die letztgenannten Einrichtungen keine öffentlichen Schulen sind (§ 37 SchOG, § 14 Abs. 2 SchFG).

Als Stätte von **Erziehung und Unterricht** ist die Schule zunächst pädagogischen Grundsätzen verpflichtet. Dies schließt es aus, sie auf die Ebene mit Verwaltungsbehörden und anderen öffentlichen Einrichtungen zu stellen, deren Aufgaben in erster Linie in enger Rechtsanwendung erfüllt werden. Die eigene Gesetzmäßigkeit, nach der sich unabhängig von rechtlichen Bindungen täglich Unterricht und Erziehung vollziehen, führt dazu, das Schulrecht in seiner Hilfsfunktion als ordnenden Rahmen zu begreifen, der Schule ermöglicht, aber nicht ausmacht.

Andererseits ergibt sich aus der Einbindung der Schule in unsere Rechtsordnung, daß auch der innere Bereich der Schule kein rechtsfreier Raum ist, in dem nur nach pädagogischem Ermessen gehandelt und angeordnet werden kann. Eine derartige, früheren Staats- und Verfassungsverhältnissen entlehnte Auffassung entspricht nicht mehr unserem heutigen Verfassungsverständnis auf dem Boden des Grundgesetzes.

Gegenstand des Schulrechts ist einmal der äußere Rahmen der Schule, also Aufbau und Gliederung des Schulwesens, Rechtsstellung und Organisation der Schule, Schulverwaltung, Schulfinanzierung und Schulaufsicht. Es gehören aber auch dazu die innere Verfassung der Schule, die Beziehungen der in ihr Beteiligten (Lehrkräfte, Schüler, Eltern) und deren Handeln.

I. Allgemeine Grundlagen des Schulrechts

Bei den schulrechtlichen Vorschriften kann es sich um sehr unterschiedliche Regelungen handeln sowohl im Hinblick auf die erlassende Stelle (z. B. Parlament, Regierung, Ministerium, obere Schulaufsichtsbehörde) als auch im Hinblick auf die Rechtsqualität (z. B. Verfassung, Gesetz, Verordnung oder Verwaltungsvorschrift) und den sich daraus ergebenden Grad an Verbindlichkeit für das Schulwesen.

2. Schule und Grundgesetz

4 Nach der Kompetenzverteilung des Grundgesetzes ist die Schule als wesentlicher Ausdruck der Kulturhoheit alleinige **Angelegenheit der Länder.** Sie haben das Recht zur Gesetzgebung (Art. 30, 70 GG), Organisation und Verwaltung des Schulwesens. Doch auch das Grundgesetz selbst enthält darüber hinaus geltendes Schulrecht, das allem Landesrecht vorgeht. So bestimmt **Art. 7 GG,** daß das gesamte Schulwesen unter der Aufsicht des Staates steht. Weiter werden der Religionsunterricht als ordentliches Lehrfach garantiert, die Freiheit der Teilnahme an diesem Unterricht bestimmt und schließlich die Privatschulfreiheit gewährleistet.

Wichtiger noch als dieser Schulartikel sind wegen ihrer Auswirkungen diejenigen Bestimmungen des Grundgesetzes, die sich nicht allein auf die Schule beziehen, wohl aber mittelbar das Schulrecht wesentlich beeinflussen. Hierzu gehören einmal die Grundrechte (Art. 1 bis 19 GG) und zum anderen die verfassungsgestaltenden Grundentscheidungen wie das Demokratiegebot, das Rechtsstaatsgebot und das Sozialstaatsgebot (Art. 20 und 28 GG).

5 Aus den **Grundrechten** ergibt sich das Grundprinzip der Verfassung für das Verhältnis zwischen Staat und Individuum. Mit den Rechten insbesondere auf Menschenwürde (Art. 1 GG), freie Entfaltung der Persönlichkeit (Art. 2 GG), Gleichbehandlung (Art. 3 GG), Glaubens- und Gewissensfreiheit (Art. 4 GG) und Meinungsfreiheit (Art. 5 GG) wird eine Wertordnung errichtet, an der sich die übrige Rechtsordnung messen lassen muß. Besondere Bedeutung für die Schule haben das elterliche Erziehungsrecht (Art. 6 GG), das nach der Rechtsprechung des Bundesverfassungsgerichts im Bereich der Schule gleichrangig neben dem staatlichen Erziehungsrecht steht, ihm im übrigen aber vorgeordnet ist, sowie das Recht auf freie Berufswahl einschließlich des Rechtes, die Ausbildungsstätte frei zu wählen (Art. 12 GG). Der Schutzbereich dieses letzteren Grundrechts erstreckt sich im Schulwesen nicht nur auf die Einrichtungen des Zweiten Bildungswegs, deren Besuch eine frühere Berufstätigkeit voraussetzt, sondern nach der Rechtsprechung des Bundesverfassungsgerichts auch auf das Gymnasium.[1]

Aus dem Gesamtzusammenhang der Grundrechte und der Bedeutung, die dem schulischen Bildungsgang für die gesamte spätere Lebens- und Berufsbahn zukommt, läßt sich ein Grundrecht auf Bildung und Zugang zu den Bildungseinrichtungen ableiten. Dabei kann aus dem Sozialstaatsgebot die Verpflichtung des Staates entwickelt werden, allen Bürgern unabhängig von ihrem sozialen Status einen angemessenen chancengleichen Zugang zu diesen Bildungsgängen zu gewährleisten. Hieraus lassen sich des weiteren soziale Leistungen wie Schulgeld- und Lernmittelfreiheit, Schülerfahrkostenerstattung, Ausbildungsförderung und Schülerunfallversicherung begründen.

---

[1] Vgl. BVerfGE 41,251 (SPE a. F. II D I,11) und BVerfGE 58,257 (SPE II a.F. A I,1).

I. Allgemeine Grundlagen des Schulrechts

Die sich aus dem Rechtsstaats- und Demokratiegebot für die Schule ergebenden Folgerungen bedürfen einer besonderen Darstellung, weil sie zu einer besonderen Entwicklung im Schulrecht geführt haben. Unter den Leitbegriffen vom Gesetzes- und Parlamentsvorbehalt bewirkten sie die sogenannte „Verrechtlichung" des Schulwesens.

3. Rechtsstaats- und Demokratiegebot

Die Bundesrepublik Deutschland ist ein demokratischer und sozialer Rechtsstaat (Art. 20 GG). Zu den herkömmlichen Begriffsmerkmalen des Rechtsstaats gehört in der deutschen Rechtstradition die Lehre vom **Vorbehalt des Gesetzes**. Sie besagt, daß alle Eingriffe staatlicher Gewalt in die Rechtssphäre des Bürgers einer gesetzlichen Grundlage bedürfen. Allerdings wurden hiervon üblicherweise bestimmte Sonderrechtsverhältnisse, zu denen auch die Schule gehörte, als sogenannte „besondere Gewaltverhältnisse" ausgenommen. Dies hatte zur Folge, daß Maßnahmen der Schule gegenüber Schülern überwiegend nicht als Rechtsakte angesehen wurden, für die nach einer besonderen gesetzlichen Ermächtigung zu fragen war. Daraus erklärt sich, daß weite Bereiche des schulischen Lebens nicht gesetzlich geregelt waren, sondern durch verwaltungsinterne Erlasse und Anordnungen geordnet wurden.   **6**

Hier hat sich seit dem Ende der 60er Jahre ein Auffassungswandel angedeutet, der erst später durch die Rechtsprechung des Bundesverfassungsgerichts endgültig zum Durchbruch gelangt ist. Er besagt im Kern, daß im Schulwesen die **wesentlichen Entscheidungen** auf eine Entscheidung des Gesetzgebers zurückzuführen sein müssen. Dies ergibt sich nach inzwischen im Grundsatz unbestrittener Lehre nicht nur aus dem Rechtsstaatsgebot, sondern auch aus dem Demokratiegebot. Danach ist es in erster Linie dem parlamentarischen Gesetzgeber vorbehalten, die bedeutsamen Entscheidungen für die Gesellschaft zu treffen. Dieser Auffassungswandel hatte zur Konsequenz daß die frühere Praxis nicht nur unter dem Gesichtspunkt des Rechtsschutzes fragwürdig war, sondern daß auch die Frage der demokratischen Legitimation von schulgestaltenden Entscheidungen gestellt wurde.[2])

Für das Schulwesen waren damit also die Landtage der Bundesländer gefordert. Nach den **höchstrichterlichen Grundsatzentscheidungen** zur gymnasialen Oberstufe, zum Schulausschluß, zur Sexualkunde, zur Versetzung und zur Fünf-Tage-Woche paßten in der Folgezeit die Länder ihr Schulrecht den neuen Anforderungen an. Allerdings zeigten sich dabei auch deutliche Unterschiede, die ungeachtet bildungspolitischer Gegensätze entweder in neuen Gesamtregelungen (neue zusammenfassende Schulgesetze) oder begrenzten Anpassungen (punktuelle Änderungsgesetze) ihren Ausdruck gefunden haben.   **7**

In Nordrhein-Westfalen wurden in diesem Zusammenhang zunächst das Rechtsgrundlagengesetz (1977) zur Ergänzung des SchVG, die Allgemeine Schulordnung (1978) sowie nach und nach verschiedene Ausbildungs- und Prüfungsordnungen für die schulischen Bildungsgänge erlassen. Weiterge-

---

2) So das BVerfG in den Entscheidungen zur hessischen Förderstufe vom 6. 12. 1972 (E 34, 165; SPE a. F. I A I, 21) und zur Sexualerziehung vom 21. 12. 1977 (E 47, 46; SPE a. F. I A I, 59); zum zweiten Bildungsweg, BVerfG vom 27. 11. 1976 (E 41,251; SPE a. F. II D I, 11); zum Gymnasium, BVerfG vom 20. 10. 1981 (E 58, 257; SPE a. F. II A I,1).

I. Allgemeine Grundlagen des Schulrechts

hende Ansätze, die zu einem einheitlichen Landesschulgesetz geführt hätten, konnten angesichts der bekannten bildungspolitischen Polarisierungen und anderer politischer Prioritäten — noch — nicht realisiert werden.

4. Kulturhoheit und Bundesrecht

8 Unter der Kulturhoheit der Länder ist die **ausschließliche Gesetzgebungskompetenz** der Bundesländer in allen kulturellen Angelegenheiten zu verstehen. Sie ergibt sich aus den Art. 30 und 70 GG. Damit ist auch das Schulwesen allein durch die Gesetzgebung der Länder zu regeln. Zwar sieht Art. 91 b GG (seit 1969) die Bildungsplanung als eine Gemeinschaftsaufgabe von Bund und Ländern vor. Daraus folgt jedoch nur eine sehr begrenzte Einflußmöglichkeit des Bundes auf die Gestaltung des Schulwesens in den Ländern.

Ebensowenig, wie der Bundestag als Gesetzgeber schulrechtliche Angelegenheiten regeln kann, vermag auch die Bundesregierung gestaltend einzugreifen. Ein Bundeskultusministerium wäre im übrigen selbst bei einer erweiterten Gesetzgebungszuständigkeit des Bundes nur sehr begrenzt zuständig, da auch die Bundesgesetze grundsätzlich von den Ländern auszuführen sind. Die Frage nach einem bundeseinheitlichen Schulrecht ist damit von den Ländern zu beantworten. Das bedeutet, daß es stets entscheidend auf den Willen und die Fähigkeit zur **Selbstkoordination der Länder** ankommt, inwieweit bundeseinheitliche Regelungen zustande kommen. Siehe dazu unten Rdnr. 23.

9 Auch wenn das eigentliche Schulrecht Landesrecht ist, so gibt es doch zahlreiche **bundesrechtliche Regelungen** in Gebieten, die das Umfeld der Schule betreffen und in die Schule hineinwirken. Hierzu gehören z. B. die grundsätzlichen Regelungen des Beamtenrechts für den Lehrer (z. B. Bundesbesoldungsgesetz, Mehrarbeitsregelung, Schwerbehindertengesetz), das Sozialgesetzbuch mit der Schülerunfallversicherung, jugendrechtliche Vorschriften, aber auch z. B. das Urheberrecht. Für Schülerinnen und Schüler können das Bundesausbildungsförderungsgesetz (BAföG), das Jugendarbeitsschutzgesetz und das Berufsbildungsgesetz Bedeutung haben.

Früheres Recht aus den Jahren vor 1949, das dem Grundgesetz nicht widerspricht und Gegenstände der Landesgesetzgebung betrifft — wie z. B. das Reichsgesetz über die religiöse Kindererziehung von 1921 —, gilt gemäß Art. 123 ff. GG als Landesrecht fort.

5. Europäische Integration

10 Die Bildungspolitik gehörte zunächst nicht zum Inhalt der vertraglichen Grundlagen der Europäischen Gemeinschaft. Allerdings ist durch den **Vertrag von Maastricht**, der die Europäische Union begründen soll, eine Erweiterung eingetreten. Dieser Vertrag hat nämlich auch die rechtlichen Grundlagen für die bildungspolitische Zusammenarbeit in der EU neu geordnet. Die Gemeinschaftskompetenzen sind dadurch auch auf Fragen der Erziehung, Ausbildung und Weiterbildung erstreckt worden, d. h. auf Aufgaben und Befugnisse der Gemeinschaft der allgemeinen Bildung, der beruflichen Bildung und der Jugendpolitik (Art. 126, 127 EG-Vertrag). Außerdem zeigt die Praxis, daß nicht nur die soziale, sondern auch die kulturelle Dimension für die politische Einigung Europas eine beträchtliche Bedeutung hat. Auch bei mangelnden völkerrechtlichen Grundlagen für ein Handeln der EG im Bildungsbereich ergeben sich daraus Folgen für die Bildungspolitik der Mitgliedstaaten.

I. Allgemeine Grundlagen des Schulrechts

Mitglied der EG und damit Ansprechpartner der europäischen Organe ist der Bund, auch wenn nach der innerstaatlichen Kompetenzverteilung innerhalb der Bundesrepublik Deutschland die Länder Träger der Kulturhoheit sind. Wichtig ist deshalb, daß zwei tragende Grundsätze anerkannt werden: die Achtung der sprachlichen und kulturellen Vielfalt sowie die Bekräftigung der Subsidiarität gemeinschaftlicher Maßnahmen. Die grundsätzliche Zuständigkeit der Mitgliedstaaten (und damit auch der Länder in der Bundesrepublik) für die allgemeine Politik im Bildungsbereich ist zu respektieren.

Durch Richtlinien kann der Europäische Rat verbindliches Rahmenrecht setzen, das von den Mitgliedstaaten umzusetzen ist (Beispiele: EG-Richtlinien zur Anerkennung von Hochschuldiplomen und zum Arbeitsschutz).

Die fortschreitende Integration der Europäischen Gemeinschaft wird im Bildungsbereich insbesondere durch Aktionen der EG-Kommission und durch die Rechtsprechung des Europäischen Gerichtshofs (EuGH) gefördert. Mit den Aktionsprogrammen Sokrates (Schule und Hochschule) und Leonardo da Vinci (berufliche Bildung) soll die bildungspolitische Zusammenarbeit in Europa gefördert werden, z. B. durch Zuschüsse für Schulpartnerschaften.[3]) Die europäische Dimension ist grundsätzlich Unterrichtsgegenstand in allen Lernfeldern der Schule und dementsprechend Gegenstand der Lehrerfortbildung.[4])

6. Landesverfassung

Die Verfassung des Landes Nordrhein-Westfalen vom 18. 6. 1950 enthält grundlegende Aussagen über die Schule. So werden in Art. 7 LV die wichtigsten Bildungs- und Erziehungsziele definiert: **11**

> „Ehrfurcht vor Gott, Achtung vor der Würde des Menschen und Bereitschaft zum sozialen Handeln zu wecken, ist vornehmstes Ziel der Erziehung.
> Die Jugend soll erzogen werden im Geiste der Menschlichkeit, der Demokratie und der Freiheit, zur Duldsamkeit und zur Achtung vor der Überzeugung des anderen, zur Verantwortung für die Erhaltung der natürlichen Lebensgrundlagen, in Liebe zu Volk und Heimat, zur Völkergemeinschaft und Friedensgesinnung."

Diese Aussagen haben als oberste landesgesetzliche Normierung für alle weiteren Regelungen den Charakter von verbindlichen Leitlinien. Sie sind deshalb auch im Schulordnungsgesetz enthalten. Die Aufgabe, auch zur Verantwortung für die Erhaltung der natürlichen Lebensgrundlagen (Umweltschutz) zu erziehen, ist 1985 in die Verfassung aufgenommen worden.

Die rechtlichen Grenzen, die die Landesverfassung dem Landtag bei der Schulgesetzgebung zieht, hat der **Verfassungsgerichtshof** in seinen Entscheidungen zur Privatschulfinanzierung und zur Gesamtschule aufgezeigt.[5])

Wichtige individuelle **Grundrechte** sind der Anspruch jedes Kindes auf Er- **12**

---

[3] Siehe RdErl. vom 23. 10. 1995 (BASS 14-85 Nr.1; SchR 3.9.6/101). Näher dazu *Pfaff,* SchVw NW 1995, S. 215. Siehe auch Hinweise im GABl. NW. 1997, S. 290.
[4] Hilfen gibt der RdErl. „Europa im Unterricht" vom 16. 1. 1991 (BASS 15-02 Nr. 9.4; SchR 3.5.1/41); Lehrerfortbildung: RdErl. vom 15. 6. 1992 (BASS 20-22 Nr. 26; SchR 7.1.6/31).
[5] Privatschulfinanzierung, Urt. vom 3. 1. 1983 (GV.NW. S.11; SPE a. F. VIII B IX,1); Gesamtschule, Urt. vom 23. 12. 1983 (GV. NW. 1984, S. 24; SPE a. F. I B IX, 11).

I. Allgemeine Grundlagen des Schulrechts

ziehung und Bildung und das Recht der Eltern, die Erziehung und Bildung ihrer Kinder zu bestimmen (Art. 8 Abs. 1 LV). Auch die Schulpflicht ist verfassungsrechtlich festgelegt (Art. 8 Abs. 2 LV). Aufbau und Gliederung des Schulwesens sind abgesehen von der Grundschule und Hauptschule (noch als Teil der Volksschule bezeichnet) nicht im einzelnen festgeschrieben. Es gilt der Grundsatz, daß die Gliederung des Schulwesens durch die Mannigfaltigkeit der Lebens- und Berufsaufgaben bestimmt wird. Anlage und Neigung des Kindes sind maßgebend für die Aufnahme in eine Schule, nicht die wirtschaftliche Lage und die gesellschaftliche Stellung der Eltern (Art. 10 LV).

Entsprechend der seinerzeitigen Bewußtseinslage des Verfassunggebers sind Fragen der Privatschulfreiheit (Art. 8 Abs. 4 LV), der weltanschaulichen Gliederung der Volksschule (Art. 12 LV) und des Religionsunterrichts (Art. 14 LV) breit geregelt. Die Religionsfreiheit ist dadurch berücksichtigt, daß keinem Kind wegen seines religiösen Bekenntnisses die Aufnahme in eine öffentliche Schule verwehrt werden darf, falls keine entsprechende Schule vorhanden ist (Art. 13 LV). Als einziges Fach außer Religionsunterricht ist die Staatsbürgerkunde (heute: Politikunterricht) als Lehrgegenstand und die staatsbürgerliche Erziehung als verpflichtende Aufgabe in allen Schulen von der Verfassung vorgeschrieben (Art. 11 LV). Schulgeldfreiheit und Lernmittelfreiheit werden programmatisch erwähnt (Art. 9 LV). Die Mitwirkung der Erziehungsberechtigten an der Gestaltung des Schulwesens soll durch Elternvertretungen geschehen (Art. 10 Abs. 2 LV).

7. Schulgesetze

13 Das Schulrecht des Landes in seiner heutigen Gestalt ist in einem längeren Prozeß seit den fünfziger Jahren entstanden und fortentwickelt worden. Ausgehend von dem grundlegenden Schulordnungsgesetz (1952) sind dabei einzelne große Bereiche jeweils durch besondere Gesetze geregelt worden. Diese haben später Änderungen und z. T. auch Neufassungen erfahren. Eine vereinheitlichende Zusammenfassung aller Schulgesetze zu einem — gelegentlich angekündigten — **Landesschulgesetz** ist bislang noch nicht zustande gekommen, weil diese umfangreiche Aufgabe politisch nicht als vordringlich angesehen wurde.

14 So bietet der Überblick über die geltenden **Schulgesetze** ein buntes Bild, das für die mit der Materie nicht näher befaßten Leserinnen und Leser nur mit Mühe voll überschaubar wird.[6]

- **Schulordnungsgesetz (SchOG):** Erstes Gesetz über die Ordnung des Schulwesens im Lande Nordrhein-Westfalen vom 8. 4. 1952 (BASS 1-1; SchR 2.1/1).
  In diesem Gesetz sind die Bildungs- und Erziehungsziele, die weltanschauliche Gliederung der Grund- und Hauptschule, der Religionsunterricht und die Privatschulen geregelt.

---

[6] Zur älteren Geschichte des Schulrechts: siehe *Jülich, Schulgesetzgebung in Nordrhein-Westfalen. Ein Rückblick. In: Schule und Weiterbildung. Band 13 (Festschrift für Siegfried Tiebel* 1982, S. 20 ff). Ders. zur Entwicklung seit 1977: *RdJB 1981, S. 74; 1983, S. 90; 1985, S. 142.* Weiterführende Erläuterungen zu den Schulgesetzen enthalten u. a. die Kommentare von *Roewer/Hoischen* (SchOG), *Margies/Roeser* (SchVG), *Jülich/Rombey* (SchpflG), *Petermann* (SchMG), *Tiebel/Mombaur* (SchMG).

I. Allgemeine Grundlagen des Schulrechts

- **Schulverwaltungsgesetz (SchVG)** vom 3. 6. 1958 in der Neufassung vom 18. 1. 1985 (BASS 1-2; SchR 2.3/1).
  Dieses Gesetz enthält die organisatorischen Grundlagen des Schulwesens, so z. B. Regelungen über die Rechtsstellung der Schule, die Schulträger und die Schulaufsicht sowie auch über das Schulverhältnis.

- **Schulpflichtgesetz (SchpflG):** Gesetz über die Schulpflicht im Lande Nordrhein-Westfalen, vom 14. 6. 1966 in der Neufassung vom 2. 2. 1980 (BASS 1-4; SchR 2.2/11).
  Gegenstand dieses Gesetzes sind der Beginn, die Dauer und die Erfüllung der Vollzeitschulpflicht und der Berufsschulpflicht.

- **Schulfinanzgesetz (SchFG):** Gesetz über die Finanzierung der öffentlichen Schulen vom 3. 6. 1958 in der Neufassung vom 17. 4. 1970 (BASS 1-5; SchR 2.4/1).
  In diesem Gesetz wird die Verteilung der Schulkosten, d. h. der Personal- und der Sachkosten, zwischen Land und Schulträgern grundsätzlich geregelt.

- **Ersatzschulfinanzgesetz (EFG):** Gesetz über die Finanzierung der Ersatzschulen vom 27. 6. 1961 (BASS 1-6; SchR 2.7/51).
  Nach Maßgabe dieses Gesetzes enthalten die als Ersatzschulen genehmigten Privatschulen staatliche Zuschüsse.

- **Lernmittelfreiheitsgesetz** (LFG) vom 18. 12. 1973 in der Neufassung vom 24. 3. 1982 (BASS 1-7; SchR 2.5/101).
  Nach Maßgabe dieses Gesetzes besteht im Lande Nordrhein-Westfalen für die Schüler Lernmittelfreiheit.

- **Schulmitwirkungsgesetz (SchMG):** Gesetz über die Mitwirkung im Schulwesen vom 13. 12. 1977 (BASS 1-3; SchR 2.6/1).
  Dieses Gesetz bildet den Rahmen, in dem sich die Mitwirkung von Eltern, Schülern und Lehrern im Schulwesen entfaltet.

8. Rechtsverordnungen

Rechtsverordnungen unterscheiden sich vom formellen Gesetz dadurch, daß sie nicht wie dieses vom Landtag (Gesetzgeber) beschlossen, sondern von der Landesregierung oder einem Ministerium erlassen werden. Andererseits sind sie in ihrer Rechtsverbindlichkeit gegenüber jedermann dem Gesetz gleichgestellt; sie sind **materielles Gesetz**. Rechtsverordnungen können nur aufgrund einer ausdrücklichen gesetzlichen Ermächtigungsgrundlage erlassen werden, in der Inhalt, Zweck und Ausmaß dieser Ermächtigung hinreichend bestimmt sind; sie müssen im Gesetz- und Verordnungsblatt verkündet werden (Art.70 und 71 LV).

Rechtsverordnungen werden üblicherweise in solchen Bereichen erlassen, wo ein Gesetz von übermäßigen Detailregelungen freigehalten werden soll oder wo ein Sachbereich schnellen Veränderungen unterliegt, denen mit der Änderung einer Verordnung besser entsprochen werden kann als durch ein besonderes Gesetzgebungsverfahren.

Diese Erwägung trifft in der Praxis allerdings nur noch eingeschränkt zu. Denn der Landtag hat in vielen Fällen den Erlaß von Rechtsverordnungen an die **Zustimmung eines Landtagsausschusses** gebunden. Damit ist das Parla-

I. Allgemeine Grundlagen des Schulrechts

ment unmittelbar mitverantwortlich für den Inhalt der Verordnung. Dies ist verfassungspolitisch als eine nicht bedenkenfreie Vermischung von Parlament und Regierung angesehen worden. Es verleiht andererseits der jeweiligen Rechtsverordnung eine stärkere öffentliche und politische Absicherung.

16 So ist auch im Schulrecht eine Reihe von Rechtsverordnungen erlassen worden, die die Schulgesetze konkretisieren und ergänzen. Die wichtigsten dieser Rechtsverordnungen sind:

- **zum Schulordnungsgesetz:** die Verordnung über die Errichtung und Umwandlung von Bekenntnis- und Gemeinschaftsschulen (5. AVOzSchOG) und die Verordnung über die Ersatzschulen (ESch-VO);

- **zum Schulverwaltungsgesetz:** die Zuständigkeitsverordnung, die Verordnung über den geordneten Schulbetrieb an Sonderschulen (6. AVOzSchVG), die Allgemeine Schulordnung (ASchO), die Ausbildungs- und Prüfungsordnungen nach § 26 b SchVG; die Verordnung zur Schulentwicklungsplanung und die Kooperationsverordnung (KVO);

- **zum Schulpflichtgesetz:** die Zuständigkeitsverordnung und die Verordnung über den sonderpädagogischen Förderbedarf (VO-SF);

- **zum Schulfinanzgesetz:** die Verordnung zu § 5 SchFG (sog. AVO; betr. Unterrichtsstunden, Pflichtstunden, Schüler-Lehrer-Relationen) und die Schülerfahrkostenverordnung;

- **zum Lernmittelfreiheitsgesetz:** die Verordnung über die Durchschnittsbeträge;

- **zum Schulmitwirkungsgesetz:** die Wahlordnung.

9. Verwaltungsvorschriften

17 Im Unterschied zu Gesetzen und Rechtsverordnungen haben Verwaltungsvorschriften (VV) nur eine **verwaltungsinterne Verbindlichkeit**. Sie können gegenüber Schülerinnen, Schülern und Eltern nicht unmittelbar Rechtspositionen begründen, einschränken oder ausschließen. Sie entfalten aber über den Gleichbehandlungsgrundsatz mittelbare Rechtswirkungen. Verwaltungsvorschriften sind zwar darauf beschränkt, die sich aus den Rechtsvorschriften ergebenden Rechte und Pflichten zur Sicherung einer gleichmäßigen Handhabung im Lande zu konkretisieren und auszulegen. Andererseits können — und werden in der Regel auch — solche Verwaltungsvorschriften gegenüber Schulaufsichtsbehörden, Schulleitungen und Lehrkräften verbindliche Anordnungen enthalten. Sie sind deshalb von diesen ebenso zu beachten wie gesetzliche Vorschriften.

18 Verwaltungsvorschriften können unter sehr verschiedener Bezeichnung erlassen werden. Das Schulministerium als oberste Schulaufsichtsbehörde gibt sie als **Erlasse** heraus. Als Runderlasse werden sie bezeichnet, wenn sie sich an alle oberen Schulaufsichtsbehörden richten. Die Bezeichnung Verwaltungsvorschriften (VV) wird üblicherweise dann verwandt, wenn es sich um einen umfangreichen Gegenstand (z. B. ein Gesetz) handelt, der durch einheitliche zusammengefaßte Bestimmungen ergänzt wird (z. B. VVzLFG oder VVzSchMG). Aber auch unter der Bezeichnung von **Richtlinien** (z. B. Richtlinien

I. Allgemeine Grundlagen des Schulrechts

zur Klassenbildung, Wanderrichtlinien), Verwaltungsverordnungen (z. B. VVzEFG), Ordnungen, **Durchführungsbestimmungen** oder Ausführungsbestimmungen können Verwaltungsvorschriften erlassen werden. Selbst die früheren Versetzungs- und Prüfungsordnungen, die noch nicht als Rechtsverordnungen nach § 26 b SchVG erlassen wurden, waren solche Verwaltungsvorschriften.

Verwaltungsvorschriften bedürfen zu ihrer Geltung nicht notwendig der Veröffentlichung. Dies ist ein Unterschied zu Gesetzen und Rechtsverordnungen, die im Gesetz- und Verordnungsblatt (GV. NW.) verkündet werden müssen. Wichtige Runderlasse des Schulministeriums (und ihre Änderung) werden aber aus Gründen der Transparenz üblicherweise im Gemeinsamen Amtsblatt (GABl. NW.) veröffentlicht. Ihre **Bereinigung** wird fortlaufend durchgeführt und in der Bereinigten Amtlichen Sammlung der Schulvorschriften (BASS) dokumentiert. Nicht im Amtsblatt veröffentlichte Runderlasse werden häufig in den Amtlichen Schulblättern der Bezirksregierungen abgedruckt; ihre Gültigkeit ist grundsätzlich — d. h. ohne eine Verlängerung im Einzelfall — auf fünf Jahre zum Jahresablauf begrenzt.[7]) Verwaltungsvorschriften der oberen Schulaufsichtsbehörden werden als Verfügungen bzw. als Rundverfügungen bezeichnet.

Das Schulmitwirkungsgesetz bestimmt, daß alle an der Mitwirkung Beteiligten bei ihrer Tätigkeit in den Mitwirkungsorganen verpflichtet sind, nicht nur die Rechtsvorschriften (also Gesetze und Rechtsverordnungen), sondern auch die Verwaltungsvorschriften zur Kenntnis zu nehmen und zu beachten. Die von den Schulaufsichtsbehörden gesetzten inhaltlichen Vorgaben (z. B. über den Unterricht) sind also auch von den Konferenzen zu beachten. Nicht nur die Lehrerinnen und Lehrer, sondern auch die Mitglieder der Schulkonferenz und die Vorsitzenden der Schulpflegschaften sind über wichtige Regelungen zu informieren.[8]) Andererseits sollen gerade dort, wo Mitwirkungsorgane zur Entscheidung berufen sind, auch ausreichende **Freiräume zur Gestaltung für die Schulen** belassen bleiben. Diese „Verantwortung vor Ort" ist um so größer, je mehr die Schulaufsichtsbehörden auf vorsorglich detaillierte Verwaltungsvorschriften verzichten können. Dies erfordert nicht nur bei der Schulaufsicht (Ministerium, Bezirksregierung) im Einzelfall den Regelungsverzicht. Es verlangt auch „unten" in der Schule bei allen Beteiligten die Bereitschaft, solche Gestaltungsräume selbstverantwortlich zu nutzen und nicht gleich nach Vorschriften zur Konfliktregelung zu rufen. Ausdrückliches politisches Ziel ist diese Tendenz schon seit vielen Jahren.[9]) **19**

10. Rechtsanwendung

Die Anwendung von Rechts- und Verwaltungsvorschriften in der Praxis bedeutet in der Regel, daß allgemeine und abstrakte Regelungen auf einen konkreten Sachverhalt bezogen werden müssen. Oder umgekehrt: Es ist zu fragen, ob ein konkreter Sachverhalt unter eine allgemeine Regelung subsumiert werden kann. Diese Aufgabe der Rechtsanwendung fällt nicht nur dem **20**

---

7) RdErl. vom 17. 4. 1984 (BASS 10-52 Nr.1; SchR 3.7.8/21) und vom 25. 2. 1985 (BASS 10-52 Nr.2; SchR 3.7.8/12).
8) Siehe RdErl vom 15.1.1953 (BASS 10-51 Nr.1; SchR 3.7.8/11).
9) So schon die Regierungserklärung von *Ministerpräsident Rau* im Mai 1980 und der Aufruf des *Kultusministers* im GABl. NW. 1980, S. 353.

I. Allgemeine Grundlagen des Schulrechts

Juristen in der Schulaufsicht oder bei Gericht zu. Genauso haben Schulleiterinnen, Schulleiter, Lehrerinnen und Lehrer häufig zu fragen und zu entscheiden, wie eine bestimmte Situation rechtlich zu bewerten und zu behandeln ist.

Oft stellt sich bei der Rechtsanwendung heraus, daß Struktur und Wortlaut einer Vorschrift nicht sofort eindeutig ergeben, ob einem bestimmten Sachverhalt eine bestimmte Rechtsfolge zugeordnet werden kann. Auszugehen ist zunächst vom Wortlaut der Vorschrift, um ihren Sinngehalt zu ermitteln. Selbst wo der Wortlaut umgangssprachlich ungenau erscheint, kann es sein, daß in der juristischen Fachsprache die verwendeten Begriffe exakt bestimmt sind; so z. B. „im Einvernehmen" (= Zustimmung) gegenüber „im Benehmen" (= Beteiligung). Hilft der Wortlaut nicht weiter, so ist eine **Auslegung** der Vorschrift erforderlich. Anerkannte Auslegungsgrundsätze sind dabei die Prüfung der systematischen Stellung der Vorschrift (Zusammenhang mit anderen Vorschriften), aber auch die wichtige Frage, welchen Zweck die Vorschrift verfolgt. Dabei kann auch ihre Entstehungsgeschichte ergänzend herangezogen werden.

Gelegentlich werden in Vorschriften auch Begriffe verwandt, die offen in dem Sinne sind, daß sie der Konkretisierung bedürfen. Was ist aber nun z. B. ein „wichtiger Grund" oder eine „geordnete Unterrichts- und Erziehungsarbeit"? Solche **unbestimmten Rechtsbegriffe** sind quasi in einer ergänzenden Rechtssetzung durch den zur Entscheidung zuständigen Aufgabenträger so zu konkretisieren, daß sie die Lösung einer konkreten Frage ermöglichen. Dabei ist wichtig zu wissen, daß die Ausfüllung derartiger offener Begriffe nicht in das Belieben gestellt ist. Es wird auch kein Ermessen eröffnet, ob eine Rechtsfolge eintreten soll oder nicht. Es ist vielmehr nur eine einzige Entscheidung richtig, wobei allerdings dem Entscheidenden ein Beurteilungsspielraum zugebilligt wird. Dieser wird bei einer Überprüfung durch die Schulaufsichtsbehörde oder das Gericht berücksichtigt.[10])

21 Ein echtes Handlungsermessen wird dann eröffnet, wenn es sich um eine **Kann-Vorschrift** handelt. So bestimmt zum Beispiel § 10 ASchO: „Ein Schüler kann ... aus wichtigen Gründen beurlaubt werden." Ob im Einzelfall ein wichtiger Grund vorliegt, ist eine Auslegungsfrage; wird sie bejaht, ist zu entscheiden, ob die Schülerin oder der Schüler beurlaubt wird oder nicht. Diese Entscheidung, welche Rechtsfolge eintreten soll, darf nicht willkürlich, sondern muß nach pflichtgemäßem Ermessen unter Berücksichtigung aller Umstände getroffen werden.

Im Unterschied zur Kann-Vorschrift ist die **Soll-Vorschrift** sehr stark der strikten Muß-Vorschrift angenähert. Von ihr darf deshalb nur in Ausnahmefällen oder bei Vorliegen zwingender Gründe abgewichen werden (Beispiel: Lehrkräfte sollen auf Verlangen der Eltern an der Sitzung der Klassenpflegschaft teilnehmen). Eine **Muß-Vorschrift** ist strikt zu beachten. Sie kann auch durch eine einfache indikativische Formulierung ausgedrückt sein. Ein Beispiel macht dies deutlich: „Zum Besuch der Grundschule melden die Erziehungsberechtigten das schulpflichtige Kind an". Gleiches drücken Formulierungen aus wie: „Das schulpflichtige Kind ist anzumelden" oder „Die Erziehungsberechtigten haben das schulpflichtige Kind anzumelden". Eine

---

10) Näher dazu *Niehues* Rdnr. 470 ff.

I. Allgemeine Grundlagen des Schulrechts

Verwendung der Wörter „grundsätzlich" oder „in der Regel" läßt erkennen, daß wie bei einer Soll-Vorschrift in Sonderfällen ein Spielraum besteht.

Ergibt sich, daß für einen zu entscheidenden Fall keine anwendbaren Rechts- oder Verwaltungsvorschriften bestehen, so ist zu prüfen, ob eine **entsprechende Anwendung** einer für einen ähnlichen Sachverhalt getroffenen Regelung nach deren Zweck und Sinngehalt in Betracht kommt (Analogieschluß). Ergibt aber die Prüfung genau das Gegenteil, so kann dies umgekehrt die Annahme rechtfertigen, daß gerade im Unterschied zu allen anderen Fällen die Vorschrift nur für die dort genannten Fälle anwendbar ist (Umkehrschluß).

Zwei wichtige verfassungsrechtliche Grundsätze sind bei der Rechtsanwendung stets zu beachten: 22

Der **Grundsatz der Gleichbehandlung** hat seine Grundlage im allgemeinen Gleichheitssatz des Grundgesetzes (Art. 3 GG). Er verlangt, daß gleiche Sachverhalte gleich und ungleiche Sachverhalte ungleich behandelt werden („Jedem das Seine").

Der **Grundsatz der Verhältnismäßigkeit** gebietet insbesondere bei eingreifenden Maßnahmen, daß alle Entscheidungen in einem angemessenen Verhältnis zum auslösenden Sachverhalt stehen müssen („Nicht mit Kanonen auf Spatzen schießen!"). Dieser Grundsatz wird z. B. ausdrücklich in § 15 Abs. 1 ASchO aufgeführt: Die Ordnungsmaßnahme muß unter Berücksichtigung aller Umstände des Einzelfalles in einem angemessenen Verhältnis zum Verhalten des Schülers stehen.

11. Selbstkoordination der Länder

Die Zuordnung des Schulrechts zu den Ländern läßt die Zusammenarbeit der 23 Länder (kooperativer Föderalismus) als besonders wichtig erscheinen. Das bedeutsame Instrument ist hierfür die **Ständige Konferenz der Kultusminister** der Länder der Bundesrepublik Deutschland (KMK). In ihr treffen sich seit 1949 die für das Bildungswesen zuständigen Minister bzw. Senatoren der Länder, um die alle Länder berührenden Fragen des Schul- und Hochschulwesens und der allgemeinen Kulturpolitik zu beraten. Die KMK arbeitet in Plenarkonferenzen (der Minister), in der Amtschefkonferenz (der Staatssekretäre) und in Fachausschüssen (z. B. Schulausschuß, ihm ist ein Unterausschuß Schulrecht zugeordnet). Die Präsidentschaft wechselt im jährlichen Turnus. Die laufenden Geschäfte werden vom Sekretariat der KMK in Bonn wahrgenommen.

Die Ergebnisse der gemeinsamen Willensbildung in der KMK werden als **Vereinbarungen und Empfehlungen** beschlossen. Sie können nur gefaßt werden, wenn Einstimmigkeit erreicht ist. Derartige Beschlüsse binden politisch die Mitglieder der KMK, die sich damit zu einem bestimmten Verhalten verpflichten. Verbindliches Landesschulrecht kommt erst anschließend dadurch zustande, daß ein Beschluß der KMK umgesetzt, d. h. in Landesrecht transformiert wird. Hierzu bedarf es in jedem einzelnen Land je nach der betreffenden Materie eines Gesetzes, einer Rechtsverordnung oder zumindest eines Erlasses des jeweiligen Kultusministeriums (in Nordrhein-Westfalen also des Schulministeriums).

I. Allgemeine Grundlagen des Schulrechts

Im Unterschied zu den genannten KMK-Vereinbarungen kann eine höhere Verbindlichkeit auf politischer Ebene erreicht werden durch förmliche **Verwaltungsabkommen**, die von den zur Außenvertretung der Länder berufenen Landesregierungen/Ministerpräsidenten abgeschlossen werden (s. nachfolgend zum Hamburger Abkommen). Eine unmittelbare rechtliche Verbindlichkeit ergibt sich erst, wenn zwischen den Ländern ein **Staatsvertrag** geschlossen wird. Er bedarf der Zustimmung des Landtages (Art. 66 LV). Beispiele sind der Staatsvertrag über die Vergabe von Studienplätzen und der Staatsvertrag über das Fernunterrichtswesen.

24 Über die Kultusminister hinaus haben sich auch bereits frühzeitig die Ministerpräsidenten der Länder eingeschaltet, um bundeseinheitliche Regelungen zu erreichen. Sie schlossen 1955 das „Abkommen zwischen den Ländern der Bundesrepublik Deutschland zur Vereinheitlichung auf dem Gebiete des Schulwesens" (sogen. Düsseldorfer Abkommen). Es wurde 1964 neu gefaßt im **Hamburger Abkommen**, das in der Fassung der letzten Änderung vom 14. 10. 1971 auch heute noch gilt.[11]) Seine Gegenstände sind u. a. der Schuljahresbeginn, die Schulferien, die Schulpflicht, Schulformen und Abschlüsse sowie die Notenstufen. Die Inhalte dieses Abkommens haben die Länder in der Folgezeit in ihr Schulrecht übernommen.

Allerdings ist in der Zeit nach 1971, in der die Entwicklung des Schulrechts in den Ländern zum Teil stürmisch verlaufen ist, die an sich fällige Fortschreibung des Hamburger Abkommens nicht in Angriff genommen worden. Angesichts der unterschiedlichen bildungspolitischen Auffassungen inbesondere zwischen den sogen. A-Ländern (unter SPD-Führung) und den B-Ländern (unter CDU-Führung) bestand und besteht damit die Gefahr, daß sich die weitere Entwicklung immer mehr vom Hamburger Abkommen löst und dieses damit inhaltlich ausgehöhlt wird. Allerdings hat die KMK auch in wichtigen Streitfragen, insbesondere in der Gesamtschulfrage (gegenseitige Anerkennung der Abschlüsse), gemeinsame Lösungen gefunden.[12]) Politisch wird an der Arbeit der KMK gelegentlich von höchster Stelle kritisiert, daß sie durch bürokratische Vereinheitlichung den föderalen Wettbewerb einschränke.[13])

25 Eine vereinheitlichende Wirkung auf das Schulrecht der Länder hatten die Empfehlungen des Deutschen Ausschusses für das Erziehungs- und Bildungswesen (1953—1964) ausgeübt. An seine Stelle trat später der **Deutsche Bildungsrat** (1965—1975), dessen Bildungskommission im Stukturplan für das Bildungswesen (1970) Vorschläge für die Weiterentwicklung des Bildungswesens erarbeitet hat. Der Bildungsrat ist aber schließlich ein Opfer der bildungspolitischen Polarisation zwischen A- und B-Ländern geworden. Heute erinnert noch im Landesinstitut für Schule und Weiterbildung in Soest das nach ihm benannte Zimmer gegenständlich an den Bildungsrat.

Eine besondere Form gemeinsamen Handelns besteht zwischen dem Bund und den Ländern im Bereich der Bildungsplanung.

---

11) BASS 13-01 Nr.1; SchR 1.2/1.
12) Rahmenvereinbarung vom 27./28. 5. 1982 (GABl. NW. 1982, S. 407). Eine weitere Etappe bildete die Vereinbarung über die Schularten und Bildungsgänge im Sekundarbereich I (1994); vgl. *Schmidt* in SchVw NW 1994, S. 75.
13) Siehe *Munding* in SchVw NW 1996, S. 25 sowie die Beiträge zum 50jährigen Bestehen der KMK in SchVw NW 1998, S. 99 ff.

I. Allgemeine Grundlagen des Schulrechts

12. Bildungsplanung

Die Grundgesetzänderung von 1969 hat die Bildungsplanung als eine gemeinsame Angelegenheit von Bund und Ländern anerkannt (Art. 91 b GG). Hierdurch ist die Zusammenarbeit zwischen dem Bund (Bundesministerium für Bildung und Wissenschaft) und den Kultusministern der Länder auf eine verfassungsrechtliche Grundlage gestellt. Auf ihr ist nachfolgend das Verwaltungabkommen zwischen Bund und Ländern vom 25. 6. 1970 über die Errichtung einer gemeinsamen Kommission für Bildungsplanung, die sogenannte **Bund-Länder-Kommission (BLK)**, abgeschlossen worden.[14]

Aufgabe der Bildungsplanung ist es, im föderativen System der Bundesrepublik einen bundesweiten gemeinsamen Rahmen für die mittel- und langfristige Entwicklung des Bildungswesens sichern zu helfen. Deshalb hatte die Bund-Länder-Kommission 1973 als Ergebnis ihrer Arbeit den **Bildungsgesamtplan** vorgelegt. In ihm wurden langfristige Ziele für eine abgestimmte Weiterentwicklung des Bildungswesens festgelegt. Sie wurden größtenteils — abgesehen von den Minderheitsvoten zu einigen strittigen Fragen wie z. B. der Gesamtschule — von allen beteiligten Regierungen grundsätzlich als verbindliche Leitlinie akzeptiert. Eine der wichtigsten Aufgaben der BLK sollte es sein, den Bildungsgesamtplan so fortzuschreiben, daß er als Leitlinie für die Entwicklung des Bildungswesens in den späteren Jahren hätte dienen können. Es zeigte sich allerdings, daß das Erreichen dieses Ziel stärker durch finanzpolitische Zwangsläufigkeiten der öffentlichen Haushalte als durch bildungspolitische Auseinandersetzungen beeinträchtigt wurde.

In der BLK haben Bund und Länder je 11 Stimmen. Beschlüsse bedürfen einer 3/4-Mehrheit. Die oder der Vorsitzende der BLK wird abwechselnd aus der Vertretung der Bundesregierung und der Landesregierungen bestellt. Die Umsetzung der Ergebnisse der BLK in verbindliches Schulrecht ist anschließend allein Angelegenheit der für das Schulwesen zuständigen Länder.

13. Schule und Kirche

Das Verhältnis zwischen Staat und Kirche ist vom Grundrecht der Religionsfreiheit (Art. 4 GG) sowie durch die nach Art. 140 GG fortgeltenden Kirchenartikel der Weimarer Reichsverfassung (Art. 136, 139, 141 WRV) bestimmt. Auch wenn grundsätzlich von der **weltanschaulichen Neutralität des Staates** im Sinne einer Nichtidentifizierung (Trennung von Kirche und Staat) auszugehen ist, muß doch gesehen werden, daß vielfältige Sonderregelungen die partnerschaftlichen Beziehungen zwischen Staat und Kirche in eigener Weise prägen. Dies bezieht sich auch unmittelbar auf den Schulbereich, wo ihre besondere Aufgabe der Kirchen verfassungsrechtlich anerkannt ist.

Bundeseinheitlich ist der **Religionsunterricht** vom Grundgesetz als ordentliches Lehrfach in den öffentlichen Schulen garantiert (Art. 7 GG). Er wird nach Bekenntnissen getrennt in Übereinstimmung mit den Lehren und den Grundsätzen der Kirchen erteilt. Die Entscheidung über die Teilnahme von Schülern eines anderen Bekenntnisses am Religionsunterricht obliegt der für den Unterricht verantwortlichen Religionsgemeinschaft; der Staat muß die-

---

14) SchR 1.2/51.

I. Allgemeine Grundlagen des Schulrechts

ser Entscheidung Rechnung tragen.[15]) Die unterrichtenden Lehrerinnen und Lehrer bedürfen — außer dem staatlichen Unterrichtsauftrag — der kirchlichen Bevollmächtigung (Missio canonica bzw. Vokation). Aufgrund von Vereinbarungen mit den Kirchen können auch kirchliche Bedienstete (z. B. Pfarrer) als Lehrkräfte eingesetzt werden, soweit der Unterrichtsbedarf nicht durch hauptamtliche Lehrkräfte des Landes gedeckt ist. Über die Teilnahme der Schüler am Religionsunterricht entscheiden die Erziehungsberechtigten, nach der Vollendung des 14. Lebensjahres das religionsmündige Kind selbst.[16]) Die Religionsmündigkeit bestimmt sich nach dem Gesetz über die religiöse Kindererziehung von 1921.[17])

Ein allgemeiner Ersatzunterricht für Schülerinnen und Schüler, die nicht am Religionsunterricht teilnehmen, ist in Nordrhein-Westfalen im Unterschied zu anderen Bundesländern noch nicht umfassend eingeführt worden. Allerdings bestehen in der Gymnasialen Oberstufe hierfür bereits besondere Pflichtregelungen (Philosophie). In der Sekundarstufe I wird seit 1997 dafür das neue Fach **Praktische Philosophie** erprobt. Näheres zum Religionsunterricht und zum Ersatzunterricht siehe Kap. IV Rdnr. 75.

28 Die politischen Auseinandersetzungen in der Weimarer Republik um das **konfessionelle Schulwesen** sind nach 1945 auch in Nordrhein-Westfalen fortgesetzt worden. Die Reform des Volksschulwesens im sogenannten Schulkompromiß des Jahres 1968 stärkte die Stellung der Gemeinschaftsschule und stellte Mindestanforderungen an den geordneten Schulbetrieb von Grund- und Hauptschulen auf. Hierdurch wurde in der Folgezeit die Errichtung von Gemeinschaftsschulen, aber auch die Umwandlung von Konfessionsschulen in Gemeinschaftsschulen begünstigt. Allerdings weist auch die Gemeinschaftsschule religiöse Bezüge auf. In ihr sollen die Kinder „auf der Grundlage christlicher Bildungs- und Kulturwerte in Offenheit für die christlichen Bekenntnisse und für andere religiöse und weltanschauliche Überzeugungen gemeinsam unterrichtet und erzogen" werden. Nach der Landesverfassung ist es auch ein Ziel der Erziehung, Ehrfurcht vor Gott zu wecken.[18])

Nach ständiger Rechtsprechung des Bundesverfassungsgerichts ist durch Artikel 4 GG nicht nur die Freiheit zu glauben, sondern auch die Freiheit, den Glauben in der Öffentlichkeit zu bekennen, gewährleistet. Dem entspricht es, wenn der Staat durch die Ausgestaltung seines Schulrechts der positiven **Bekenntnisfreiheit** Raum gibt. So gibt es in der Schule keinen absoluten Vorrang der negativen Bekenntnisfreiheit (Recht auf Schweigen). Es muß immer wieder ein Ausgleich unter Berücksichtigung des Toleranzgebotes gesucht werden. Ein überkonfessionelles Schulgebet kann als Schulveranstaltung (mit freiwilliger Teilnahme) auch in Gemeinschaftsschulen zugelassen werden.[19])

29 Die **Lehrerausbildung** wurde 1969 durch Aufhebung der konfessionellen Gliederung der pädagogischen Hochschulen entkonfessionalisiert (Art. 15 LV). Durch anschließende Vereinbarungen und Notenwechsel hat die Landes-

---

15) So das BVerfG; Beschl. vom 25. 2. 1987 (SPE n. F. 652 Nr. 15) zum Religionsunterricht in der Gymnasialen Oberstufe.
16) Art. 14 LV, §§ 31, 34 SchOG. Nähere Regelung dazu in § 11 Abs. 3 ASchO.
17) Gesetz vom 15. 7. 1921 (BASS 2-1; SchR 1.3/1).
18) Art. 12 Abs. 6 und Art. 7 Abs. 1 LV. Siehe oben Rdnr. 11.
19) BVerwG, Urt. vom 30. 11. 1973 (SPE a. F. I A I,31); BVerfG, Beschl. vom 16. 10. 1979 (E 52,123; SPE a. F. I A 1,41)

I. Allgemeine Grundlagen des Schulrechts

regierung den Kirchen ihre Unterstützung zugesichert, damit die Erteilung des Religionsunterrichts auch durch die Lehrerausbildung sichergestellt und eine kirchliche Lehrerfortbildung betrieben werden kann. Spätere Entwicklungen im Bereich der Hochschulen und der Lehrerausbildung führten 1984/85 zu einer Anpassung dieser Vereinbarungen.[20])

14. Privatschulen

Das Recht zur Errichtung privater Schulen wird durch das Grundgesetz und die Landesverfassung ausdrücklich gewährleistet. Damit ist verfassungsrechtlich ein staatliches **Schulmonopol ausgeschlossen**. Allerdings hat das öffentliche Schulwesen insofern eine besondere Stellung, als es seine gesetzliche Aufgabe ist, den Bildungsanspruch jedes jungen Menschen zu erfüllen. Deshalb sind Land, Gemeinden und Gemeindeverbände auch verpflichtet, für ein ausreichendes Bildungsangebot zu sorgen.[21]) 30

Für die privaten Schulen garantiert Art. 7 Abs. 4 GG die Freiheit, solche Einrichtungen zu errichten. Werden sie in Bildungsbereichen errichtet, für die im Lande entsprechende öffentliche Schulen allgemein bestehen oder grundsätzlich vorgesehen sind, so sind sie **Ersatzschulen** (z. B. ein privates Gymnasium) und bedürfen der Genehmigung des Kultusministeriums (Schulministerium). Alle anderen Privatschulen sind Ergänzungsschulen. Die Genehmigung zur Errichtung einer Ersatzschule wird nur erteilt, wenn diese Schule in ihren Lehrzielen und Einrichtungen sowie in der wissenschaftlichen Ausbildung der Lehrkräfte nicht hinter den öffentlichen Schulen zurücksteht. Auch darf eine Sonderung der Schüler nach den Besitzverhältnissen der Eltern nicht gefördert werden, was z. B. die Erhebung eines unverhältnismäßig hohen Schulgeldes ausschließt. Schließlich muß die wirtschaftliche und rechtliche Stellung der Lehrkräfte genügend gesichert sein.[22]) Ausführlich zu den Ersatzschulen siehe Kap. VII Rdnr. 4. 31

Den Ersatzschulen steht nach der Landesverfassung ein Anspruch auf **öffentliche Zuschüsse** zu, durch die sie in die Lage versetzt werden, ihre Aufgaben durchzuführen und ihre Pflichten zu erfüllen. Diese Zuschüsse werden nach Maßgabe des Ersatzschulfinanzgesetzes in erster Linie dadurch gewährt, daß zwischen 85 und 94% (in Ausnahmefällen bis 98%) der fortdauernden Ausgaben vom Land getragen werden. Maßstab sind dabei die für vergleichbare öffentliche Schulen erforderlichen Aufwendungen.

Die Landesverfassung hat die grundgesetzliche Stellung der Ersatzschulen noch dadurch verstärkt, daß ihnen die **gleichen Berechtigungen** wie den entsprechenden öffentlichen Schulen zuerkannt werden. 32

Mit der Genehmigung erhält die Ersatzschule das Recht, mit gleicher Wirkung wie öffentliche Schulen Zeugnisse auszustellen und — unter Vorsitz eines staatlichen Prüfungsleiters — Prüfungen abzuhalten. Können bei Errichtung einer derartigen Schule die zur Genehmigung erforderlichen Feststellungen noch nicht getroffen werden, so kann zunächst eine vorläufige Erlaubnis zum Betrieb der Schule erteilt werden.

Die Ersatzschule untersteht der staatlichen **Schulaufsicht**. Diese wird aller-

---
20) Siehe zu diesen Vereinbarungen (BASS 20-52; SchR 1.3/11 ff.).
21) Vgl. dazu Art. 8 Abs. 1 LV, § 2 SchOG, § 10 SchVG.
22) Siehe dazu §§ 36 ff SchOG sowie 3. AVOzSchOG.

I. Allgemeine Grundlagen des Schulrechts

dings wesentlich weniger intensiv als über öffentliche Schulen zu führen sein. Denn es ist gerade das Wesen der Ersatzschule, daß sie im Verhältnis zu den öffentlichen Schulen zwar gleichwertig, nicht aber gleichartig sein muß. Deshalb beschränkt sich die Schulaufsicht weitgehend auf die Einhaltung der Genehmigungsvoraussetzungen und auf diejenigen Bereiche, in denen die Ersatzschule als sogenannter „beliehener Unternehmer" hoheitlich handeln kann (insbesondere bei Zeugnissen und Prüfungen).

33 Andere private Schulen, die ihre Unterrichtstätigkeit nicht auf die den öffentlichen Schulen und Ersatzschulen vorbehaltenen Bereiche beziehen, können als **Ergänzungsschulen** geführt werden. Sie sind bei Errichtung der Schulaufsichtsbehörde anzuzeigen, bedürfen aber nicht der Genehmigung. Die Schulpflicht (Vollzeitschulpflicht und Berufsschulpflicht) kann an Ergänzungsschulen nur erfüllt werden, wenn die Bezirksregierung als obere Schulaufsichtsbehörde eine entsprechende Feststellung trifft.[23])

15. Berufsbildung

34 Für Schülerinnen und Schüler, die nach Erfüllung der Vollzeitschulpflicht die Schule verlassen, um einen Beruf zu erlernen, tritt der Ausbildungsbetrieb und seine rechtliche Ordnung neben die Schule und zum Teil an die Stelle der Schule.

Das Recht der Berufsbildung ist bundesrechtlich geregelt im Berufsbildungsgesetz.[24]) Dieses Gesetz und die landesrechtlichen Schulgesetze bilden die Grundlage für das **duale System** der Berufsausbildung, d. h. die aufeinanderbezogene gleichzeitige Ausbildung in Betrieb und Berufsschule. Das Schulpflichtgesetz anerkennt dieses besonders dadurch, daß es die Berufsschulpflicht grundsätzlich solange bestehen läßt, wie das Ausbildungsverhältnis dauert (§ 11). Durch Blockunterricht, schulisches Berufsgrundbildungsjahr und überbetriebliche Ausbildung hat sich dieses System vielfältig weiter entwickelt.

35 Der bewährte Grundsatz des dualen Systems, der in der Verbindung des allgemeinbildenden, fachtheoretischen, berufspraktischen Unterrichts in der Berufsschule mit der praktischen und theoretischen Ausbildung im Betrieb oder der überbetrieblichen Ausbildungsstätte liegt, ist unbestritten. Streit besteht zwischen den Beteiligten gelegentlich über den Umfang des Unterrichts auf Kosten der Zeit im Betrieb. Das duale System erfordert bereits auf der Ebene der Ausbildungsinhalte eine enge **Abstimmung zwischen beiden Partnern**. Deshalb werden die für die betriebliche Ausbildung zu erfassenden Ausbildungs- und Prüfungsordnungen des Bundes mit den Rahmenlehrplänen der Länder für den Berufsschulunterricht aufeinander abgestimmt. In Nordrhein-Westfalen gibt es Kooperationsvereinbarungen zwischen dem Schulministerium und den Kammern (Ausbildungskonsens), um insbesondere eine einvernehmliche Flexibilisierung des Berufsschulunterrichts zu erreichen.

Auch in der täglichen Praxis besteht ein großes Maß an notwendiger Zusammenarbeit zwischen **Schule und Betrieb.** Es ist Aufgabe der Berufsschule, den

---

23) §§ 36 und 44, 45 SchOG sowie § 22 SchpflG.
24) Berufsbildungsgesetz (BBiG) vom 14. August 1969; in seiner geltenden Fassung (BASS 2-5; SchR 1.6/1).

I. Allgemeine Grundlagen des Schulrechts

Schüler (auch) auf die Berufsabschlußprüfung der Kammern vorzubereiten. Umgekehrt hat auch der Ausbildungsbetrieb den Auszubildenden nicht nur zum Besuch der Berufsschule freizustellen, sondern auch dafür zu sorgen, daß der Auszubildende seine Berufsschulpflicht erfüllt.[25]) Darüber hinaus wird auch die Erziehungsaufgabe des Ausbilders anerkannt, wenn schulrechtliche Bestimmungen ihn als „für die Berufserziehung Mitverantwortlichen" bezeichnen und ihm Mitwirkungsrechte in schulischen Gremien einräumen und eine enge Zusammenarbeit mit der Schule vorsehen.[26])

16. Kinder- und Jugendrecht

Für die jungen Menschen ist die Schule und damit auch ihre rechtliche Ausgestaltung zwar ein sehr wichtiger Bereich. Andere wichtige rechtliche Regelungen, die unmittelbar oder mittelbar die Kinder- und Jugenderziehung betreffen, finden sich außerhalb des Schulrechts. Sie sollen hier jedenfalls kurz erwähnt werden, weil sie auch die Schule berühren können. Dies betrifft insbesondere das Familienrecht, die Kinder- und Jugendhilfe und den Jugendschutz.

Das Familienrecht ist als Teil des Bürgerlichen Gesetzbuches (BGB) bundeseinheitlich geregelt. Auf die Rechtsstellung des Kindes beziehen sich insbesondere die §§ 1616 ff. BGB. Eine Darstellung hier würde den Rahmen sprengen, so daß nur auf einige Punkte hingewiesen werden kann.

Durch das Gesetz zur **Neuregelung der elterlichen Sorge** ist im Jahre 1980 das Eltern-Kind-Verhältnis neu bestimmt worden. Ein Anliegen dieser Reform läßt sich daraus erkennen, daß der Begriff der „elterlichen Gewalt" durch den Ausdruck „elterliche Sorge" ersetzt worden ist. Das Verhältnis zwischen Eltern und Kindern soll nicht auf Befehl und Gehorsam, sondern in der partnerschaftlichen Familie durch die Verpflichtung von Eltern und Kind zu gegenseitigem Beistand und gegenseitiger Unterstützung bestimmt sein. Die Eltern sind gehalten, Fragen der elterlichen Sorge mit den Kindern zu besprechen, um gegenseitiges Einvernehmen zu erzielen. Erziehungsmaßnahmen dürfen nicht entwürdigend sein, womit auch einer unangemessenen körperlichen Züchtigung neue Grenzen gesetzt sind. Bei Meinungsverschiedenheiten in der Ausübung der Personensorge müssen die Eltern versuchen, sich zu einigen. Ist die Einigung nicht möglich, so kann auf Antrag eines Elternteils das Vormundschaftsgericht die Entscheidung einem Elternteil übertragen, wenn dies dem Wohl des Kindes entspricht.

Die Vertretung des Kindes — auch z. B. gegenüber der Schule — steht grundsätzlich den Eltern gemeinsam zu. Bei Erklärungen an die Eltern genügt aber die Abgabe gegenüber einem Elternteil. Verbieten die Eltern dem Kind aus triftigen und sachlichen Gründen den Umgang mit bestimmten Personen, so müssen sie dies dem Kind, nicht dem Dritten gegenüber begründen. Wichtig ist auch die Bestimmung, daß Eltern in Angelegenheiten der Ausbildung und des Berufs insbesondere auf Eignung und Neigungen des Kindes Rücksicht nehmen sollen. Bei Zweifeln — z. B. über den Bildungsgang — sollen sie den Rat eines Lehrers oder einer anderen geeigneten Person einholen.

Bei einem Sorgerechtsmißbrauch — d. h. wenn die Besorgnis begründet ist,

---
25) §§ 6 und 7 BBiG; § 16 SchpflG; § 40 Abs. 5 ASchO.
26) § 4 Abs. 5, § 11 Abs. 4 und § 10 SchMG. Siehe auch § 38 Abs. 3 ASchO.

I. Allgemeine Grundlagen des Schulrechts

daß die Entwicklung des Kindes nachhaltig und schwer beeinträchtigt wird — entscheidet anstelle der Eltern das Vormundschaftsgericht (§ 1631 a BGB). Eine solche Entscheidung kann z. B. erforderlich werden, wenn Eltern ihr hochbegabtes Kind ohne sachlichen Grund vorzeitig von der Schule abmelden.

37 Das **Kinder- und Jugendhilferecht** ist nach langjährigen Diskussionen im Jahre 1990 endlich vom Bundesgesetzgeber geregelt und in das Sozialgesetzbuch einbezogen worden. Das Kinder- und Jugendhilfegesetz legt nicht mehr nur die Aufgaben der Träger der öffentlichen Jugendhilfe (Kreisjugendämter, Landesjugendämter) und die Zusammenarbeit mit den Trägern der freien Jugendhilfe (Spitzenverbände der freien Wohlfahrtspflege, Kirchen, Jugendverbände) fest. Es enthält umfassende Regelungen zur Förderung und zum Schutz von Kindern und Jugendlichen und zur Beratung und Unterstützung von Eltern und anderen Erziehungsberechtigten.[27])

Am Beginn des Gesetzes steht der Grundsatz, daß jeder junge Mensch ein Recht auf Förderung seiner Entwicklung und auf Erziehung zur eigenverantwortlichen und gemeinschaftsfähigen Persönlichkeit hat. Zur Verwirklichung dieses Rechts soll die Jugendhilfe durch eine Fülle von Leistungen beitragen.

Neben der Jugendarbeit und der Förderung der Erziehung in der Familie — einschl. Unterstützung bei notwendiger Unterbringung zur Erfüllung der Schulpflicht (§ 21 SGB VIII) — ist die Förderung von Kindern in Tageseinrichtungen und in Tagespflege bedeutsam. Kindern wird vom vollendeten dritten Lebensjahr bis zum Schuleintritt ein Anspruch auf den Besuch des Kindergartens zuerkannt. Für Kinder unter drei Jahren und für Kinder im schulpflichtigen Alter sind nach Bedarf Plätze in Tageseinrichtungen vorzuhalten (§ 24 SGB VIII).

Zur Umsetzung dieses Auftrags hat der Landesgesetzgeber in Nordrhein-Westfalen das **Gesetz über Tageseinrichtungen für Kinder** erlassen und mit ihm das frühere Kindergartengesetz abgelöst. In ihm ist auch der Erziehungs- und Bildungsauftrag des Kindergartens und des Horts als sozialpädagogische Einrichtungen festgelegt. Die enge Zusammenarbeit mit der Schule gehört zum Auftrag des Horts.[28])

38 Vorschriften zum **Jugendschutz** sind in mehreren Gesetzen enthalten. Das Gesetz zum Schutz der Jugend in der Öffentlichkeit enthält z. B. Beschränkungen für den Aufenthalt in Gaststätten, die Anwesenheit bei öffentlichen Tanz- und Filmveranstaltungen sowie den Alkohol- und Tabakgenuß.[29])

Das Gesetz über die Verbreitung jugendgefährdender Schriften ist die Grundlage für die Tätigkeit der Bundesprüfstelle. Diese erstellt eine Liste solcher jugendgefährdender Schriften, die gewissen Werbungs- und Vertriebsbeschränkungen unterworfen werden.[30])

---

27) Kinder- und Jugendhilfegesetz — SGB VIII — in der Neufassung vom 23. 7. 1996 (BGBl. I, S. 1088; SchR 5.6.1/1).
28) § 3 SGB VIII. Siehe für NW; Gesetz über Tageseinrichtungen für Kinder (SGV. NW. 216; SchR 5.6.1/301). Dazu auch Rahmenkonzept zur Zusammenarbeit zwischen Kindergarten und Schule, Gem. RdErl. vom 5. 5. 1988 (BASS 12-21 Nr.5; SchR 4.1/61).
29) Gesetz zum Schutz der Jugend in der Öffentlichkeit (SchR 5.6.2/1).
30) Gesetz über die Verbreitung jugendgefährdender Schriften (SchR 5.6.2/51)

I. Allgemeine Grundlagen des Schulrechts

Das **Jugendarbeitsschutzgesetz** dient dem Schutz der jugendlichen Auszubildenden und Arbeitnehmer.[31]) Es enthält Bestimmungen über Arbeitsdauer, Pausen, Beschäftigungsverbote und über die gesundheitliche Betreuung der Jugendlichen. Die Freistellung zum Besuch der Berufsschule ist dem Arbeitgeber als gesetzliche Pflicht auferlegt. Für Kinder gilt grundsätzlich ein Beschäftigungsverbot. Leichte und für Kinder geeignete Arbeiten (Botengänge, Nachhilfeunterricht, Babysitten) sind nach einer Gesetzesänderung (1997) zugelassen. Da als Kinder auch solche Jugendliche gelten, die ihre Vollzeitschulpflicht noch nicht erfüllt haben, ist somit für Nordrhein-Westfalen eine allgemeine Ferienarbeit für Schüler erst nach einem zehnjährigen Schulbesuch zulässig.[32])

17. Amtliche Veröffentlichungen und Informationen

Amtliche Veröffentlichungsorgane, in denen Rechts- und Verwaltungsvorschriften für das Schulwesen abgedruckt sind, sind in Nordrhein-Westfalen

- **Gesetz- und Verordnungsblatt** des Landes Nordrhein-Westfalen (GV. NW.), in dem die Gesetze und Rechtsverordnungen verkündet werden. Diese Verkündung ist Voraussetzung für das Inkrafttreten der Rechtsvorschriften.

- **Gemeinsames Amtsblatt** des Ministeriums für Schule und Weiterbildung und des Ministeriums für Wissenschaft und Forschung des Landes Nordrhein-Westfalen (GABl. NW). In ihm werden die Rechts- und Verwaltungsvorschriften aus dem Geschäftsbereich des Schulministeriums veröffentlicht. Als Beilage dazu wird die **BASS** herausgegeben, die Bereinigte Amtliche Sammlung der Schulvorschriften.[33])

- **Amtliches Schulblatt der Bezirksregierung**, in dem manchmal Runderlasse des Schulministeriums und im übrigen Rundverfügungen der jeweiligen Bezirksregierung (als obere Schulaufsichtsbehörde) abgedruckt werden.

Besondere Veröffentlichungen des Ministeriums für Schule und Weiterbildung informieren über grundsätzliche Fragen des Bildungswesens:

- Die **Schriftenreihen des Ministeriums** enthalten fortlaufend grundlegende Informationen zu bestimmten Bereichen (Vorschriften, Richtlinien und Lehrpläne, Darstellungen).

- Daneben gibt das Ministerium aus besonderem Anlaß **Informationsschriften** zu Einzelthemen heraus („Wir machen Schule").

Länderübergreifende Informationen zur Entwicklung des Schulwesens sind den **Veröffentlichungen der Kultusministerkonferenz** (KMK) zu entnehmen:

- Die Sammlung der Beschlüsse der Ständigen Konferenz der Kultusminister der Länder in der Bundesrepublik Deutschland wird als Loseblattausgabe herausgegeben (Luchterhand-Verlag).

---

31) Jugendarbeitsschutzgesetz — JArbSchG — (SchR 5.6.2/101).
32) § 5 Abs. 1 i. V. m. § 2 Abs. 3 JArbSchG. Zur Kinderarbeit siehe RdErl. vom 27. 2. 1985 (BASS 18-01 Nr. 1; SchR 5.6.2/141).
33) RdErl. vom 17. 4. 1984 (BASS 10-52 Nr. 1; SchR 3.7.8/21). Eine chronologische Übersicht über die fortgeltenden Rechts- und Verwaltungsvorschriften findet sich auch in SchR unter F.

I. Allgemeine Grundlagen des Schulrechts

- Der Dokumentationsdienst „Bildung und Kultur" (Luchterhand-Verlag) gibt in regelmäßiger Folge einen Überblick über aktuelle Daten, Fakten und Materialien aus den Ländern. Er enthält auch eine fortlaufende aktuelle Literatur- und Rechtsprechungsübersicht zum Bildungswesen.

43 In konkreten Situationen sind von folgenden Stellen auch **Einzelauskünfte** in Schulfragen zu erhalten:

- vom Schulverwaltungsamt des jeweiligen Schulträgers, also in der Regel der Stadt- oder Gemeindeverwaltung, in äußeren Schulangelegenheiten,
- von der Schulberatungsstelle, die es in einigen Kreisen und Städten gibt,
- vom Schulamt (Kreis bzw. kreisfreie Stadt) als untere staatliche Schulaufsichtsbehörde für Grund-, Haupt- und Sonderschulen,
- von der Bezirksregierung (in Arnsberg, Detmold, Düsseldorf, Köln und Münster) als obere Schulaufsichtsbeböhrde.

Weitere allgemeine Informationen zum Schulwesen finden sich auch in den Veröffentlichungen der Lehrerverbände, der Elternverbände sowie der Kommunalen Spitzenverbände.

II. Aufbau und Gliederung des Schulwesens

1. Schulstufen und Schulformen

Aufbau und Gliederung des Schulwesens, d. h. die Schulstruktur des Landes Nordrhein-Westfalen, sind durch verschiedene Umstände geprägt: durch Festlegungen in der Landesverfassung, durch die überkommene traditionelle Ausgestaltung des Schulwesens und durch die neuen pädagogischen und bildungspolitischen Erkenntnissen folgenden Schulreformen.

Die **Landesverfassung** sieht in Art. 10 das Schulwesen des Landes auf einer für alle Kinder verbindlichen Grundschule aufgebaut, die noch als Teil der Volksschule bezeichnet wird. Sie stellt sodann fest: „Die Gliederung des Schulwesens wird durch die Mannigfaltigkeit der Lebens- und Berufsaufgaben bestimmt." Dieses verfassungsrechtliche Gliederungsgebot, das auch im Zusammenhang mit dem Recht der Eltern, die Erziehung und Bildung ihrer Kinder zu bestimmen, gesehen werden muß, würde es ausschließen, das Schulwesen auf eine für alle verbindliche Einheitsschule hin zu verändern. Eine verfassungsrechtliche Garantie einer einmal bestehenden Gliederung des Schulwesens ergibt sich daraus jedoch nicht.

Die gesetzlichen Aussagen über Aufbau und Gliederung des Schulwesens finden sich im Schulverwaltungsgesetz. Nach § 4 SchVG ist das Schulwesen sowohl horizontal in Schulstufen wie auch vertikal in Schulformen strukturiert.

Der **Aufbau in Schulstufen** entspricht dem pädagogischen Ziel, die altersmäßigen Bedürfnisse und Verschiedenheiten der Schüler angemessen zu berücksichtigen. Schulstufen sind die auf der außerschulischen Elementarstufe (Kindergarten) aufbauende Primarstufe (Klassen 1 bis 4), die Sekundarstufe I (Klassen 5 bis 10) und die daran anschließende Sekundarstufe II. Nicht ganz einordnen in den Stufenaufbau lassen sich die Sonderschulen; außerhalb der Schulstufen stehen die besonderen Einrichtungen des Schulwesens (§ 4 a SchVG), insbesondere die Einrichtungen des Zweiten Bildungsweges (Abendrealschule, Abendgymnasium, Kolleg).

Die **Gliederung in Schulformen** drückt die inhaltliche Differenziertheit des Schulwesens aus. Während der Primarstufe nur die Schulform Grundschule (einschließlich Schulkindergarten) zugeordnet ist, umfaßt die Sekundarstufe I die Hauptschule, die Realschule sowie das Gymnasium und die Gesamtschule bis Klasse 10. Die Sekundarstufe II umfaßt im allgemeinbildenden Schulwesen die gymnasiale Oberstufe (Gymnasium, Gesamtschule) sowie die Schulformen des berufsbildenden Schulwesens: Berufsschule, Berufsfachschule, Berufsaufbauschule, Fachoberschule. Nach Zusammenführung mit der Kollegschule sind ab dem Schuljahr 1998/99 diese beruflichen Bildungsgänge zum Berufskolleg zusammengefaßt (§ 4 e SchVG).[1]) Die Fachschulen gehören zu den besonderen Einrichtungen außerhalb der Sekundarstufe II.

Der Begriff **Schularten**, der in anderen Ländern meistens die Schulformen bezeichnet, wird im Lande Nordrhein-Westfalen im Zusammenhang mit der

---

1) Berufskolleggesetz vom 25. 11. 1997 (GV. NW. S. 426; GABl. NW. 1998, S. 3)

II. Aufbau und Gliederung des Schulwesens

weltanschaulichen Gliederung des Schulwesens verwandt. Siehe dazu unten Nr. 2.

Manchmal wird auch von **Schultypen** gesprochen. Sie bezeichnen eine Untergliederung innerhalb einer bestimmten Schulform, so z. B. die einzelnen Sonderschultypen nach den verschiedenen Behinderungsarten oder im berufsbildenden Schulwesen die nach spezifischen Fachrichtungen unterschiedenen Schulen einer Schulform.

3 Nicht zum Schulwesen im engeren Sinne, weil organisatorisch nicht in die obige Schulstruktur eingegliedert, gehören die **Einrichtungen der Weiterbildung**. Für sie besteht mit dem Weiterbildungsgesetz eine eigene rechtliche Ordnung, die den öffentlichen und privaten Einrichtungen der Weiterbildung ein Höchstmaß an Gestaltungsfreiheit beläßt. Soweit in solchen Einrichtungen allerdings auch Bildungsangebote zum nachträglichen Erwerb schulischer Abschlüsse (Hauptschulabschluß, Fachoberschulreife) bestehen, handelt es sich um materiell schulische Bildungsgänge, die der Schulaufsicht unterliegen.[2])

2. Weltanschauliche Gliederung: Schularten

4 Die **Landesverfassung** (Art. 12) enthält die Grundlagen für die Gliederung der Grundschulen in Gemeinschaftsschulen, Bekenntnisschulen und Weltanschauungsschulen. Durch die Volksschulreform (1968) sind diese ursprünglich auf die Volksschule als Ganzes bezogenen Aussagen auf die Grundschule beschränkt und für die Hauptschule eingeschränkt worden. Die näheren Regelungen über die weltanschauliche Gliederung des Schulwesens finden sich im Schulordnungsgesetz und ergänzend dazu in einer Verordnung, die die Errichtung und Umwandlung von Schulen bestimmter Schularten vorsieht.[3])

In **Gemeinschaftsschulen** werden Kinder auf der Grundlage christlicher Bildungs- und Kulturwerte in Offenheit für die christlichen Bekenntnisse und für andere religiöse und weltanschauliche Überzeugungen gemeinsam unterrichtet und erzogen. Der Religionsunterricht wird nach Bekenntnissen getrennt erteilt.

In **Bekenntnisschulen** werden Kinder des katholischen oder des evangelischen Glaubens oder einer anderen Religionsgemeinschaft nach den Grundsätzen des betreffenden Bekenntnisses unterrichtet und erzogen. Ein Anspruch auf Aufnahme in eine Bekenntnisschule besteht grundsätzlich nur für Schüler des jeweiligen Bekenntnisses. Art. 13 LV sieht für bekenntnisfremde Schüler nur dann ausnahmsweise einen Aufnahmeanspruch vor, wenn sie weder eine Schule des eigenen Bekenntnisses noch eine Gemeinschaftsschule in zumutbarer Entfernung erreichen können.

In **Weltanschauungsschulen** werden die Kinder nach den Grundsätzen der betreffenden Weltanschauung unterrichtet und erzogen. An Weltanschau-

---

2) Weiterbildungsgesetz – WbG – (BASS 1-9; SchR 2.9/1); Arbeitnehmerweiterbildungsgesetz – AWbG – (BASS 1-10; SchR 2. 9/ 201). Verordnung über die Prüfungen zum nachträglichen Erwerb schulischer Abschlüsse der Sekundarstufe I an Einrichtungen der Weiterbildung (BASS 19-22 Nr.1; SchR 4.3.1/201).
3) §§ 16 bis 28 SchOG (SchR 2.1/1); 4. AVOzSchOG vom 8. 3. 1988 (GV. NW. S. 44, 62; SchR 2.1/51). Zur Landesverfassung siehe auch *Jülich* in SchVw NW 1990, S. 77 und 1993, S. 171.

II. Aufbau und Gliederung des Schulwesens

ungsschulen wird Religionsunterricht nicht erteilt; mit Genehmigung der Schulaufsichtsbehörde kann Weltanschauungsunterricht eingerichtet werden. Die Vorschrift über die Weltanschauungsschule und die bekenntnisfreie Schule (§ 21 SchOG) hat in der Praxis allerdings keine Bedeutung erlangt.

Bei **Errichtung** von Grundschulen können die Eltern in **Antrags- und Bestimmungsverfahren** über die Schulart der Grundschule bestimmen. Gleiches gilt bei der Umwandlung von Schulen, wenn Erziehungsberechtigte, die zwei Drittel der die Schule besuchenden Schüler vertreten, dies beantragen. 5

Hauptschulen werden im Gegensatz dazu von Amts wegen als Gemeinschaftsschulen errichtet; auf Antrag der Erziehungsberechtigten sind sie als Bekenntnisschulen oder Weltanschauungsschulen zu errichten, wenn dabei ein geordneter Schulbetrieb gewährleistet ist und eine Gemeinschaftsschule für die übrigen Kinder in zumutbarer Weise erreicht werden kann. Eine Umwandlung von Hauptschulen ist nur in Richtung Gemeinschaftsschule möglich; sie setzt voraus, daß Erziehungsberechtigte, die ein Drittel der Schüler vertreten, dies beantragen (§ 18 SchOG).

Nach der amtlichen **Schulstatistik** (1997/98) gibt es im Lande Nordrhein-Westfalen neben den 2166 Gemeinschaftsgrundschulen 1159 katholische und 103 evangelische Grundschulen. Neben 702 Gemeinschaftshauptschulen bestehen 51 katholische Hauptschulen. Diese Zahlen beziehen sich auf die öffentlichen Schulen, deren Träger die Gemeinden sind, nicht auf private Ersatzschulen z. B. in kirchlicher Trägerschaft. 6

3. Primarstufe: Grundschule

Die Grundschule ist die **Grundstufe des Bildungswesens**, die von allen Kindern besucht wird. Sie umfaßt vier aufsteigende Klassenstufen (Klassen 1—4). Der Schulkindergarten, den vom Schulbesuch zurückgestellte Kinder besuchen, ist Teil der Grundschule. Der allgemeine Kindergarten ist dagegen rechtlich und organisatorisch von der Grundschule getrennt (Elementarbereich).[4]) 7

Jedes schulpflichtige Kind muß zunächst die Grundschule besuchen. Schulpflichtig werden zum Beginn eines Schuljahres die Kinder, die bis zum 30. 6. des Jahres sechs Jahre alt geworden sind. Kinder, die bis zum 31. 12. sechs Jahre alt werden, können auf Antrag der Erziehungsberechtigten in die Grundschule aufgenommen werden. Über die Aufnahme in die Grundschule entscheidet der Schulleiter aufgrund einer schulärztlichen Untersuchung (Feststellung der Schulreife). Über eine etwaige Zurückstellung vom Schulbesuch kann auch noch bis zum Ablauf von 6 Wochen nach Unterrichtsbeginn entschieden werden. Zurückgestellte Kinder, die einen Schulkindergarten nicht in zumutbarer Nähe und auch keinen Kindergarten besuchen können, können am Unterricht der Grundschulklasse teilnehmen.

---

[4]) § 4 Abs. 3 SchVG. Zum Kindergarten siehe auch oben Kap. I Rdnr. 37. Schulkindergarten: RdErl. vom 10. 7. 1981 (BASS 10-02 Nr. 7; SchR 4.1/51). Der Bildungsgang in der Grundschule ist durch die AO-GS (BASS 13-11 Nr. 1.1; SchR 4.1/101) geregelt; dazu ergänzende Verwaltungsvorschriften – VVzAO-GS (BASS 13-11 Nr. 1.2; SchR 4.1.1/111).

II. Aufbau und Gliederung des Schulwesens

8 Die Grundschule hat einen eigenständigen **Bildungsauftrag**, der auf die Vermittlung der grundlegenden Fähigkeiten, Kenntnisse und Fertigkeiten ebenso angelegt ist, wie er die Schüler in ihrer Persönlichkeitsentwicklung und ihren sozialen Verhaltensweisen fördern und durch ermutigende Erziehung auf ihr weiteres Schülerdasein hinführen soll.[5])

Die beiden Eingangsklassen der Grundschule werden als pädagogische Einheit geführt. In ihnen wird die Leistungsbewertung ohne Verwendung von Notenstufen beschrieben. Die Zeugnisse in diesen Klassen enthalten einen Bericht über die Lernentwicklung im Arbeits- und Sozialverhalten sowie in den Lernbereichen/Fächern, sie enthalten keine Noten. Der Übergang von der Klasse 1 in die Klasse 2 erfolgt dementsprechend ohne Versetzung. Für die Klasse 3 kann die Schulkonferenz nach Beratung in den Klassenpflegschaften einen entsprechenden Beschluß fassen (§ 9 AO-GS).

Ab Klasse 3 werden im übrigen die Notenstufen für die Leistungsbewertung herangezogen, Zeugnisse mit Noten erteilt und der Übergang in die nächste Klasse an eine Versetzungsentscheidung gebunden.

9 Am Ende der Grundschule steht der Übergang in die weiterführenden Schulen der Sekundarstufe I. Die Grundschule informiert dazu über die Bildungsgänge in der Sekundarstufe I und das örtliche Schulangebot. In einem persönlichen Gespräch sind die Erziehungsberechtigten zu beraten. Mit dem Halbjahreszeugnis der Klasse 4 erhalten diese eine begründete Empfehlung für die Schulform, die für die weitere schulische Förderung am besten geeignet erscheint. Darauf melden die Erziehungsberechtigten das Kind für die von ihnen gewählte Schulform und Schulart an (§ 12 AO-GS).

4. Schulen für Behinderte (Sonderschulen)

10 Sonderschulen, die auch als Schule für Behinderte und Kranke bezeichnet werden, sind für Schülerinnen und Schüler bestimmt, die in den anderen Schulen aufgrund ihrer persönlichen Beeinträchtigung nicht hinreichend gefördert werden können. Sonderschulen bilden nicht nur eine eigene Schulform, sondern stellen stufenübergreifend ein eigenes System dar, weil sie in den Bildungsbereichen mehrerer Schulformen unterrichten. Dementsprechend bestimmen § 4 Abs. 6 SchVG und § 33 ASchO, daß Sonderschulen einen eigenen Stufenaufbau haben können.

Bei den Sonderschulen werden folgende **Schultypen** unterschieden: die Schule für Blinde, die Schule für Sehbehinderte, die Schule für Gehörlose, die Schule für Schwerhörige, die Schule für Körperbehinderte, die Schule für Sprachbehinderte, die Schule für Geistigbehinderte, die Schule für Lernbehinderte und die Schule für Erziehungshilfe sowie schließlich die Schule für Kranke. Zur Errichtung sind nach näherer gesetzlicher Bestimmung entweder die Gemeinden (subsidiär die Kreise) oder die Landschaftsverbände verpflichtet.[6])

---

5) §§ 3 und 4 SchpflG; §§ 3 bis 5 AO-GS. Vorzeitige Einschulung auf Antrag § 3 SchpflG, § 6 AO-GS; siehe dazu Kap. V Rdnr. 5.
6) Siehe § 10 Abs. 10 SchVG; ergänzend zu den Schülerzahlen, die für den geordneten Schulbetrieb erforderlich sind, die 6. AVOzSchVG (BASS 10-12 Nr. 1; SchR 4.2/3).

II. Aufbau und Gliederung des Schulwesens

Nach den **Schulpflichtregelungen** werden diejenigen schulpflichtigen Kinder und Jugendlichen, die wegen körperlicher, seelischer oder geistiger Behinderung oder wegen erheblicher Beeinträchtigung des Lernvermögens im Unterricht einer Grundschule oder einer weiterführenden allgemeinen Schule nicht hinreichend gefördert werden können, ihrem individuellen Förderbedarf entsprechend sonderpädagogisch gefördert. Sie erfüllen die Schulpflicht entweder auf Antrag durch den Besuch einer allgemeinen Schule (gemeinsamer Unterricht für Behinderte und Nichtbehinderte; Sonderschulklasse an einer allgemeinen Schule, sonderpädagogische Fördergruppe als Teil einer allgemeinen Schule) oder durch den Besuch einer Sonderschule. 11

Ob ein **sonderpädagogischer Förderbedarf** im Einzelfall besteht, wird in einem besonderen Verfahren nach der Verordnung über die Feststellung des sonderpädagogischen Förderbedarfs und die Entscheidung über den schulischen Förderort ermittelt. Es wird von der unteren Schulaufsichtsbehörde unter Beteiligung der Erziehungsberechtigten, des Gesundheitsamtes sowie der abgebenden und der aufnehmenden Schule durchgeführt. Die Entscheidungen des Schulamtes sind den Erziehungsberechtigten schriftlich mitzuteilen und zu begründen.[7]) 12

Da die Sonderschulen in allen Bildungsbereichen unterrichten, vermitteln sie auch grundsätzlich die **Abschlüsse**, die denen der allgemeinen Schulen entsprechen. Einen eigenen Abschluß vermitteln die Schule für Geistigbehinderte und die Schule für Lernbehinderte.

Eine besondere Stellung nimmt die **Schule für Kranke** (früher: Krankenhausschule) ein. In ihr werden Schüler unterrichtet, die wegen eines stationären Aufenthaltes in einem Krankenhaus, einem Sanatorium oder einer ähnlichen Einrichtung über längere Zeit hinweg nicht in der Lage sind, ihren Schulbesuch an der bisherigen Schule fortzusetzen. Eine Errichtungsverpflichtung für Schulträger (oder Krankenhausträger) sieht das Gesetz (§ 10 Abs. 6 SchVG) bislang nicht vor. Auch ohne diese bemühen sich aber viele Städte, im Zusammenwirken mit Krankenhäusern entsprechende Schulen für Kranke zu organisieren. 13

Dagegen besteht ein gesetzlicher Anspruch auf **Hausunterricht** für Schüler, die wegen Krankheit voraussichtlich länger als sechs Wochen die Schule nicht besuchen können oder wegen einer langandauernden Erkrankung langfristig und regelmäßig an mindestens einem Tag in der Woche am Unterricht nicht teilnehmen können. Für sie muß die Schulaufsichtsbehörde auf Antrag Hausunterricht einrichten.[8])

5. Sekundarstufe I — allgemein —

Die Sekundarstufe I umfaßt die Klassen 5 bis 10 der Hauptschule, Realschule, des Gymnasiums und der Gesamtschule. Ihre Gliederung in diese vier Schulformen darf nicht darüber hinwegtäuschen, daß es **gemeinsame Strukturmerkmale** für die Bildungsgänge in dieser Schulstufe gibt. Dies ist auch der 14

---

7) Siehe dazu § 13 AO-GS und die VO-SF (BASS 14-03 Nr. 2.1; SchR 4.2/11) mit VVzVO-SF sowie den Grundsatzerlaß vom 29. 5. 1995 (BASS 14-03 Nr. 1; SchR 4.2.1/1).
8) Siehe § 10 Abs. 10 SchVG und den RdErl. zum Hausunterricht vom 3. 4. 1996 (GABl. NW. S. 82; BASS 14-02 Nr. 1; SchR 3.6.1/1).

II. Aufbau und Gliederung des Schulwesens

Grund für den Ansatz, die rechtliche Regelung der Bildungsgänge in der Sekundarstufe I auf der Grundlage des § 26 b SchVG durch eine gemeinsame Rechtsverordnung (AO-S I) zu regeln, die soeben erlassen worden ist, und zum Schuljahr 1999/2000 in Kraft tritt.[9])

Solange eine an sich gebotene gesetzliche Definition der Schulformen noch nicht getroffen ist, stellt übergangsweise noch das Gewohnheitsrecht die Grundlage für die traditionelle Ausgestaltung der Schulformen dar. Allerdings enthalten § 16 Abs. 2 SchOG für die Hauptschule und § 4 e SchVG für die Gesamtschule gesetzliche Regelungen.

15 Abgesehen von der Gesamtschule werden die Klassen 5 und 6 der anderen Schulformen jeweils als **Erprobungsstufe** geführt. Sie hat das Ziel, in einem Zeitraum der Erprobung, der Förderung und der Beobachtung in Zusammenarbeit mit den Erziehungsberechtigten die Entscheidung der Schule über die Eignung des Schülers für die gewählte Schulform sicherer zu machen. Am Ende der Erprobungsstufe kann die Zuweisung eines nicht geeigneten Schülers in einen Bildungsgang mit anderen bzw. geringeren Anforderungen ebenso stehen wie die Empfehlung an die Eltern, ihr Kind in einen Bildungsgang mit höheren Anforderungen übertreten zu lassen. Der Übergang in eine Gesamtschule ist unabhängig von der Entscheidung am Ende der Erprobungsstufe möglich.

16 Die Verschiedenartigkeit der einzelnen Bildungsgänge in der Sekundarstufe I ergibt sich aus ihrem inhaltlichen und methodischen Profil. Dieses wird im wesentlichen durch die Richtlinien und Lehrpläne bestimmt. Die Stundentafeln der Bildungsgänge in der Sekundarstufe I sind stark aufeinander bezogen.[10])

Am Ende der Sekundarstufe I besteht in allen Bildungsgängen die Möglichkeit, die gleichen bzw. gleichwertigen **Abschlüsse** zu erreichen:[11])

Dies ist zunächst am Ende der Klasse 9 der Hauptschule und Gesamtschule der Hauptschulabschluß; am Ende der Klasse 9 der Realschule und des Gymnasiums kann ein dem Hauptschulabschluß gleichwertiger Abschluß zuerkannt werden.

- Am Ende der Klasse 10 steht in der Hauptschule und in der Gesamtschule der Sekundarabschluß I — Hauptschulabschluß nach Klasse 10 —. Gleichwertig wird er in der Realschule und im Gymnasium zuerkannt.

- Der Sekundarabschluß I — Fachoberschulreife — schließlich kann in allen Schulformen erreicht werden. In der Hauptschule und in der Gesamtschule bestehen besondere Voraussetzungen für den Erwerb der Fachoberschulreife, die von früher oder nach der Bezeichnung anderer Länder auch als mittlerer Bildungsabschluß oder Realschulabschluß geläufig ist.

---

9) Siehe die AVO-S I (BASS 13-21 Nr. 1.1; SchR 4.3.1/103), die die Abschlüsse und die Versetzung in der Sekundarstufe I regelt. Ab 1. 8. 1999: AO-S I vom 2. 10. 1998.
10) Die Stundentafeln sind in der AVO-S I festgelegt (§ 1 a und Anlagen). Ab 1. 8. 1999: § 6 Abs. 5 AO-S I mit Anlagen.
11) Abschlüsse: § 31 ASchO und § 1 AVO-S I. Neu: §§ 28 ff AO-S I.

II. Aufbau und Gliederung des Schulwesens

6. Hauptschule

Die Hauptschule umfaßt als Schule der Sekundarstufe I die Klassen 5 bis 10. Sie ist aus der Volksschule hervorgegangen, als deren Teil die Landesverfassung sie noch immer definiert. Allerdings ist die Hauptschule in Konsequenz der Volksschulreform der Jahre 1968/69 inhaltlich und schulrechtlich zu einer weiterführenden Schule geworden, die grundsätzlich gleichrangig neben Realschule, Gymnasium und Gesamtschule steht. Damit ist nun die alte Bezeichnung als „Pflichtschule" nicht mehr ganz zutreffend, weil in allen weiterführenden Schulen die Vollzeitschulpflicht erfüllt wird. Auch gibt es für die Hauptschule keine Schulbezirke (wie für Grundschule und Berufsschule) mehr, sondern es können Schuleinzugsbereiche wie für die anderen Schulen der Sekundarstufe I gebildet werden.[12]) **17**

Zur **Errichtung** von Hauptschulen sind die Gemeinden auch ohne besonderen Bedürfnisnachweis verpflichtet. Allerdings müssen die Voraussetzungen für einen geordneten Schulbetrieb erfüllt sein. Die Bedürfnisfrage wird auch im Genehmigungsverfahren von der Schulaufsicht unter dem Gesichtspunkt der Schulentwicklungsplanung geprüft. Zum geordneten Schulbetrieb der Hauptschule gehört, daß sie in den Klassen 5 bis 9 mindestens zweizügig gegliedert ist. Fortgeführt werden kann sie jedoch unter bestimmten Voraussetzungen auch einzügig, damit auch bei zurückgehenden Schülerzahlen die wohnortnahe Hauptschule möglichst erhalten bleiben kann.[13]) **18**

Mit der Gleichstellung der Gesamtschule hatte der Gesetzgeber zunächst zugelassen, daß die Verpflichtung zur Errichtung und Fortführung einer Hauptschule auch durch das Vorhalten einer Gesamtschule vom Schulträger erfüllt werden kann, wenn sie den Bildungsgang der Hauptschule enthält. Diese Entscheidung ist durch den Verfassungsgerichtshof korrigiert worden.[14])

Hauptschulen sind in der Regel Gemeinschaftsschulen. Unter bestimmten Voraussetzungen können sie auf Antrag der Erziehungsberechtigten auch als Bekenntnis- oder Weltanschauungsschulen errichtet werden. Eine Umwandlung bestehender Schulen ist aber nur in Richtung Gemeinschaftsschule möglich.[15])

Nach ihrem gesetzlichen Auftrag ist es **Aufgabe** der Hauptschule, auf die Berufsreife als qualifizierten Abschluß vorzubereiten und den Zugang zu weiteren Bildungswegen zu eröffnen. Zu den Unterrichtsprinzipien der Hauptschule gehören weitgehende Formen der Differenzierung in Fachleistungskurse sowie in Pflicht- und Wahlpflichtunterricht. Die Klassen 5 und 6 bilden wie bei Realschule und Gymnasium die Erprobungsstufe, so daß an ihrem Ende auch durch Schulwechsel eine andere geeignete Schullaufbahn eingeschlagen werden kann. Am Ende der Klasse 9 erwerben Schülerinnen und Schüler der Hauptschule den Hauptschulabschluß. **19**

Anschließend ist der Bildungsgang in der Klasse 10 fortzusetzen, um das zehnte Vollzeitpflichtschuljahr zu erfüllen. Die Klasse 10 wird in zwei Formen geführt:

---

12) Art. 8 Abs. 2 und Art. 12 LV; § 6 SchpflG; § 9 SchVG.
13) § 16 a SchOG; § 10 Abs. 2 SchVG.
14) VerfGH NW., Urteil vom 23. 12. 1983 (SPE a. F. I B IX, 11).
15) § 18 SchOG; 4. AVOzSchOG. Siehe auch oben Rdnr. 4.

II. Aufbau und Gliederung des Schulwesens

- Als Typ A mit praktischen Unterrichtsschwerpunkten (Naturwissenschaften, Arbeitslehre) führt sie zum Sekundarabschluß I — Hauptschulabschluß nach Klasse 10 —;
- Als Typ B mit besonderen Eingangsvoraussetzungen und Unterrichtsschwerpunkten in Deutsch, Mathematik und Englisch führt sie zum Sekundarabschluß I — Fachoberschulreife —. Der Übergang in die gymnasiale Oberstufe ist bei Nachweis besonderer Leistungen für Schüler der Klasse 10 B möglich.

7. Realschule

20 Die Realschule umfaßt als Schule der Sekundarstufe I die Klassen 5 bis 10. Aus der alten preußischen Mittelschule entstanden, soll sie ihren Schülern eine über die Hauptschule hinausführende allgemeine Bildung vermitteln, die „bei Vermeidung systematischer Wissenschaftlichkeit den erhöhten Anforderungen entspricht, denen junge Menschen gerecht werden müssen, die eine spätere Übernahme in gehobene Stellungen des Berufslebens erstreben". Auch wenn diese Beschreibung keine gesetzliche Bestimmung des **Auftrags** der Realschule enthält, spiegelt sie doch den Ansatz wieder, nach der sich die Bildungsarbeit der Realschule entwickelt und dieser ein eigenes Profil erhalten hat.[16])

Realschulen werden in der Trägerschaft der Gemeinden in ihrer grundständigen sechsklassigen Form errichtet. Daneben gibt es (noch) vereinzelt vierklassige Aufbaurealschulen, in die Schüler nach der Klasse 6 eintreten können.[17])

21 Der Unterricht der Realschule ist durch ein hohes Maß an Differenzierung und Schwerpunktbildung gekennzeichnet, die den individuellen sprachlichen und naturwissenschaftlichen Begabungen und Interessen gerecht wird. Am Ende der Klasse 10 erwirbt der Schüler der Realschule den Sekundarabschluß I — Fachoberschulreife — (früher: Realschulabschluß). Bei besonderen Leistungen kann auch die Berechtigung zum Besuch der gymnasialen Oberstufe erworben werden (Fachoberschulreife mit Qualifikationsvermerk).[18])

8. Gymnasium

22 Das Gymnasium ist eine **schulstufenübergreifende Schulform**, die sowohl die Sekundarstufe I (Klassen 5 bis 10) als auch die Sekundarstufe II (gymnasiale Oberstufe) umfaßt. Eine das gesamte Gymnasium beschreibende Definition hat der Gesetzgeber bislang nicht vorgenommen; die gymnasiale Oberstufe ist bei ihrer Einführung in § 4 c SchVG gesetzlich näher bestimmt worden. Da aber das Gymnasium in seiner vollständigen Langform als der Regelfall anzusehen ist (§ 4 Abs. 7 SchVG), wirkt auch die Zielbestimmung der gymnasialen Oberstufe auf die ganze Schulform zurück. So ist das Gymnasium als

---

16) Vgl. Bildungswege an den Schulen des Landes NW., hrsg. v. Kultusminister, 1971, S. 55; siehe auch § 6 Abs. 1 des Hamburger Abkommens (BASS 13-01 Nr.1; SchR 3.1.4/31).
17) Vgl. RdErl. vom 25. 1. 1965 (ABl. KM. NW. S. 69; BASS 12-12 Nr. 1; SchR 3.1.4/31).
18) Stundentafel siehe oben Fußnote 10; Differenzierung: RdErl. vom 12. 2. 1986 (GABl. NW. S. 124; BASS 13-23 Nr. 2; SchR 4.3.3/1); Versetzung: § 11 AVO-S I; Übergang in die gymnasiale Oberstufe: § 3 APO-GOSt und § 12 AVO-S I. Neu: § 32 AO-S I.

II. Aufbau und Gliederung des Schulwesens

eine Schule anzusehen, die eine erweiterte und vertiefte Allgemeinbildung vermittelt, die zu einem Hochschulstudium befähigt. Zugleich, und das gilt auch für die Sekundarstufe I, soll es Schülerinnen und Schüler befähigen, in andere Bildungsgänge einzutreten, die nicht auf ein Studium ausgerichtet sind.

Gymnasien werden in der Trägerschaft der Gemeinden in ihrer grundständigen Form errichtet, die neun Jahrgänge umfaßt. Es gibt aber auch noch vereinzelt Aufbaugymnasien, die in der Regel sieben Jahrgänge (ab Klasse 7) umfassen. Die frühere Gliederung in Schultypen (z. B. altsprachliches Gymnasium oder mathematisch-naturwissenschaftliches Gymnasium) ist im Zuge der Neugestaltung der gymnasialen Oberstufe aufgehoben worden. Eine von Gesetzes wegen nicht ausgeschlossene Trennung nach Schulstufen (z. B. Errichtung von Oberstufenzentren ohne Sekundarstufe I) hat sich in der Praxis nicht durchgesetzt.

Die **Aufnahme** in die Klasse 5 des Gymnasiums setzt nicht mehr voraus, daß die Schülerin oder der Schüler der Grundschule von dieser als hierfür geeignet (oder mindestens als vielleicht geeignet) beurteilt worden ist. Ansonsten mußte früher mit Erfolg ein Probeunterricht absolviert werden. Seit 1997 ist letztlich der Elternwille entscheidend.[19])

Der Unterricht in der Sekundarstufe I des Gymnasiums ist u. a. durch zwei Pflichtfremdsprachen (ab Klasse 5 und ab Klasse 7) sowie durch die Differenzierung in den Klassen 9 und 10 gekennzeichnet, bei der in einem vierstündigen Wahlpflichtbereich Neigungsschwerpunkte gewählt werden können. Am Ende der Klasse 10 steht mit der Versetzung in die Jahrgangsstufe 11 die Fachoberschulreife und die Berechtigung zum Besuch der gymnasialen Oberstufe.[20])

9. Gesamtschule

Die Gesamtschule ist eigentlich keine Schulform, weil ihr Wesen darin besteht, die Schüler schulformunabhängig zu den Abschlüssen der Sekundarstufe I zu führen. Die Bildungsgänge der anderen Schulen sind in dieser integrierten Form zusammengefaßt (im Unterschied zu der in NW nicht praktizierten additiven oder kooperativen Form). In der Realität, d. h. im Verhältnis zu den drei Schulformen des gegliederten Schulwesens, kann die Gesamtschule allerdings als vierte Schulform der Sekundarstufe I betrachtet werden.

Die Gesamtschule ist, nachdem seit 1969 ein entsprechender Schulversuch mit insgesamt 30 Gesamtschulen durchgeführt worden war, seit 1982 **reguläre Schulform** wie Hauptschule, Realschule und Gymnasium. Gegenwärtig bestehen ca. 200 Gesamtschulen im Lande Nordrhein-Westfalen, die sich zum Teil noch im Aufbau befinden.

Gesamtschulen sollen nach der Gesetzeslage wie das Gymnasium in der Regel als Schulen der **Sekundarstufen I und II** geführt werden. Dabei ist die Sekundarstufe II auch bei der Gesamtschule die gymnasiale Oberstufe. Eine Beson-

---

19) Siehe dazu oben Rdnr. 9.
20) Stundentafel siehe oben Fußnote 10; Differenzierung: RdErl. vom 1. 6. 1992 (BASS 13-25 Nr. 8; SchR 4.3.4/45); Versetzung: § 13 AVO-S I. Neu: § 26 AO-S I.

II. Aufbau und Gliederung des Schulwesens

derheit ist, daß Gesamtschulen weitgehend als Ganztagsschulen geführt werden. Nach dem Willen des Gesetzgebers soll dies dann sein, wenn dafür die personellen, sächlichen und schulorganisatorischen Voraussetzungen vorliegen (§ 4 e SchVG).

25 Wie bei den anderen Schulen der Sekundarstufe I wird für die **Errichtung** einer Gesamtschule verlangt, daß ein **Bedürfnis** dafür besteht. Dies ist für die Gesamtschule, die nach Beendigung des Schulversuchs keineswegs flächendeckend im Lande eingeführt wurde, immer noch von besonderer Bedeutung. Der Schulträger ist einerseits verpflichtet, das elterliche Wahlrecht zu erfüllen, wenn eine hinreichende Nachfrage besteht. Andererseits kann mit einer Gesamtschule aber das Schulbedürfnis für eine Hauptschule, eine Realschule oder ein Gymnasium nicht erfüllt werden, da die Gesamtschule diese Bildungsgänge nicht gesondert enthält. Deshalb muß bei Errichtung einer neuen Gesamtschule gewährleistet sein, daß durch sie nicht die letzte zumutbar erreichbare Schule einer anderen Schulform aufgelöst wird. Insoweit kommt den bestehenden anderen Schulformen also im Rahmen der Schulentwicklungsplanung ein gewisser Vorrang zu (Bestandsschutz).[21]

26 Die **Unterrichtsangebote** der Gesamtschule entsprechen den Fächern und Lernbereichen, die an der Hauptschule, der Realschule und dem Gymnasium vertreten sind. Die Unterrichtsorganisation ist durch vielfältige Differenzierungsmaßnahmen bestimmt. Die Neigungsdifferenzierung im Wahlpflichtbereich berücksichtigt die persönlichen Interessen und Fähigkeiten der Schüler; die Leistungsdifferenzierung (Fachleistungskurse: Grund- und Erweiterungskurse in Deutsch, Englisch, Mathematik) ermöglicht einen Unterricht auf unterschiedlicher Anforderungshöhe. An Gesamtschulen können alle Abschlüsse des gegliederten Schulwesens erworben werden.[22]

10. Sekundarstufe II — allgemein —

27 Die Sekundarstufe II umfaßt die Bildungsgänge nach der Klasse 10, also die Jahrgangsstufen 11 bis 13 des Gymnasiums und der Gesamtschule (**gymnasiale Oberstufe**) sowie ab Schuljahr 1998/99 das **Berufskolleg** (Berufsschule, Berufsfachschule und Fachoberschule). Die frühere Berufsaufbauschule gibt es mit der Neuordnung des beruflichen Schulwesens nicht mehr. Die Fachschule gehört zwar zum Berufskolleg, nicht aber zur Sekundarstufe II, weil sie einen Berufsabschluß voraussetzt und somit als besondere Einrichtung des Schulwesens der beruflichen Weiterbildung dient. Die bislang als Schulversuch geführte Kollegschule, in der berufliche Bildungsgänge und gymnasiale Oberstufe integriert sind, wird in Bildungsgänge des neuen Berufskollegs umgewandelt. Diese Umwandlung soll bis zum Jahre 2003 abgeschlossen sein.[23]

Die Bildungsgänge in der Sekundarstufe II sind nicht nur inhaltlich und organisatorisch unterschiedlich gestaltet, sie führen auch zu unterschiedlichen **Abschlüssen**. Die gymnasiale Oberstufe führt zur allgemeinen Hochschulrei-

---

21) Siehe § 10 b Abs. 2 SchVG. Der VerfGH NW hat die grundsätzliche Verfassungskonformität der Gesamtschule mit Urteil vom 23. 12. 1983 — SPE a. F. I B IX,11 — bestätigt, die Ersetzung der Hauptschule allerdings verworfen. Zur Errichtung von Schulen siehe RdErl. vom 6. 5. 1997 (BASS 10-02 Nr. 9; SchR 3.8.2/1).
22) Differenzierung: RdErl. vom 30. 7. 1984 (BASS 13-24 Nr.2; SchR 4.3.5/51). Abschlüsse: §§ 15 ff AVO-S I. Neu: §§ 28 ff AO-S I.
23) Siehe §§ 4 Abs. 5 4 a und 4 e SchVG in der ab 1.8.1998 geltenden Fassung.

II. Aufbau und Gliederung des Schulwesens

fe. Doch können dort auch — nur — die Hochschulreife für das Land Nordrhein-Westfalen oder der schulische Teil der Fachhochschulreife erworben werden (§ 32 ASchO). Neben diesen primär studienbezogenen Bildungsgängen führen die berufsbezogenen Bildungsgänge in einem differenzierten System sowohl zu schulischen Abschlüssen als auch zu beruflichen Qualifikationen und Berufsabschlüssen (§ 4 e SchVG).

11. Gymnasiale Oberstufe

Die gymnasiale Oberstufe ist das Ergebnis der Neugestaltung der Oberstufe des Gymnasiums, die nach 1972 in allen Bundesländern vollzogen worden ist. Diese Neugestaltung bezog sich sowohl auf die inhaltlichen Grundlagen (Lernziele, Unterrichtsfächer) als auch besonders ins Auge fallend auf die Änderung der Organisation für die früheren Klassen 11 bis 13. Ziel der Reform war es, dem Schüler der gymnasialen Oberstufe eine wissenschaftspropädeutische Grundbildung mit Vertiefung in Schwerpunktbereichen zu vermitteln.

Aus diesen Zielen ergibt sich die **Grundstruktur** der gymnasialen Oberstufe, die in den Jahrgangsstufen 11 bis 13 zunächst aus der Einführungsphase (Jahrgangsstufe 11) und sodann aus dem nachfolgenden Kurssystem (Jahrgangsstufen 12 und 13) besteht. In der Einführungsphase wird an den Unterricht der Sekundarstufe I angeknüpft; es wird schrittweise durch Auflösung des Klassenverbandes auf das Kurssystem (Qualifikationsphase) vorbereitet. Im Kurssystem wird der Unterricht anstatt in Klassen in Grundkursen und in Leistungskursen durchgeführt, die in einem Pflichtbereich und einem Wahlbereich angeboten werden. Dabei sind die Unterrichtsfächer (außer Sport und Religion) drei Aufgabenfeldern zugeordnet:

- dem sprachlich-literarisch-künstlerischen Aufgabenfeld,
- dem gesellschaftswissenschaftlichen Aufgabenfeld,
- dem mathematisch-naturwissenschaftlich-technischen Aufgabenfeld.

Am Ende der Jahrgangsstufe 13 wird die **Abiturprüfung** abgelegt. Dabei werden die Ergebnisse der Leistungsbewertung in der Qualifikationsphase und im Abitur vom Notensystem in ein Punktsystem umgesetzt und zu einer Gesamtqualifikation zusammengefaßt.[24]

Diese gymnasiale Oberstufe besteht nicht nur am Gymnasium, sondern auch an der Gesamtschule. Abendgymnasien, Kollegs und Berufsfachschulen mit gymnasialer Oberstufe werden unter Berücksichtigung der besonderen Verhältnisse dieser Schulen in entsprechender Form geführt (§ 4 c Abs. 5 SchVG).

Mit der Abiturprüfung am Ende der gymnasialen Oberstufe wird die **allgemeine Hochschulreife** erworben, die uneingeschränkt zu einem Studium an einer Hochschule berechtigt, aber auch den Weg in eine berufliche Ausbildung außerhalb der Hochschule öffnet. Absolventen, die in der Oberstufe nur in einer Fremdsprache unterrichtet worden sind, erhalten mit bestandener Abiturprüfung die Hochschulreife für das Land Nordrhein-Westfalen. Sie be-

---

24) § 4 c SchVG enthält die gebotene gesetzliche Grundlage; sie wird konkretisiert durch die Verordnung über den Bildungsgang und die Abiturprüfung in der gymnasialen Oberstufe – APO-GOSt – (BASS 13-32 Nr. 3.1; SchR 4.4.2/101); siehe dazu auch die Verwaltungsvorschriften (SchR 4.4.2/205). Neufassung: ab 1. 8. 1999.

II. Aufbau und Gliederung des Schulwesens

rechtigt zum Studium an einer Hochschule im Lande Nordrhein-Westfalen — allerdings nur in Studiengängen, bei denen ein Auswahlverfahren auf der Grundlage von Landesquoten nicht stattfindet (also z. B. nicht in Numerusclausus-Fächern).[25]) Diese Regelung läuft 1999 aus.

12. Berufskolleg

30 Mit der Neuordnung des beruflichen Schulwesens durch das **Berufskolleggesetz** von 1997 ist eine neue Organisationsstruktur für die berufsbildenden Schulen herbeigeführt worden. Das mehr als 20jährige Nebeneinander von berufsbildenden Schulen einerseits und Kollegschule (Schulversuch) andererseits ist damit beendet worden. Die Frage, in welcher Weise die Ergebnisse des Kollegschulversuchs in das Regelsystem übernommen werden bzw. beide Systeme zusammengeführt werden können, hatte viele Jahre die Diskussion bestimmt.

Das Berufskolleggesetz ist kein eigenständiges Schulgesetz, sondern enthält Änderungen des Schulverwaltungsgesetzes (neu: § 4 e SchVG). Sie verändern die Struktur des Schulwesens, heben die Berufsaufbauschule und die Kollegschule auf und führen das gesamte berufliche Schulwesen unter das gemeinsame Dach „Berufskolleg". Mit Inkrafttreten des Gesetzes am 1. 8. 1998 führen alle öffentlichen und als Ersatzschulen genehmigten privaten berufsbildenden Schulen und Kollegschulen die Bezeichnung Berufskolleg. In einem gestuften Übergangszeitraum sind die bisherigen Bildungsgänge an berufsbildenden Schulen und Kollegschulen durch Ausbildungs- und Prüfungsordnungen in Bildungsgänge nach § 4 e SchVG umzuwandeln. Diese Umwandlung soll bis Mitte des Jahres 2003 abgeschlossen sein.[26])

Der **Kollegschulversuch** ist durch die Aufhebung des § 4 b Abs. 2 SchVG mit Ablauf des Schuljahres 1997/98 damit auch rechtlich beendet. Die Bildungsgänge der Kollegschule sind in die des Berufskollegs zu überführen.[27])

31 Die Einrichtung des Berufskollegs bedeutet nicht, daß die bisherigen **Schulformen** des berufsbildenden Schulwesens damit beseitigt wären. Das wäre im Hinblick auf die bundesrechtliche Verankerung des dualen Systems der Berufsausbildung (Berufsschule) und wegen der Vereinbarungen der Länder bedenklich. Die Schulformen bestehen deshalb als Bildungsgänge unter dem organisatorischen Dach des Berufskollegs fort. Die jeweilige Schulform bleibt gemäß § 7 SchVG auch weiterhin Bestandteil des Schulnamens.

Das Berufskolleg umfaßt die Bildungsgänge folgender Schulformen: Berufsschule, Berufsfachschule, Fachoberschule und Fachschule. In einem differenzierenden Unterrichtssystem vermittelt es in einfach- und doppeltqualifizierenden Bildungsgängen eine berufliche Qualifizierung und ermöglicht den Erwerb der allgemeinbildenden Abschlüsse der Sekundarstufe II. Die Abschlüsse der Sekundarstufe I können nachgeholt werden.

13. Berufsschule

32 Die Berufsschule, die mit der Neuordnung des beruflichen Schulwesens Teil

---

25) § 40 Abs. 2 APO-GOSt; § 40 Abs. 2 APO-AG und APO-Kolleg.
26) Gesetz vom 25. 11. 1997 (GV. NW. S. 426): Änderungen der §§ 4 ff SchVG (Art. 1), Umwandlung von Bildungsgängen (Art. 2) und Amtszeit der Personalräte (Art. 3).
27) Vorläufige Ordnungen siehe (BASS 13-52 Nr. 201 und 202; SchR 4.6.2/151 und 251).

II. Aufbau und Gliederung des Schulwesens

des Berufskollegs ist, ist Pflichtschule für alle Jugendlichen, die nach Erfüllung ihrer in der Regel zehnjährigen Vollzeitschulpflicht die Schule verlassen und in ein **Ausbildungsverhältnis** oder ein Arbeitsverhältnis eintreten. Sie erfüllen ihre Berufsschulpflicht durch den berufsbegleitenden Besuch der Berufsschule.

Berufsschulpflichtige Jugendliche müssen die für ihren Ausbildungsort zuständige Berufsschule besuchen. Diese zuständige Schule ist durch den Schulbezirk bestimmt, in dem die Ausbildungsstätte liegt. Jugendliche ohne Ausbildungsverhältnis besuchen die für den Wohnort zuständige Berufsschule.

Der Besuch der Berufsschule dauert für Jugendliche mit einem Ausbildungsverhältnis grundsätzlich solange, wie das Ausbildungverhältnis besteht. Jugendliche ohne Ausbildungsverhältnis besuchen die Berufsschule bis zum Ende des Schuljahres, in dem sie das 18. Lebensjahr vollenden.[28])

Aufgabe der Berufsschule ist es, zusammen mit dem Lernort Betrieb auf Berufsabschlüsse nach dem Berufsbildungsgesetz und der Handwerksordnung vorzubereiten. Sie soll deshalb in unterschiedlichen Bildungsgängen berufliche Kenntnisse und eine berufliche Grund- und Fachbildung in Verbindung mit einer erweiterten allgemeinen Bildung vermitteln. Ihr Schwerpunkt sind die **Fachklassen des dualen Systems**. 33

Die Bildungsgänge der Berufsschule sind nach **Schultypen** gegliedert: Technik, Wirtschaft und Verwaltung, Körper- und Gesundheitspflege, Ernährungs- und Hauswirtschaft, Gestaltung sowie Landwirtschaft und Gartenbau. Diese Typen ergeben sich aus der Zuordnung der Ausbildungsberufe. Dabei werden die Schüler gleicher Ausbildungsberufe in Klassen zusammengefaßt (Fachklassenprinzip). Bei Ausbildungsberufen, in denen es nur wenige Auszubildende gibt (insbes. sog. Splitterberufe), werden Fachklassen für einen größeren Schulbezirk gebildet (Bezirks- und Landesfachklassen).[29])

Berufsschulen werden von den Kreisen bzw. kreisfreien Städten errichtet und fortgeführt (§ 10 Abs. 3 SchVG).

Der berufsbegleitende Unterricht der Berufsschule wird entweder als **Teilzeitunterricht** an zwei Tagen der Woche oder als **Blockunterricht** in zusammenhängenden Abschnitten von insgesamt 12-14 Wochen im Jahr (oder in mehreren entsprechend kleineren Blöcken) in Vollzeitform erteilt. Durch den Blockunterricht, der nur in Zusammenarbeit der Schule mit dem Schulträger und den für die Berufsausbildung zuständigen Stellen (Kammern) eingeführt werden kann, ist es möglich, anstelle des Teilzeitunterrichts (9-12 Stunden in der Woche) Vollzeitunterricht mit in der Regel 30 bis 35 Wochenstunden zu erteilen und damit die Bildungsarbeit der Berufsschule zu verbessern.[30]) 34

Nach erfolgreichem Besuch der Berufsschule wird — unabhängig vom Berufsabschluß nach Berufsbildungsgesetz oder Handwerksordnung — der **Berufsschulabschluß** zuerkannt. Dieser ist je nach Vorbildung und Qualifikation den Abschlüssen der Sekundarstufe I gleichwertig.[31])

---

28) Zum dualen System siehe oben Kap. I Rdnr. 34; zur Berufsschulpflicht siehe §§ 9 ff. SchpflG sowie unten Kap. 1 Rdnr. 14.
29) § 9 SchVG sowie Verordnung vom 31.5.1994 (BASS 10-11 Nr.1; SchR 4.4.3/501).
30) § 10 SchpflG; Ausbildungsordnung Berufsschule – AO-BS (BASS 13-34 Nr. 12.1; SchR 4.4.3/131) mit Verwaltungsvorschriften.
31) § 17 AO-BS.

II. Aufbau und Gliederung des Schulwesens

35 Besondere Vollzeitformen der Berufsschule sind das Berufsgrundschuljahr und die Vorklasse zum Berufsgrundschuljahr (§ 22 AO-BS). Das **Berufsgrundschuljahr** ist ein einjähriger schulischer Vollzeitunterricht, der eine Berufsgrundbildung in einem vom Schüler gewählten Berufsfeld vermittelt. Dieses Jahr ist für Ausbildungsberufe, die dem Berufsfeld zugeordnet sind, Grundlage der folgenden Fachausbildung. Es wird deshalb auf die Dauer des anschließenden Ausbildungsverhältnisses angerechnet.[32])

Die ebenfalls einjährige **Vorklasse zum Berufsgrundschuljahr** soll Jugendliche, die noch nicht die erforderliche Berufsreife besitzen oder jedenfalls noch keine Berufswahl getroffen haben, auf die Aufnahme einer Berufsausbildung vorbereiten. Nur in besonderen Ausnahmefällen wird die Vorklasse zum Berufsgrundschuljahr vom Schüler nicht erst nach Erfüllung der Vollzeitschulpflicht nach zehnjährigem Schulbesuch, sondern bereits nach dem neunten Schuljahr besucht werden können. Der Schüler erfüllt dann sein zehntes Vollzeitschuljahr bereits an der Berufsschule.[33])

14. Berufsfachschule

36 Die Berufsfachschule — nach der Neuordnung Teil des Berufskollegs — umfaßt unterschiedliche Bildungsgänge mit Vollzeitunterricht von mindestens einjähriger Dauer. Für ihren Besuch wird eine Berufsausbildung oder berufliche Tätigkeit nicht vorausgesetzt. Ganz allgemein ist es ihre **Aufgabe**, der Vorbereitung auf eine Berufstätigkeit oder der Berufsausbildung zu dienen und die Allgemeinbildung zu fördern. Dadurch, daß sie entweder einen Teil der Berufsausbildung vermittelt (berufliche Grundbildung) oder bereits zu einem Berufsabschluß führt, ergänzt sie das duale System der Berufsausbildung. Die Vielzahl der Ausbildungsberufe hat dazu geführt, daß sich historisch entsprechend der Bedarfslage ein außerordentlich kompliziertes System sehr unterschiedlicher Berufsfachschulen herausgebildet hat.

Nach ihrer fachlichen Ausrichtung gliedern sich die Berufsfachschulen in folgende **Typen**:

- Berufsfachschulen für Technik
- Berufsfachschulen für Wirtschaft und Verwaltung
- Berufsfachschulen für Ernährung und Hauswirtschaft
- Berufsfachschulen für Sozial- und Gesundheitswesen.

Entsprechend den unterschiedlichen Voraussetzungen der Schülerschaft und den Bildungszielen gibt es bislang einjährige und zweijährige Berufsfachschulen, zweijährige höhere Berufsfachschulen und dreijährige höhere Berufsfachschulen mit gymnasialer Oberstufe.[34])

---

32) § 12 SchpflG; §§ 22 ff AO-BS.
33) Siehe § 6 a SchPflG. Zum entsprechenden Besuch außerschulischer Einrichtungen siehe RdErl. vom 19. 12. 1985 (BASS 12-51 Nr. 7; SchR 2.2/23).
34) Siehe die Ausbildungsordnungen: AO-BFS (BASS 13-35 Nr. 6.1; SchR 4.4.4/51); APO-HBFS I (BASS 13-35 Nr. 107.1; SchR 4.4.4/301); APO-HBFS II (BASS 13-35 Nr. 146.1; SchR 4.4.4/401).

II. Aufbau und Gliederung des Schulwesens

Nach der Neuordnung und Einbeziehung der Bildungsgänge der Kollegschule (§ 4 e SchVG) sind folgende **Bildungsgänge** der Berufsfachschulen zu unterscheiden:

- einjährige und zweijährige Bildungsgänge, die eine berufliche Grundbildung vermitteln und — in zweijähriger Form — den Erwerb des Sekundarabschlusses I — Fachoberschulreife — ermöglichen;
- zweijährige und dreijährige Bildungsgänge, die berufliche Kenntnisse vermitteln und den Erwerb des schulischen Teils der Fachhochschulreife oder — in dreijähriger Form — den Erwerb der allgemeinen Hochschulreife ermöglichen;
- zweijährige und dreijährige Bildungsgänge, die einen Berufsabschluß nach Landesrecht vermitteln und den Erwerb der Fachoberschulreife, der Fachhochschulreife oder — in mindestens dreijähriger Form — den Erwerb der allgemeinen Hochschulreife ermöglichen.

15. Fachoberschule

Die Fachoberschule, 1969 als neue Schulform eingeführt, hat sich zu einer eigenständigen berufsbildenden Schule entwickelt, die eine praktische Ausbildung und eine theoretische Bildung vermittelt und die Schüler zur Fachhochschulreife führt. Ihre **Typen** entsprechen deshalb auch den Fachrichtungen der Fachhochschule:

- Fachoberschule für Technik
- Fachoberschule für Wirtschaft und Verwaltung
- Fachoberschule für Ernährung und Hauswirtschaft
- Fachoberschule für Sozial- und Gesundheitswesen (Sozialwesen)
- Fachoberschule für Gestaltung
- Fachoberschule für Argrarwirtschaft.

In der Fachoberschule gibt es zwei eigenständige Bildungsgänge: den zweijährigen Bildungsgang (Klassen 11 und 12) und den einjährigen Bildungsgang (Klasse 12 B), der außer der Fachoberschulreife auch einen Berufsabschluß oder eine gleichwertige Vorbildung voraussetzt. Die Fachoberschule für Wirtschaft und Verwaltung führt nur den Bildungsgang der Klasse 12.[35])

Am Ende aller Bildungsgänge in der Fachoberschule steht die **Fachhochschulreifeprüfung.** Wer die Fachhochschulreife erwerben will, ohne Schüler einer öffentlichen oder als Ersatzschule genehmigten oder vorläufig erlaubten Fachoberschule zu sein, kann die Fachhochschulreifeprüfung für Nichtschüler ablegen. Die Fachhochschulreife berechtigt zum Studium an Fachhochschulen und an Gesamthochschulen (integrierte Studiengänge).

16. Besondere Einrichtungen des Schulwesens

Unter den besonderen Einrichtungen des Schulwesens sind die Schulen zu verstehen, die sich nicht in den allgemeinen Stufenaufbau des Schulwesens

---

35) Ausbildungs- und Prüfungsordnung Fachoberschule – APO-FOS (BASS 13-36 Nr. 7.1; SchR 4.4.6/1) und ergänzende Verwaltungsvorschriften.

II. Aufbau und Gliederung des Schulwesens

einordnen lassen. Sie sprengen den Rahmen der Sekundarstufe II, weil sie sich an einen Personenkreis richten, der nach Alter und Vorbildung anders ist. Es handelt sich um Ausbildungseinrichtungen für **junge Erwachsene**, die entweder bereits eine Berufsausbildung abgeschlossen oder aber mindestens eine gewisse Berufserfahrung erworben haben. Diese Einrichtungen des zweiten Bildungsweges, wie sie auch genannt werden, sind die Abendrealschule, das Abendgymnasium, das Kolleg (Institut zur Erlangung der Hochschulreife) und die Fachschule.

40 Die **Abendrealschule** führt berufstätige Erwachsene zur Fachoberschulreife. Der Bildungsgang besteht aus einem halbjährigen Vorkurs und einem Studium von 4 Semestern. Der Unterricht umfaßt 17 bis 21 Wochenstunden und findet in der Regel abends statt.[36])

41 Das **Abendgymnasium** führt berufserfahrene Erwachsene zur allgemeinen Hochschulreife. Das Mindestalter beträgt beim Eintritt 19 Jahre. Außerdem muß der Bewerber entweder eine Berufsausbildung abgeschlossen haben oder eine mindestens dreijährige geregelte Berufstätigkeit, auf die andere Zeiten angerechnet werden können, nachweisen. Die Ausbildung dauert in der Regel 6, höchstens 8 Semester. Bewerber ohne Fachoberschulreife können einen zweisemestrigen Vorkurs besuchen. Bis zum dritten Semester einschließlich muß der Studierende berufstätig sein (oder vom Arbeitsamt als arbeitssuchend anerkannt sein). Am Ende des Bildungsganges steht die Abiturprüfung, mit deren Bestehen dem Studierenden die allgemeine Hochschulreife oder die Hochschulreife für das Land Nordrhein-Westfalen zuerkannt wird.[37])

42 Das **Kolleg** (Institut zur Erlangung der Hochschulreife) führt berufserfahrene Erwachsene, die während des Kollegbesuchs keine berufliche Tätigkeit ausüben, zur allgemeinen Hochschulreife. Der Unterricht findet ganztägig statt, eine Berufstätigkeit ist also gleichzeitig praktisch ausgeschlossen. Die Ausbildung dauert in der Regel 6, höchstens 8 Semester. Bewerber ohne Fachoberschulreife können einen einsemestrigen Vorkurs besuchen oder eine Eignungsprüfung ablegen. Die übrigen Aufnahmevoraussetzungen entsprechen denen des Abendgymnasiums.[38])

43 Die **Fachschule** ist eine berufsbildende Schule, die der beruflichen Weiterbildung dient und eine erweiterte und vertiefte fachliche Qualifikation vermittelt. Ihr Besuch setzt in der Regel eine abgeschlossene Berufsausbildung und eine mehrjährige Berufspraxis voraus. Die Fachschule ist in unterschiedliche Typen gegliedert, die jeweils auf einen oder mehrere verwandte Berufsbereiche ausgerichtet sind. Der Unterricht wird in Vollzeit- oder in Teilzeitform (Abendform) durchgeführt. Die Bildungsgänge an Fachschulen dauern bei Vollzeitunterricht ein bis zwei Jahre, bei Teilzeitform entsprechend länger. Der Bildungsgang wird in der Regel mit einer staatlichen Prüfung abgeschlossen, mit deren Bestehen ein staatlich anerkannter Berufsabschluß (z. B. Staat-

---

[36] RdErl. vom 19. 12. 1972 (BASS 19-12 Nr. 1; SchR 4.5.1/1); Prüfungsordnung: RdErl. vom 9. 1. 1974 (BASS 19-12 Nr. 2; SchR 4.5.1/11).
[37] Verordnung über den Bildungsgang und die Abiturprüfung am Abendgymnasium – APO-AG – vom 23. 3. 1982 (BASS 19-13 Nr.1; SchR 4.5.2/1).
[38] Verordnung über den Bildungsgang und die Abiturprüfung am Kolleg – APO-Kolleg – (BASS 19-14 Nr.1; SchR 4.5.3/1). Siehe auch Kolleg für Spätaussiedler – APO-SpA – (BASS 13-62 Nr. 6.1; SchR 4.5.3/101).

II. Aufbau und Gliederung des Schulwesens

lich geprüfter Betriebswirt) verliehen wird. Erbringt der Schüler während des Schulbesuchs zusätzliche Leistungen in bestimmten Fächern, kann er auch die Fachoberschulreife an der Fachschule erwerben.[39])

Die **Höhere Fachschule** ist gesetzlich nicht mehr vorgesehen. Seit der Umwandlung der früheren Höheren Fachschulen in Fachhochschulen (1971) gibt es nur noch einzelne private Höhere Fachschulen in Nordrhein-Westfalen. Sie können auch nach der Neuordnung des berufsbildenden Schulwesens ihre Bezeichnung weiterführen.[40])

17. Schulversuche, Versuchsschulen

Schulversuche können durchgeführt werden, um neue pädagogische und organisatorische Inhalte und Formen zu erproben. Sie bedürfen der Genehmigung des Schulministeriums. Es kann auch Versuchsschulen zulassen (§ 4 b SchVG). Nach Abschluß des Gesamtschulversuchs (1981) und der Einbeziehung der Gesamtschule in das Regelsystem wurde in Nordrhein-Westfalen nur noch die **Kollegschule** im Rahmen eines großflächigen Schulversuchs erprobt. Mit der Überführung in das Berufskolleg (1998) ist dieser Schulversuch beendet.[41]) **44**

Als besondere Versuchsschulen werden an der Universität Bielefeld die Laborschule und das Oberstufenkolleg geführt. **45**

Die **Laborschule** umfaßt die Primarstufe und die Sekundarstufe I und soll in einer einheitlichen Schulorganisation ein differenziertes Unterrichtsangebot vermitteln und die Schüler entsprechend ihrem Leistungsvermögen bis zu den für sie erreichbaren Abschlüssen fördern.[42])

Das **Oberstufenkolleg** verbindet in einem einheitlichen Ausbildungsgang die studienbezogenen Ausbildungsformen der Sekundarstufe II mit den Eingangssemestern der wissenschaftlichen Hochschule.[43])

---

39) Verordnung über die Ausbildung und Prüfung in der Fachschule – APO-FS – vom 23. 6. 1994 (BASS 19-15 Nr.1.1; SchR 4.5.4/121).
40) Art. 2 Abs. 1 Berufskolleggesetz vom 25. 11. 1997 (GV. NW. S. 426); durch Art. 1 Nr. 2 dieses Gesetzes ist die Höhere Berufsfachschule im übrigen endgültig aus § 4 a SchVG entfernt und aufgehoben.
41) Siehe oben Rdnr. 27.
42) Laborschule: RdErl. vom 19. 1. 1990 (BASS 10-02 Nr. 6; SchR 4.6.3/1); RdErl. vom 13. 7. 1992 (BASS 13-52 Nr. 51; SchR 4.6.3/9).
43) Oberstufenkolleg: RdErl. vom 6. 2. 1974 (BASS 10-02 Nr. 5; SchR 4.6.3/3); Grundordnung: RdErl. vom 13. 5. 1980 (BASS 13-52 Nr. 251.1; SchR 4.6.3/5); Ausbildungs- und Prüfungsordnung – APO-OS – vom 23. 11. 1982 (BASS 13-52 Nr. 251.2; SchR 4.6.3/21).

III. Schulverfassung — Schulmitwirkung

1. Allgemeines

Als **Schulverfassung** ist die Gesamtheit der Regelungen zu verstehen, die die innere Organisation der Schule, ihre Organe und das Zusammenwirken der in der Schule Beteiligten betreffen. Während in den Schulgesetzen anderer Länder die entsprechenden Abschnitte häufig auch so bezeichnet werden, wird in Nordrhein-Westfalen dieser Sachverhalt einmal in den Regelungen über die Schulleitung und die Lehrkräfte und vor allem in den Regelungen über die Schulmitwirkung geregelt.

In den ersten gesetzlichen Regelungen des Schulordnungsgesetzes (1952) war nur die Elternmitwirkung verankert worden. Dies entsprach dem Grundsatz der Landesverfassung, wonach die Erziehungsberechtigten durch Elternvertretungen an der Gestaltung des Schulwesens mitwirken Art. 10 LV). Erst durch das seit dem Schuljahr 1978/79 geltende **Schulmitwirkungsgesetz** ist eine umfassende Grundlage für die schulischen Organe und das Zusammenwirken der in der Schule beteiligten Lehrer, Eltern und Schüler geschaffen worden.[1])

Mit der Neuregelung der Mitwirkung ist weitgehend an zuvor bestehende Strukturen und Organe angeknüpft worden: so z. B. an die Klassenpflegschaft, die Schulpflegschaft, die Lehrerkonferenz und die Fachkonferenzen der Lehrerinnen und Lehrer. Die grundlegende Neuerung bestand in der Schaffung der **Schulkonferenz** als einem zentralen Leitungsorgan der Schule, in dem Lehrer, Eltern und Schüler unter Vorsitz des Schulleiters bzw. der Schulleiterin zusammenarbeiten sollen. Der Schulträger kann beratend teilnehmen.

Grundprinzip der Schulmitwirkung ist das Gebot der **partnerschaftlichen und vertrauensvollen Zusammenarbeit** aller an der Schule beteiligten Gruppen und Personen: die Lehrerinnen und Lehrer, die Erziehungsberechtigten, die Schülerinnen und Schüler. Dieser Grundsatz gilt auch für die sonstigen am Schulwesen Beteiligten, die an der Gestaltung des Schulwesens mitwirken (z. B. die Verbände und Organisationen), wie auch für den Schulträger der jeweiligen Schule.

Nur wenn alle Beteiligten sich dieser **gemeinsamen Verantwortung** bewußt sind und sich nicht nur einseitig als Interessenvertreter verstehen, kann die Schulmitwirkung so wirkungsvoll sein, wie es der Gesetzgeber beabsichtigt hat. Ein besonderes bildungspolitisches Ziel der letzten Jahre ist es, die Eigenverantwortung in der Schule zu fördern. Im Verhältnis zur Schulaufsicht und zum Schulträger sollen mehr **Gestaltungsräume** für die einzelne Schule entstehen, so daß Entscheidungen in der Schule „vor Ort" getroffen werden können. Die Entwicklung hin zu einer solchen Schule mit erweitertem Handlungsspielraum und größerer Selbstverantwortung ist zwar auch von den

---
[1]) Das Schulmitwirkungsgesetz vom 13. Dezember 1977 (BASS 1-3; SchR 2.6/1) hat den zweiten Abschnitt des Schulordnungsgesetzes (§§ 515 SchOG) ersetzt; ergänzende Regelungen sind die VVzSchMG, die Wahlordnung und die Rahmengeschäftsordnung. Zur Schulleitung siehe §§ 20 ff SchVG.
Literatur zum SchMG: *Petermann, Gampe/Knapp/Rieger.*

III. Schulverfassung — Schulmitwirkung

rechtlichen Rahmenbedingungen abhängig. Stärker aber wird sie bestimmt vom Selbstverständnis der in ihr Handelnden — auch und gerade im Umgang mit diesen rechtlichen Vorgaben und Strukturen.

3 Mitwirkung in der Schule geschieht in der Schulkonferenz, der Lehrerkonferenz, der Fachkonferenz, dem Lehrerrat, der Klassenkonferenz, der Schulpflegschaft und der Klassenpflegschaft, der Versammlung der Erziehungsberechtigten, dem Schülerrat und der Schülerversammlung sowie in der Klasse und im Kurs. Soweit der Klassenverband nicht mehr besteht, treten an die Stelle der Mitwirkungsorgane der Klasse die der Jahrgangsstufe. Diese Fülle der **Mitwirkungsorgane** erscheint auf den ersten Blick verwirrend. Sie ist aber folgerichtig, wenn man davon ausgeht, daß die drei Gruppen (Lehrkräfte, Eltern, Schüler) auch eigene Gremien bilden, die auf die jeweilige Basis aller Lehrer, Eltern und Schüler zurückgehen.

4 Außerhalb der einzelnen Schule ist die Mitwirkung nur in zwei Formen vorgesehen: Mitwirkung der Schule beim Schulträger und Mitwirkung der Verbände und Organisationen beim Schulministerium. Interessant ist, daß der nordrhein-westfälische Gesetzgeber bislang davon abgesehen hat, die **überschulische Mitwirkung** zu institutionalisieren, wie es in anderen Ländern geschehen ist. Gerade die Aussage des Art. 10 Abs. 2 LV, wonach die Eltern „an der Gestaltung des Schulwesens" mitwirken, hätte es nahegelegt, auch auf Schulträgerebene, Bezirksebene oder Landesebene Elternbeiräte vorzusehen.[2])

5 Die Mitwirkung findet ihre Grenze in den geltenden Vorschriften. Die an der Mitwirkung Beteiligten sind deshalb bei ihrer Tätigkeit in den Mitwirkungsorganen verpflichtet, die Rechts- und Verwaltungsvorschriften zu beachten.[3])

2. Schulkonferenz

6 Die Schulkonferenz ist das oberste **zentrale Mitwirkungsgremium** der Schule, in dem die Lehrerinnen und Lehrer, die Eltern und die Schülerinnen und Schüler vertreten sind. Sie ist an jeder Schule einzurichten. Ihre Zusammensetzung ist abhängig von der Schulstufe, der die jeweilige Schule zuzurechnen ist, und von der Größe der Schule. Während in kleinen Schulen (bis zu 200 Schülern) die Schulkonferenz nur 6 Mitglieder hat, sind es bei größeren Schulen 12, 24 oder — bei Schulen mit über 1000 Schülern — sogar 36 Mitglieder. Damit ergibt sich, daß die Schulkonferenz in der Praxis einmal ein kleines Beratungs- und Arbeitsgremium, im anderen Fall eine verfahrensmäßig schwerfällige Konferenz ist. Das wird erst recht deutlich, wenn die Schulkonferenz sinnvollerweise davon Gebrauch macht, auch stellvertretende Mitglieder als Gäste (§ 20 Abs. 4 SchMG) hinzuzuziehen, um sie auf den Vertretungsfall vorzubereiten.

7 Die **Zusammensetzung** der Schulkonferenz aus den Vertretern der drei Gruppen ist von der Schulstufe, d. h. also vom Alter und damit der Mitwirkungsmöglichkeit der Schülerinnen und Schüler abhängig. Grundprinzip ist, daß die Lehrerbank (ohne den Schulleiter) jeweils die Hälfte der Mitglieder stellt.

---

2) Siehe dazu unten Rdnr. 45.
3) Vgl. insbesondere die Wahlordnung zum SchMG vom 11. 4. 1979 (BASS 17-01 Nr. 1; SchR 2.6./54 a) und die Verwaltungsvorschriften — VVzSchMG - vom 29. 7. 1982 (BASS 1-3.1; SchR 2.6/21).

III. Schulverfassung — Schulmitwirkung

Die übrige Hälfte wird
- in Schulen der Primarstufe (Grundschule) allein durch die Eltern,
- in Schulen der Sekundarstufe I (Klassen 5-10) im Verhältnis von zwei zu eins durch Eltern und Schüler sowie
- in Schulen der Sekundarstufe II (Jahrgangsstufen 11-13) im Verhältnis von eins zu zwei von Eltern und Schülern besetzt.

In Schulen, die beide Sekundarstufen umfassen (Gymnasium, Gesamtschule), sind Eltern und Schüler gleich stark in der Schulkonferenz vertreten.

Die Schulleiterin oder der Schulleiter kann nicht in die Schulkonferenz gewählt werden, sondern gehört ihr mit einem sehr eigenwilligen Status von Amts wegen an. Damit die Mehrheitsverhältnisse nicht ganz zugunsten der Lehrerseite verschoben werden, hat sie oder er zwar den Vorsitz, aber kein Stimmrecht in der Schulkonferenz. Nur im Falle der Stimmengleichheit wächst der Schulleitung das Stimmrecht zu, ihre Stimme gibt den Ausschlag.[4])

Die Vertreter der Lehrerinnen und Lehrer werden von der Lehrerkonferenz, die der Eltern von der Schulpflegschaft und die der Schülerinnen und Schüler vom Schülerrat in die Schulkonferenz gewählt.

Einer — vereinzelt erhobenen — Forderung nach drittelparitätischer Besetzung der Schulkonferenz ist entgegenzuhalten, daß dies die Schulkonferenz in ihrem Wesen verändern würde. Denn dann müßten ihr entweder Entscheidungskompetenzen genommen oder es müßten andere Sicherungen (z. B. Veto der Lehrerkonferenz) eingebaut werden, um bei Leitungsentscheidungen den maßgeblichen Einfluß der Lehrerseite zu sichern.

Aufgrund ihrer Größe und Differenziertheit haben die **berufsbildenden Schulen** erhebliche Probleme mit der praktischen Mitwirkungsarbeit. Eine Besonderheit ist, daß der Schulkonferenz zusätzlich auch Vertreter der Ausbildenden und der Auszubildenden mit beratender Stimme angehören. Die besonderen Probleme der großen berufsbildenden Schulen — aber auch der Sonderschulen und der besonderen Einrichtungen des Schulwesens — sind vom Gesetz nachträglich durch besondere Öffnungsklauseln aufgefangen worden.[5]) 8

Die **Aufgaben der Schulkonferenz** sind im Gesetz einzeln aufgezählt. Sie beziehen sich auf die Bildungs- und Erziehungsarbeit der einzelnen Schule und betreffen einerseits die Möglichkeit, Grundsätze zu empfehlen (z. B. zu Unterrichtsinhalten, Unterrichtsverteilung und Leistungsbewertung). Darüber hinaus kann die Schulkonferenz aber auch verbindliche Entscheidungen treffen (z. B. zur Einführung von Lernmitteln, zur Planung von außerunterrichtlichen Schulveranstaltungen oder über die Fünf-Tage-Woche). Weitere Aufgaben können der Schulkonferenz durch Rechtsverordnung übertragen werden, wie dies z. B. durch die Allgemeine Schulordnung auch schon geschehen ist.[6]) 9

---

4) § 4 Abs. 2 SchMG. Abweichende Regelungen sind für die Zusammensetzung der Schulkonferenz bei Sonderschulen möglich (§ 14 Abs. 1 SchMG).
5) Siehe § 4 Abs. 5 SchMG. Öffnungsklauseln: § 5 Abs. 2 Nr. 19 und § 5 Abs. 5 sowie § 14 SchMG.
6) § 5 SchMG. Weitere Entscheidungszuständigkeiten: § 47 Abs. 4 und 6 sowie § 48 Abs. 2 ASchO. Kooperation von Schulen: siehe Kap. IV Rdnr. 17.

III. Schulverfassung — Schulmitwirkung

Eine wichtige Aufgabe der Schulkonferenz wird es künftig sein, über das **Schulprogramm** für die Schule zu entscheiden. Bis zu einer zu erwartenden gesetzlichen Aufgabenerweiterung entscheidet über das Schulprogramm, in der der „Grundkonsens" der Schule festgehalten werden soll, einstweilen noch die Schulleiterin oder der Schulleiter. Allerdings darf diese Entscheidung erst getroffen werden, nachdem zuvor die Schulkonferenz — ggf unter beratender Teilnahme des Schulträgers — darüber beraten hat.[7])

3. Schulleitung

10 Der Begriff „Schulleitung" wird im Schulmitwirkungsgesetz selbst noch nicht verwendet. Doch hat sich der Sprachgebrauch inzwischen gewandelt. Dies hat sowohl mit der geschlechtsgerechten Sprache (Schulleiterin, Schulleiter) wie auch mit der Verteilung von Schulleitungsfunktionen auf mehrere Personen zu tun. Der **Begriff** kann zudem im funktionellen Sinne verwandt werden und die Aufgaben beschreiben, die zur Leitung der Schule gehören. Diese Aufgaben werden — unbeschadet der bereits erwähnten Stellung der Schulkonferenz — überwiegend vom Schulleiter, aber auch vom ständigen Vertreter wahrgenommen. Je nach Struktur und Größe der Schule können bestimmte Leitungsaufgaben auch auf Lehrerinnen und Lehrer (Funktionsstelleninhaber) übertragen sein.[8])

11 Gemäß Schulverwaltungsgesetz muß jede Schule einen **Schulleiter** (oder selbstverständlich: eine Schulleiterin) haben, der zugleich Lehrer der Schule ist und die Verantwortung für die Durchführung der Bildungs- und Erziehungsarbeit in der Schule trägt (§ 20 SchVG). Dabei ist er an den rechtlichen Rahmen durch Rechts- und Verwaltungsvorschriften, Weisungen der Schulaufsicht, Konferenzbeschlüsse und Vorgaben des Schulträgers gebunden. Er ist Vorgesetzter aller an der Schule tätigen Personen, trägt die Verantwortung für die Verwaltung der Schule, nimmt das Hausrecht wahr und vertritt die Schule nach außen. Die äußeren Schulangelegenheiten sind in enger Zusammenarbeit zwischen Schulleiter und Schulträger zu erfüllen, dessen Anordnungen insoweit für den Schulleiter verbindlich sind.

Der allgemeine Aufgabenbereich des Schulleiters ist in der Allgemeinen Dienstordnung näher umschrieben (§§ 18 ff ADO). Über diese statische Beschreibung der traditionellen Leitungsaufgaben wird die Rolle einer gestärkten Schulleitung im Rahmen der Reformdiskussion künftig durch Schlüsselbegriffe wie „dialogische Führung und pädagogisches Management" geprägt sein.

12 Der Bildungs- und Erziehungsauftrag der Schule ist nach dem Schulmitwirkungsgesetz in enger Zusammenarbeit zwischen **Schulleiter und Schulkonferenz** zu erfüllen Der Schulleiter leitet die Beratungen der Schulkonferenz, bereitet ihre Beschlüsse vor und führt diese auch aus; denn er ist an die im Rahmen ihrer Zuständigkeit gefaßten Beschlüsse der Schulkonferenz gebunden. Beschlüsse, die gegen Rechts- oder Verwaltungsvorschriften verstoßen,

---

[7]) Schulprogramm: RdErl. vom 25. 06. 1997 (BASS 14-23 Nr. 1; SchR 3.2.2/1). Siehe Kap. VI Rdnr. 13.
[8]) Siehe dazu im einzelnen den mit „Schulleitung" überschriebenen 3. Teil (§§ 18 ff) der Allgemeinen Dienstordnung (ADO) vom 20. 09. 1992 (BASS 21-02 Nr. 4; SchR 3.2.3/1).

III. Schulverfassung — Schulmitwirkung

muß er beanstanden und äußerstenfalls die Entscheidung der Schulaufsichtsbehörde herbeiführen (§ 13 SchMG). In Eilfällen kann der Schulleiter gemeinsam mit je einem Vertreter der in der Schulkonferenz vertretenen Gruppen vorläufige Entscheidungen fällen; in besonderen Dringlichkeitsfällen kann er sogar allein mit seinem ständigen Vertreter Entscheidungen treffen, wenn diese keinen Aufschub dulden und auch eine Entscheidung des Eilausschusses nicht möglich ist.[9])

Wichtig ist, daß die Vertretung der Schulleitung bei Verhinderung oder Fehlen des Schulleiters gesichert ist. Deshalb wird für solche Fälle ein **ständiger Vertreter** (oder eine ständige Vertreterin) eigens dazu bestellt, der dann also die Schulleitung übernimmt (§ 21 SchVG). Er hat während der Vertretungszeit alle Rechte und Pflichten des Schulleiters, so daß der gesamte Aufgabenbereich der Leitung weiter wahrgenommen werden kann. Um dies sicherzustellen muß der Schulleiter mit dem ständigen Vertreter eng zusammenarbeiten und ihn über die Angelegenheiten der Schule fortlaufend so informieren, daß jederzeit die Voraussetzungen für die Übernahme der Vertretung gegeben sind.[10])

Auch außerhalb des Vertretungsfalles soll der ständige Vertreter bestimmte Leitungsaufgaben übernehmen, die ihm der Schulleiter zur selbständigen Wahrnehmung als **eigenen Aufgabenbereich** überträgt. Dazu sind in der Allgemeinen Dienstordnung (ADO) Beispiele aufgeführt (§ 30 Abs. 2). Die Abgrenzung der Aufgaben zwischen Schulleiter und ständigem Vertreter ist im einzelnen nicht verbindlich vorgegeben, sondern kann nach den Bedürfnissen der einzelnen Schule gestaltet werden. Dies wird insbesondere in einer Geschäftsordnung geschehen, in der auch die Aufgaben der übrigen Funktionsstelleninhaber beschrieben werden. Eine solche Geschäftsordnung wird vom Schulleiter erlassen, der seine Entscheidung im Benehmen mit betroffenen Lehrerinnen und Lehrern, also insbesondere der ständigen Vertretung trifft.[11])

Im Mitwirkungsbereich ist der ständige Vertreter mit eigenen Rechten ausgestattet.[12])

Ist ein ständiger Vertreter im Einzelfall nicht vorhanden oder ebenfalls verhindert, so wird den Schulleiter im allgemeinen der **dienstälteste Lehrer** vertreten. Allerdings kann die Schulaufsichtsbehörde auch eine andere Regelung treffen, also eine andere Lehrkraft mit der Vertretung beauftragen. Soweit Grundschulen, Hauptschulen und Realschulen über einen zweiten Konrektor verfügen, übernimmt dieser dann die Vertretung.

4. Lehrerinnen und Lehrer

Die **Rechtsstellung der Lehrkräfte** an öffentlichen Schulen wird zunächst durch das Schulverwaltungsgesetz und die Vorschriften des öffentlichen

---

9) Zu den Eilentscheidungen siehe § 5 Abs. 6 und § 13 Abs. 3 SchMG.
10) Siehe dazu § 18 Abs. 2 und § 7 30 ADO.
11) Siehe dazu §§ 31 ff ADO, insbesondere die Regelungen für Gymnasien und Gesamtschulen.
12) § 4 Abs. 7 und § 13 Abs. 3 SchMG.

III. Schulverfassung — Schulmitwirkung

Dienstrechts, also insbesondere des Beamtenrechts bestimmt.[13] § 22 SchVG bestimmt, daß sie Bedienstete des Landes sind und bei Vorliegen der laufbahnrechtlichen Voraussetzungen in der Regel zu Beamten zu ernennen sind. Da nach immer noch herrschender Auffassung die Lehrkräfte an öffentlichen Schulen auch hoheitliche Aufgaben wahrnehmen, ist die Beschäftigung im Angestelltenverhältnis die Ausnahme. An der Einstellung von Lehrkräften werden die Schulen im schulscharfen Ausschreibungsverfahren beteiligt.[14] Die grundlegenden Rechte und Pflichten im Beamtenverhältnis sind im Landesbeamtengesetz geregelt. In der Allgemeinen Dienstordnung für Lehrer und Lehrerinnen, Schulleiter und Schulleiterinnen an öffentlichen Schulen (ADO) sind diese Vorschriften für den Anwendungsfall Schule zitiert und zum Teil auch konkretisiert.[15]

Die Arbeitszeit der Lehrkräfte ist nach Pflichtstunden bemessen, die nach Schulformen unterschiedlich festgesetzt sind. Belastungsorientierte Differenzierungen werden durch Anrechnungsstunden und Ermäßigungsstunden ermöglicht.[16]

16 Für die **Aufgabenwahrnehmung** der Lehrerinnen und Lehrer ist die Verpflichtung auf den Bildungs- und Erziehungsauftrag der Schule die wichtigste Grundlage. Erzieher kann nur sein, wer in diesem Geist sein Amt ausübt (§ 1 Abs. 7 SchOG). Das Schulordnungsgesetz (§ 1) und die Allgemeine Schulordnung (ASchO) enthalten insoweit die rechtlichen Grundlagen.[17]

Lehrerinnen und Lehrer sollen die Schülerinnen und Schüler in Freiheit und Verantwortung unterrichten und erziehen. Dabei sind sie an die geltenden Vorschriften und an Konferenzbeschlüsse gebunden. Allerdings dürfen Konferenzbeschlüsse die Freiheit und Verantwortung der Lehrer bei der Gestaltung des Unterrichts und der Erziehung nicht unzumutbar einschränken (§ 3 SchMG). Daraus folgt, daß Festlegungen für die Arbeit der Lehrkräfte der pädagogischen Freiheit genügend Freiraum lassen müssen. Die Schulleitung darf in die Unterrichts- und Erziehungsarbeit nur im Rahmen ihrer Befugnisse im Einzelfall eingreifen.[18]

Andererseits sollen Lehrerinnen und Lehrer sich nicht nur als pädagogische Einzelkämpfer verstehen, sondern müssen ihre **Mitverantwortung für die Schule** als eine pädagogische Einheit sehen und wahrnehmen. Diese verpflichtet sie nicht nur zu den üblichen Aufgaben wie Aufsichtsführung, Vertretungsunterricht und Fortbildung, sondern auch z. B. zur Zusammenarbeit im Kollegium und in Konferenzen und Pflegschaften und macht sie mitverantwortlich für die Entwicklung ihrer Schule zur „guten Schule" (aktuelle Stichworte: Schulentwicklung, Qualitätsentwicklung, Schulprogramm).[19]

---

13) Ausführlich dazu: *Hoffmann*, Dienstrecht der Lehrer in NW; sowie *ders.* in *Müller* 1997, S. 473.
14) Grundsatzerlaß zum Lehrereinstellungsverfahren vom 11. 09. 1997 (BASS 21-01; SchR 6.1.3/71). Dazu auch *Goebel/Schenk* in SchVw NW 1997, S. 323.
15) §§ 4 ff ADO (BASS 21-02 Nr. 4; SchR 3.2.3/5).
16) Siehe dazu § 3 VO zu § 5 SchFG (BASS 11-11 Nr. 1; SchR 2.4/5).
17) Siehe ASchO (BASS 12-01 Nr. 2; SchR 3.1.1/5).
18) § 4 Abs. 3 ADO unter Hinweis auf §§ 18 ff ADO.
19) Zur Entwicklung von Schulprogrammen siehe RdErl. vom 25. 6. 1997 (BASS 14-23 Nr. 1; SchR 3.2.2/1). Siehe auch *Haenisch* in SchVw NW 1997, 139. Oben Rdnr. 9.

III. Schulverfassung — Schulmitwirkung

Spezifische Aufgaben nehmen grundsätzliche alle Lehrkräfte in der Klassenleitung oder Jahrgangsstufenleitung wahr; daneben gibt es Lehrkräfte mit besonderen Funktionen zur Unterstützung der Schulleitung.[20])

5. Lehrerkonferenz

Die Lehrerkonferenz (§ 6 SchMG) ist das zentrale Organ derjenigen Mitwirkungsgremien, die den Lehrerinnen und Lehrern vorbehalten sind. **Mitglieder** der Lehrerkonferenz sind nicht nur die hauptamtlichen und nebenamtlichen Lehrkräfte, sondern auch die nebenberuflichen Lehrer und die sozialpädagogischen Fachkräfte, die an der Schule tätig sind. Lehramtsanwärter sind ebenfalls voll stimmberechtigte Mitglieder, wenn sie selbständig Unterricht erteilen; sonst nehmen sie mit beratender Stimme teil. Den Vorsitz in der Lehrerkonferenz führt der Schulleiter.[21])   17

Es ist die selbstverständliche **Aufgabe der Lehrerkonferenz**, über alle Fragen der fachlichen und pädagogischen Gestaltung der Bildungs- und Erziehungsarbeit der Schule zu beraten. Dabei soll sie die Zusammenarbeit der Lehrer bei der Gestaltung und Durchführung des Unterrichts fördern und den einzelnen Lehrer ebenso wie auch den Schulleiter bei der Erfüllung ihrer Aufgaben unterstützen. Daß der Lehrerkonferenz insoweit ein umfassendes eigenes Entscheidungsrecht nicht eingeräumt ist, hängt einerseits mit den Entscheidungskompetenzen der Schulkonferenz, andererseits aber auch damit zusammen, daß die Verhandlungsgegenstände der Lehrerkonferenz die pädagogische Freiheit des einzelnen Lehrers berühren. Konferenzschlüsse dürfen die Freiheit und Verantwortung des Lehrers bei der Gestaltung des Unterrichts und der Erziehung nicht unzumutbar einschränken (§ 3 Abs. 2 SchMG). In pädagogischen Fragen kommt es darauf an, ob die fächerübergreifende Koordination, klassen- oder jahrgangsbezogene Belange oder Grundsatzfragen der fachmethodischen und fachdidaktischen Arbeit berührt sind.[22])   18

Die Aufgaben, die der Lehrerkonferenz zur **Entscheidung** übertragen worden sind, werden einzeln im Gesetz aufgeführt. Dazu gehören etwa Grundsätze für die Unterrichtsverteilung und für die Aufstellung von Stunden- und Aufsichtsplänen, Richtlinien für die Vertretung von Lehrern, die Entscheidung über die Verteilung von Sonderaufgaben und Pflichtstundenermäßigungen, Angelegenheiten der Lehrerfortbildung sowie weitere Angelegenheiten, die ausschließlich oder überwiegend unmittelbar die Lehrer betreffen. Bei der Verhängung von Ordnungsmaßnahmen ist die Lehrerkonferenz für die besonders schweren Maßnahmen (z. B. Entlassung von der Schule) zuständig. Eine zentrale Koordinierung übernimmt die Lehrerkonferenz auch bei den Lernmitteln, indem sie über die Vorschläge (der Fachkonferenzen) zur Weiterleitung an die Schulkonferenz entscheidet (§ 6 SchMG).   19

---

20) Klassenleitung § 16 ADO. Lehrkräfte mit besonderen Funktionen: §§ 31 ff ADO.
21) § 6 SchMG. Weitere Mitarbeiter, die an der pädagogischen Arbeit der Schule beteiligt sind, kann die Lehrerkonferenz zu ihren Sitzungen einladen.
22) Siehe Nr. 3.2 VVzSchMG.

III. Schulverfassung — Schulmitwirkung

Als Wahlgremium ist die Lehrerkonferenz zuständig für die Auswahl der in die Schulkonferenz zu entsendenden Lehrkräfte.[23])

6. Klassenkonferenz

20 Die Klassenkonferenz (§ 9 SchMG) ist die Lehrerkonferenz für die einzelne Klasse. **Mitglieder** sind alle Lehrer, die in der Klasse unterrichten. Vorsitzender ist der Klassenlehrer. Der Schulleiter oder ein von ihm beauftragter Lehrer hat die Möglichkeit, mit beratender Stimme an den Sitzungen der Klassenkonferenz teilzunehmen. Im Unterschied zur großen Lehrerkonferenz ist auch für die Eltern und Schüler eine begrenzte Beteiligung an der Klassenkonferenz vorgesehen. Der Vorsitzende der Klassenpflegschaft und ein weiterer Erziehungsberechtigter sowie — ab Klasse 7 — der Klassensprecher und ein weiterer Schüler nehmen mit beratender Stimme an den Sitzungen der Klassenkonferenz teil. Allerdings ist diese Teilnahme dann ausgeschlossen, wenn es um die Beurteilung eines Schülers oder um die Bewertung seiner Leistung geht.

21 Aufgabe der Klassenkonferenz ist es, über die Bildungs- und Erziehungsarbeit der Klasse zu entscheiden. Einen speziellen Aufgabenkatalog enthält das Gesetz dazu nicht, so daß alle hierzu gehörenden Fragen Gegenstand der Beratung und Entscheidung der Klassenkonferenz sein können. Eine konkrete Aufgabe hat die Klassenkonferenz im Zusammenhang mit Erziehungsproblemen und Ordnungsverstößen. Hier ist sie zuständiges Beschlußgremium für die Ordnungsmaßnahmen, soweit dafür nicht die Lehrerkonferenz zuständig ist.[24])

Die pädagogische Freiheit und Verantwortung des einzelnen Lehrers setzt auch der Klassenkonferenz Grenzen. Sie bestehen insbesondere dort, wo die Klassenkonferenz ihre praktisch wichtigsten Entscheidungen trifft, als Zeugnis- und Versetzungskonferenz. Die Leistungsbeurteilung, also die Festsetzung von Einzelnoten, fällt in die Verantwortung des einzelnen Lehrers und kann nicht durch Konferenzbeschluß ersetzt werden.[25])

22 Soweit der Klassenverband nicht mehr besteht, also z. B. in der gymnasialen Oberstufe, tritt an die Stelle der Klassenkonferenz die **Jahrgangsstufenkonferenz**. Allerdings erfährt dieser Grundsatz dadurch eine erhebliche Abwandlung, daß Mitglieder der Jahrgangsstufenkonferenz als Versetzungskonferenz nur die den einzelnen Schüler unterrichtenden Lehrer sind. Dies bedeutet im Kurssystem, daß praktisch jeder einzelne Schüler seine eigene Versetzungskonferenz hat.[26])

---

23) § 4 Abs. 3 SchMG. Lehramtsanwärter sind danach nicht wahlberechtigt und nicht wählbar. Dagegen können die sozialpädagogischen Fachkräfte sowohl wählen als auch gewählt werden (Nr. 6.1 WzSchMG).
24) Die Voraussetzungen und Verfahrensgrundsätze bei Erziehungs- und Ordnungsmaßnahmen sind in der ASchO (§§ 13 ff) geregelt. Die Klassenkonferenz entscheidet über den schriftlichen Verweis und den vorübergehenden Ausschluß vom Unterricht. Siehe dazu Kap. V Rdnr. 21.
25) § 9 Abs. 3 Satz 2 SchMG. Nähere Regelungen über die Klassenkonferenz als Zeugnis- und Versetzungskonferenz: § 27 ASchO und jeweilige Ausbildungs- und -prüfungsordnungen.
26) § 9 Abs. 4 SchMG i. V. m. § 27 Abs. 2 ASchO. Für Ordnungsmaßnahmen ebenso: § 16 Abs. 1 und § 18 Abs. 1 ASchO.

III. Schulverfassung — Schulmitwirkung

7. Klassenpflegschaft

Die Klassenpflegschaft (§ 11 SchMG) ist das Mitwirkungsorgan, in dem sich die Zusammenarbeit von Eltern und Lehrern, bei älteren Schülern auch mit diesen, am unmittelbarsten vollzieht. **Mitglieder** der Klassenpflegschaft sind die Erziehungsberechtigten der Schüler einer bestimmten Klasse. Mit beratender Stimme gehört ihr ebenso der Klassenlehrer an wie ab Klasse sieben der Klassensprecher und sein Stellvertreter. Sind Schüler der Klasse bereits volljährig, so können ihre bisherigen Erziehungsberechtigten ebenso wie die volljährigen Schüler selbst mit beratender Stimme an den Sitzungen der Klassenpflegschaft teilnehmen. Im übrigen kann auch der Schulleiter beratend an den Sitzungen teilnehmen. 23

Eine Besonderheit weisen bei der Zusammensetzung der Klassenpflegschaft die **berufsbildenden Schulen** auf. Mit beratender Stimme können die für die Berufserziehung Mitverantwortlichen (also: die jeweiligen Vertreter der Ausbildungsbetriebe, in denen Teilzeitberufsschüler ausgebildet werden) an den Sitzungen teilnehmen. Allerdings zeigen die Erfahrungen, daß an der Berufsschule nur ein begrenztes Interesse an der Arbeit in den Klassenpflegschaften besteht. Deshalb kann als besondere Form auch eine Zusammenlegung von Klassen- und Jahrgangsstufenpflegschaften erfolgen oder eine Pflegschaft etwa auf Abteilungsebene gebildet werden.[27]) 24

Das Gesetz bestimmt als wesentliche **Aufgabe der Klassenpflegschaft**, daß sie an der Bildungs- und Erziehungsarbeit in der Klasse beteiligt ist. Dies bedeutet, daß die Pflegschaft — abgesehen von Leistungsbeurteilungen — insbesondere über Fragen der Hausaufgaben, der Klassenarbeiten, der Lernmittel, bei Erziehungsschwierigkeiten und bei Planung von Schulveranstaltungen (z. B. Klassenfahrten) beraten soll. 25

Eine gewichtige, in der praktischen Durchführung recht schwierige Aufgabe liegt darin, daß die Klassenpflegschaft bei der Auswahl der Unterrichtsinhalte zu beteiligen ist. Ihr sollen deshalb — vom Klassenlehrer und auf ihr Verlangen auch von anderen Lehrern — zu Beginn eines Schulhalbjahres die nach den Richtlinien und Lehrplänen in Betracht kommenden Unterrichtsinhalte bekanntgegeben und begründet werden. Sie kann diese beraten und auch von sich aus Anregungen geben, wie auch Anregungen der Schüler mit in die Überlegungen einbezogen werden sollen.

Der **Vorsitzende** der Klassenpflegschaft und sein Stellvertreter werden aus dem Kreis der Erziehungsberechtigten in geheimer Wahl jeweils für ein Schuljahr gewählt. Sie nehmen ihr Amt wahr bis zur Neuwahl zu Beginn des nächsten Schuljahres, laden also auch noch zur ersten Sitzung der neuen Klassenpflegschaft ein. Der Vorsitzende ist Mitglied der Schulpflegschaft; der Stellvertreter kann mit beratender Stimme an den Sitzungen der Schulpflegschaft teilnehmen, um im Vertretungsfall auch sachkundig zu sein.[28]) 26

Soweit in den Jahrgangsstufen der Sekundarstufe II der Klassenverband aufgelöst ist (z. B. gymnasiale Oberstufe) und eine Klassenpflegschaft also nicht mehr gebildet werden kann, tritt an ihre Stelle die **Jahrgangstufenpflegschaft**. 27

---

27) Gemäß § 11 Abs. 4 entscheidet darüber die Schulkonferenz.
28) § 11 Abs. 5 und § 10 Abs. 1 SchMG sowie Nr. 18.1 VVzSchMG.

III. Schulverfassung — Schulmitwirkung

Sie kann für je 20 Schüler einen Vertreter in die Schulpflegschaft wählen. Mit Eintritt der Volljährigkeit eines Schülers verlieren seine (bisherigen) Erziehungsberechtigten zwar das Stimmrecht, können aber weiterhin mit beratender Stimme wie die volljährigen Schüler selbst auch an den Sitzungen teilnehmen.[29]

28 Als besonderes Mittel der Zusammenarbeit zwischen Schule und Eltern sieht § 11 Abs. 10 SchMG die Möglichkeit von **Unterrichtsbesuchen** in Absprache mit den Lehrern vor. In der Grundschule und in den Sonderschulen kann darüber hinaus in hierfür geeigneten Unterrichtsbereichen eine **Mitarbeit von Erziehungsberechtigten** stattfinden. Darüber entscheidet jeweils der Lehrer, der die Gesamtverantwortung über seinen Unterricht behält, mit Zustimmung der Klassenpflegschaft und des Schulleiters. In den anderen Schulformen und Schulstufen ist eine solche Mitarbeit möglich bei außerunterrichtlichen Schulveranstaltungen und bei Angeboten im Ganztagsbereich.

29 Lehrer sind im Rahmen der Arbeit der Klassenpflegschaft verpflichtet, regelmäßige **Elternsprechstunden** zur Beratung der Erziehungsberechtigten abzuhalten. In Ausnahmefällen ist es diesen zu ermöglichen, nach vorheriger Vereinbarung den Lehrer auch außerhalb der Sprechstunde aufzusuchen. Außerdem soll zur persönlichen Beratung der Eltern möglichst in jedem Schulhalbjahr ein **Elternsprechtag** durchgeführt werden. Dieser Elternsprechtag muß zeitlich so gelegt werden, daß auch den berufstätigen Erziehungsberechtigten das Gespräch mit dem Lehrer möglich ist.

8. Schulpflegschaft

30 Die Schulpflegschaft ist das oberste Organ der Elternvertretung auf der Ebene der gesamten Schule (§ 10 SchMG). Sie besteht aus den Vorsitzenden der Klassenpflegschaften (und ggf. den Vertretern der Jahrgangsstufenpflegschaften). Die Stellvertreter können beratend teilnehmen. Lehrer und Schüler gehören der Schulpflegschaft nicht an. Jedoch soll der Schulleiter oder sein ständiger Vertreter an ihren Sitzungen teilnehmen. Der Vorsitzende der Schulpflegschaft wird von ihr jeweils für ein Schuljahr gewählt. Er führt sein Amt bis zum Zusammentritt der neuen Schulpflegschaft. Auch ein stellvertretendes Mitglied der Schulpflegschaft kann zum Vorsitzenden gewählt werden und wird dadurch zum Vollmitglied.

31 **Aufgabe** der Schulpflegschaft ist es, die Interessen aller Erziehungsberechtigten der Schule zu vertreten. Das Gesetz nennt als Sachbereich hierfür umfassend die Gestaltung der Bildungs- und Erziehungsarbeit. Die Schulpflegschaft kann sich also mit allen Angelegenheiten befassen, die hiermit zusammenhängen und den Bildungs- und Erziehungsauftrag der jeweiligen Schule betreffen. Dazu gehören selbstverständlich auch solche Fragen, die zur Beratung und Entscheidung in der Schulkonferenz anstehen (z. B. Fünf-Tage-Woche oder Schulfahrten), sofern diese nicht im Einzelfall vertraulich sind. Allerdings hat die Schulpflegschaft keine eigenen Entscheidungsbefugnisse. Vor Entscheidungen der Lehrerkonferenz über Ordnungsmaßnahmen

---

[29] § 2 Abs. 1 Satz 2 sowie § 11 Abs. 3 und 5 SchMG. Zur Volljährigkeit: § 11 Abs. 9 Satz 3 und Abs. 12 SchMG. Das Amt des Vorsitzenden der Klassenpflegschaft/Jahrgangsstufenpflegschaft wird durch die Volljährigkeit des Schülers nicht sofort beendet (§ 17 Abs. Buchst. f SchMG). Generell zur Volljährigkeit: § 3 Abs. 5 ASchO.

III. Schulverfassung — Schulmitwirkung

ist ein Vertreter der Schulpflegschaft zu hören, sofern nicht der betroffene Schüler oder seine Erziehungsberechtigten widersprechen. Nicht zum Aufgabenbereich der Schulpflegschaft gehören solche Fragen, die keinen Bezug zur konkreten Schule haben und für deren Behandlung (z. B. durch Entschließungen) die Mitglieder der Schulpflegschaft kein Mandat der Eltern haben.[30])

Die Schulpflegschaft wählt die Vertreter der Erziehungsberechtigten in die Schulkonferenz und in die einzelnen Fachkonferenzen. Sie ist dabei nicht auf den Kreis ihrer Mitglieder beschränkt.

Eine nach früherem Recht noch als eigenständige Einrichtung bezeichnete Schulgemeindeversammlung sieht das Gesetz nicht mehr vor. Allerdings besteht ausdrücklich die Möglichkeit für die Schulpflegschaft, eine Versammlung aller Erziehungsberechtigten der Schule einzuberufen.[31])

Rechtlich klar von der Schulpflegschaft getrennt und nicht zur gesetzlichen Mitwirkung gehörend haben sich an vielen Schulen Eltern in Vereinen zusammengeschlossen. Solche **Schulvereine** sind Ausdruck des Engagement von Eltern für „ihre Schule". Sie ermöglichen es, in selbst gewählten Formen des Privatrechts Initiativen zu entwickeln, um schulische Belange zu fördern. Dadurch können z. B. Zuschüsse für besondere Einrichtungen oder Fahrten aufgebracht oder Schulfeste und Feiern organisatorisch getragen werden. Sinnvoll ist es, einen solchen Schulverein als eingetragenen Verein (e.V.) zu gründen und sich vom Finanzamt die Gemeinnützigkeit anerkennen zu lassen. Denn das ist die Voraussetzung dafür, daß Beiträge und Spenden an den Verein steuerlich begünstigt sind.[32])

9. Fachkonferenzen

Fachkonferenzen werden von der Lehrerkonferenz eingerichtet und bestehen aus den Lehrern einer Schule, die das gleiche Fach vertreten (§ 7 SchMG). Sie müssen bereits dann gebildet werden, wenn mindestens zwei Lehrer die Lehrbefähigung für das entsprechende Fach besitzen oder darin unterrichten. Die Fachkonferenzen wählen aus ihrer Mitte einen Vorsitzenden. Ohne Stimmrecht können jeweils zwei Vertreter der Eltern und der Schüler an Fachkonferenzen teilnehmen.

In **Grundschulen** können wegen der geringeren Fächerdifferenzierung die Aufgaben der Fachkonferenzen auch von der Lehrerkonferenz wahrgenommen werden; dazu sind dann die Vertreter der Erziehungsberechtigten einzuladen. In berufsbildenden Schulen ist es möglich und kann es sich anbieten, Fachkonferenzen nicht für einzelne Fächer, sondern für Fachbereiche oder Bildungsgänge einzurichten.

Aufgabe der Fachkonferenz ist es, die besonderen Belange des einzelnen Unterrichtsfaches im Kreis der jeweiligen Fachlehrer zu erörtern und zu koor-

---

30) § 10 Abs. 3 SchMG. Die Mitgliedschaft in Elternverbänden können deshalb nur Einzelpersonen eingehen, nicht aber die Schulpflegschaft als Organ mit Wirkung für alle von ihr vertretenen Eltern einer Schule (Nr. 10.3 WzSchMG). Zur Sammlung für Verbände siehe § 18 a SchMG und § 47 Abs. 7 ASchO.
31) § 10 Abs. 4 SchMG. Dies empfiehlt sich in Verbindung mit besonderen Themen wie z. B. Erziehungsprobleme, Gesundheitsfragen, Berufsberatung.
32) Für Schulvereine gelten die Bestimmungen der §§ 21 ff. BGB; das Vereinsregister wird beim örtlich zuständigen Amtsgericht geführt.

III. Schulverfassung — Schulmitwirkung

dinieren. Entscheiden kann die Fachkonferenz nach dem gesetzlichen Aufgabenkatalog insbesondere über Grundsätze zur fachmethodischen und fachdidaktischen Arbeit sowie zur Leistungsbewertung, über Anregungen an die Lehrerkonferenz zur Einführung von Lernmitteln und Lehrmitteln sowie über Vorschläge für den Aufbau von Sammlungen und für die Einrichtung von Fachräumen und Werkstätten. Aus dem Gesetzeswortlaut („insbesondere") ergibt sich, daß diese Aufzählung nicht abschließend ist, so daß auch andere koordinierungsbedürftige fachspezifische Angelegenheiten in die Fachkonferenz gehören. Allerdings muß dabei als Grenze bedacht werden, daß die einzelnen Lehrerinnen und Lehrer in ihrer pädagogischen Freiheit und Verantwortung durch Konferenzbeschlüsse nicht unzumutbar bei der Gestaltung ihres Unterrichts eingeschränkt werden dürfen.[33])

10. Lehrerrat

35 Der Lehrerrat (§ 8 SchMG) ist ein vermittelndes Mitwirkungsorgan ohne eigene Entscheidungskompetenzen. Da ein Personalrat an der einzelnen Schule nicht besteht, sondern bei der Schulaufsichtsbehörde, wird mit der Einrichtung des Lehrerrats ein Organ geschaffen, das in Konfliktfällen (und natürlich auch schon vorher) eine **vermittelnde Funktion** ausübt. An kleinen Schulen ist der Lehrerrat nicht obligatorisch, während er an Schulen mit mehr als acht hauptamtlichen und hauptberuflichen Lehrern gebildet werden muß.

Seine Größe wird von der Lehrerkonferenz bestimmt, die auch die Mitglieder wählt. Es sollen aber mindestens drei und höchstens fünf hauptamtliche oder hauptberufliche Lehrer gewählt werden, die an der jeweiligen Schule tätig sind. Der Schulleiter und sein ständiger Vertreter können selbst nicht in den Lehrerrat gewählt werden. Über Stellvertreter enthält das Gesetz keine Regelung, so daß es im Ermessen der Lehrerkonferenz liegt, ob sie auch solche wählt. Den Vorsitzenden wählt der Lehrerrat aus seiner Mitte.[34])

36 Aufgabe des Lehrerrats ist es, den Schulleiter in Angelegenheiten der Lehrer zu beraten und auf Wunsch in dienstlichen Angelegenheiten der Lehrer, aber auch in Angelegenheiten der Schüler zu vermitteln. In Konfliktfällen zwischen einzelnen Personen wird der Lehrerrat also erst auf Wunsch einer oder eines Betroffenen tätig, während er seine allgemeine Beratungsfunktion davon unabhängig wahrnehmen kann. Wenn der Lehrerrat dies wünscht, muß der Schulleiter ihm kurzfristig Gelegenheit zu einem Gespräch geben.

11. Schülervertretung

37 Die Schülervertretung (früher: Schülermitverwaltung) ist die Interessenvertretung der Schülerinnen und Schüler innerhalb der Schule. Ihr Organ ist der **Schülerrat**, dem die Klassensprecher (bzw. die Jahrgangsstufensprecher und weiteren Vertreter der Jahrgangsstufen) angehören (§ 12 SchMG). Diese sind in allen Klassen/Jahrgangsstufen von der fünften Klasse an zu wählen. Der Schülerrat wählt als seinen Vorsitzenden den **Schülersprecher**. Wenn aller-

---

33) Siehe § 3 Abs. 2 SchMG und Nr. 3.2 VVzSchMG.
34) Sozialpädagogische Fachkräfte haben das aktive, nicht aber das passive Wahlrecht; siehe Nr. 8.1 VVzSchMG.

III. Schulverfassung — Schulmitwirkung

dings 20% der Schüler der Schule es verlangen, werden der Schülersprecher und sein Stellvertreter unmittelbar von allen Schülern gewählt.[35]

Inhalt und Umfang der Schülervertretung ergeben sich aus dem Auftrag der Schule. Die Schülervertretung darf also den Rahmen des Auftrags der Schule nicht überschreiten. Deshalb hat der Gesetzgeber als ihre Aufgaben bestimmt: die Vertretung der Interessen der Schüler bei der Gestaltung der Bildungs- und Erziehungsarbeit sowie die Förderung der fachlichen, kulturellen, sportlichen, politischen und sozialen Interessen der Schüler. Dieser an sich weite **Aufgabenbereich** wird in der Praxis häufig dadurch problematisch, daß Schülervertretungen für sich ein allgemeines politisches Mandat in Anspruch nehmen, das ihnen nach der klaren gesetzlichen Regelung nicht zustehen kann; sie dürfen nur „im Rahmen des Auftrags der Schule schulpolitische Belange wahrnehmen". Dabei müssen sie das Gebot der Unparteilichkeit der Schule beachten, an das alle Mitwirkungsorgane gebunden sind.[36] 38

Bei ihrer Arbeit wird die Schülervertretung durch **Verbindungslehrer** unterstützt, die vom Schülerrat gewählt werden. Ebenso wählt der Schülerrat die Vertreter der Schüler für die Schulkonferenz und für die Fachkonferenzen. Für Angelegenheiten der Schülervertretung ist den Schülern der Vollzeitschulen ab Klasse 5 einmal im Monat eine sog. **SV-Stunde** während der allgemeinen Unterrichtszeit zu gewähren. Abgesehen von diesen Zusammenkünften kann die Schülervertretung auch andere Veranstaltungen mit vorheriger Zustimmung des Schulleiters als Schulveranstaltungen durchführen. **Schülerversammlungen** dürfen zweimal im Jahr während der allgemeinen Unterrichtszeit stattfinden.[37] 39

Die überschulische Arbeit der Schülervertretung ist im Schulmitwirkungsgesetz nicht geregelt. Es enthält lediglich die Aussage, daß im Rahmen der Mitwirkung beim Kultusminister auch die auf Landesebene organisierten **Zusammenschlüsse der Schülervertretungen** von erheblicher Bedeutung zu beteiligen sind. Das Gesetz geht also von einem pluralistischen Modell freier Vereinigungen in diesem Bereich aus und schreibt eine einheitliche Landesschülervertretung nicht vor. Tatsächlich aber hat sich die schon vor Inkrafttreten des Gesetzes bestehende Landesschülervertretung erhalten und vertritt die Interessen derjenigen Schülervertretungen, die in ihr mitarbeiten, also Vertreter zu den Bezirksdelegiertenkonferenzen entsenden. Für die Landesschülervertretung — eine entsprechende Organisation gibt es auch für die privaten Ersatzschulen — gilt, daß auch sie rechtlich kein allgemeines politisches Mandat besitzt und ihre Befugnisse überschreitet, wenn sie sich in die allgemeine Politik einmischt.[38] 40

---

35) Näher dazu SV-Erlaß vom 22. 11. 1979 (BASS 17-51 Nr. 1; SchR 5.1.2/2).
36) Zum Grundsatz der Unparteilichkeit der Schule: siehe § 35 Abs. 2 ASchO und Nr. 1.7 SV-Erlaß.
37) § 12 Abs. 8 und 9 SchMG. Die Schülerversammlung (Absatz 6) besteht aus den Schülern ab Klasse 5; Versammlungen mit Schülern anderer Schulen sind dadurch nicht abgedeckt
38) Im Unterschied zur SV der einzelnen Schule beruht die LSV also nicht auf Zwangsmitgliedschaft, so daß sich auch konkurrierende Vereinigungen bilden können, um die schulbezogenen Interessen der Schüler stärker zu fördern.

III. Schulverfassung — Schulmitwirkung

12. Wahlen und Abstimmungen

41 Das Schulmitwirkungsgesetz hat den Lehrern, Eltern und Schülern nicht nur neue Beratungsmöglichkeiten eröffnet, sondern ihnen auch als Mitgliedern von Mitwirkungsorganen wichtige Kompetenzen eingeräumt. Da sie so an den Entscheidungen der Schule teilhaben, ist für das Verfahren in den Organen eine bestimmte formale Ordnung unerläßlich. Dies gilt insbesondere für die Wahlen und Abstimmungen, damit die getroffenen Entscheidungen auch im Bedarfsfall der rechtlichen Überprüfung standhalten. Hinzu kommt, daß das Schulmitwirkungsgesetz die Grundlage dafür bietet, in verstärktem Maße Entscheidungen in der einzelnen Schule treffen zu lassen, die für alle Beteiligten verbindlich sind. Deshalb enthält bereits das Gesetz selbst grundlegende Verfahrensvorschriften, andere werden durch die Wahlordnung und durch die Rahmengeschäftsordnung vorgegeben.[39])

13. Überschulische Mitwirkung

42 Die über den Bereich der einzelnen Schule hinausgehende Mitwirkung ist in Nordrhein-Westfalen gesetzlich nicht so institutionalisiert, daß hierfür bestimmte Organisationen geschaffen worden sind. Das Gesetz beschränkt sich darauf, zwei Aufgabenbereiche der überschulischen Mitwirkung anzusprechen: die Mitwirkung der Schule beim Schulträger und die Mitwirkung der landesweiten Verbände und Organisationen beim Schulministerium.[40])

43 Die **Mitwirkung beim Schulträger**, bei öffentlichen Schulen also in der Regel der Gemeinde, besteht darin, daß die einzelne, von einer Maßnahme des Schulträgers betroffene Schule ein Recht hat, in den für sie bedeutsamen Angelegenheiten beteiligt zu werden (§ 15 SchMG). Schule und Schulträger sollen bei der Entwicklung des Schulwesens auf örtlicher Ebene zusammenwirken.

Zu den beteiligungspflichtigen Angelegenheiten gehören alle schulorganisatorischen Maßnahmen, die den Bestand der Schule betreffen (z. B. Zusammenlegung oder Auflösung) oder ihre räumliche Unterbringung. Aber auch die Festlegung von Schulbezirken und Schuleinzugsbereichen sowie Angelegenheiten der Schulwegsicherung und Schülerbeförderung gehören ebenso dazu wie die Zusammenarbeit mit anderen Bildungseinrichtungen oder Fragen der Ganztagsschule oder die Einbeziehung in einen Schulversuch. Besondere Bedeutung kann der Beteiligung der Schule bei der Aufstellung oder Änderung des Schulentwicklungsplans einer Gemeinde zukommen.

Über Stellungnahmen, Vorschläge oder Anregungen im Rahmen eines solchen Beteiligungsverfahrens entscheidet in der Schule die Schulkonferenz.[41])

44 Die **Mitwirkung beim Schulministerium** (§ 16 SchMG) nehmen — abgesehen von den großen Organisationen der Kirchen, der Gemeinden und der Wirtschaft — die Lehrergewerkschaften bzw. Lehrerverbände und die Elternver-

---

39) §§ 17 und 18 SchMG und dazu VVzSchMG; Wahlordnung vom 11. 4. 1979 (GV. NW. S. 283; BASS 17-01 Nr. 1; SchR 2.6/54 a); Rahmengeschäftsordnung vom 11. 5. 1979 (BASS 17-02 Nr. 1; SchR 1.6/51).
40) § 2 Abs. 3 und 4 SchMG.
41) § 15 SchMG i. V. m. § 5 Abs. 2 Nr. 2 SchMG. Die Schule kann auch von sich aus tätig werden gemäß Nr. 5.22 VVzSchMG.

III. Schulverfassung — Schulmitwirkung

bände wahr. Die überschulischen Interessenvertretungen der Schüler sind bereits bei der Schülervertretung aufgeführt worden. Für den Lehrerbereich werden die drei Spitzenorganisationen — Deutscher Beamtenbund, Deutscher Gewerkschaftsbund, Christlicher Gewerkschaftsbund — beteiligt, die ihrerseits die Interessen der in ihnen zusammengeschlossenen Berufsverbände und Einzelgewerkschaften bündeln.[42])

Diese Mitwirkung beim Ministerium geschieht in der Regel in der Weise, daß den Organisationen und Verbänden Gelegenheit gegeben wird, sich zu schulischen Angelegenheiten von allgemeiner und grundsätzlicher Bedeutung — in der Regel schriftlich — zu äußern. Hierzu gehören insbesondere

- Richtlinien und Lehrpläne, Ausbildungs- und Prüfungsordnungen,
- Angelegenheiten von Lehr- und Lernmitteln,
- Schulversuche, Schulbaurichtlinien, Allgemeine Schulordnung sowie
- Abstimmung zwischen schulischer und betrieblicher Ausbildung.

Bei besonderen Themen oder aus aktuellen Anlässen wird die schriftliche Form der Mitwirkung ergänzt durch gemeinsame Besprechungen zwischen dem Ministerium und den Verbänden. Dies hat gelegentlich schon Ansätze zu einem institutionalisierten politischen Dialog zwischen der Führung des Ministeriums und den Spitzen der Lehrerverbände angenommen.[43])

Auch die **Mitwirkung der Eltern** ist den frei sich bildenden Elternverbänden 45 überlassen. Überschulische Elternbeiräte oder einen Landeselternrat kennt das Schulmitwirkungsgesetz nicht. Das ist insofern erstaunlich, als Nordrhein-Westfalen damit im Konzert der Bundesländer fast alleine steht, obwohl die nordrhein-westfälische Landesverfassung wohl auch die überschulische Elternmitwirkung besonders betont.[44])

Allerdings haben sich in einigen Städten und Gemeinden informell **Stadtschulpflegschaften** gebildet, die koordinierend in der Mitwirkung tätig werden. Auch ohne eine ausdrückliche gesetzliche Grundlage und ohne rechtlich normierte Befugnisse können sie durch Zusammenarbeit von Schulpflegschaften aktiv die Elternarbeit fördern und sich Gehör verschaffen. Sie können allerdings nicht für eine oder mehrere Schulen, sondern immer nur für die Eltern dieser Schulen sprechen.

---

42) § 2 Abs. 4 SchMG. Die Kirchen werden durch ihre am Sitz der Landesregierung bestehenden Büros (Evangelisches Büro, Katholisches Büro), die Gemeinden durch die drei kommunalen Spitzenverbände (Städtetag, Städte- und Gemeindebund, Landkreistag) vertreten. Lehrerverbände im DBB: der Verband Bildung und Erziehung, der Philologenverband, der Realschullehrerverband und die beiden Verbände der Lehrer an berufsbildenden Schulen; im DGB: die Gewerkschaft Erziehung und Wissenschaft; im CGB: der Verein katholischer deutscher Lehrerinnen. Anschriften siehe Anhang zur BASS.
43) Siehe SchVw NW 1996, 227 ff zum Dialog vor dem Konzept der Landesregierung zur Sicherung der Unterrichtsversorgung (1996).
44) § 2 Abs. 4 Nr. 2 SchMG. In Art. 10 Abs. 2 LVerf. NW. heißt es: „Die Erziehungsberechtigten wirken durch Elternvertretungen an der Gestaltung des Schulwesens mit."

III. Schulverfassung — Schulmitwirkung

So ist es also nach derzeitiger Rechtslage die Sache der verschiedenen **Elternverbände**, die Interessen der Eltern auf Landesebene zu vertreten. Für diese Mitwirkung beim Ministerium ist allein Voraussetzung daß es sich um einen Elternverband handelt, der auf Landesebene für mindestens eine Schulform oder Schulstufe organisiert ist und dafür eine erhebliche Bedeutung besitzt. Zu den als bedeutsam anerkannten Elternverbänden gehören u. a. die Landeselternschaft Grundschulen der Landeselternrat Hauptschule, der Elternrat Realschule, die Landeselternschaft Gymnasien, der Landeselternrat Gesamtschule, der Elternverein, und der Progressive Elternverband. Ihre Arbeit soll durch Schulen und Schulaufsichtsbehörden unterstützt werden.[45])

---

45) § 18 a SchMG. Zu ihren Rechten in der einzelnen Schule: § 48 Abs. 1 und 2 ASchO (Druckschriften) und § 47 Abs. 7 ASchO (Geldsammlungen). Anschriften der Verbände: siehe Anhang zur BASS.

IV. Erziehung und Unterricht

1. Allgemeines

Bei Erziehung und Unterricht in der Schule begegnen sich in besonderer Weise einerseits das Elternrecht (Art. 6 Abs. 2 GG; §§ 1626 ff. BGB) und andererseits das staatliche **Erziehungsrecht** (Art. 7 GG). Beide stehen im Bereich der Schule gleichrangig nebeneinander. Das heißt: Ebensowenig, wie die Eltern in der Schule unter Hinweis auf ihre primäre Erziehungszuständigkeit Sonderrechte durchsetzen können, darf der Staat in der Schule das Elternrecht außer acht lassen. Dabei bezieht sich das staatliche Erziehungsrecht nicht auf die Gesamterziehung des Kindes, sondern nur auf den Teilbereich, der zur Schule gehört. Damit also kommt es wesentlich nicht nur darauf an, daß das Schulwesen den Eltern organisatorisch Wahlmöglichkeiten läßt — z. B. zwischen verschiedenen Schulformen oder zwischen öffentlichen und privaten Schulen. Es ist gerade auch inhaltlich entscheidend, auf welche Bildungs- und Erziehungsziele die Schule ausgerichtet ist und welche Aufgaben sie als ihren Bildungs- und Erziehungsauftrag zu erfüllen hat.[1] 1

Ein **Recht auf Bildung**, das über die moralische Proklamation hinaus auch gerichtlich einklagbar ist, wird gelegentlich im Schrifttum gefordert. Mag dieses aus dem Grundgesetz heraus zu begründen auch problematisch sein, die Landesverfassung NW (Art. 8) jedenfalls enthält die über einen unverbindlichen Programmsatz hinausgehende, zielbestimmende Grundsatzaussage: „Jedes Kind hat Anspruch auf Erziehung und Bildung." Nun wird sich zwar auch daraus im konkreten Fall noch nicht ein rechtlich durchsetzbarer Anspruch auf Zugang zu oder gar Schaffung von bestimmten Bildungseinrichtungen ergeben. Doch verpflichtet die Verfassungsnorm zumindest Gesetzgeber und Verwaltung, in entsprechenden Konfliktlagen die öffentlichen Interessen besonders sorgfältig mit den grundsätzlich anerkannten Kindesrechten abzuwägen. 2

Aus dem Elternrecht auf Achtung des elterlichen Gesamtplanes bei der Erziehung durch die Schule und aus den gesetzlichen Normen des Schulrechts ergeben sich das Gebot der **Toleranz** und das Verbot der Indoktrination durch die Schule. Der Staat hat das Recht, eigene Erziehungsziele zu verfolgen, er muß sich aber den eventuell abweichenden Erziehungszielen der Eltern gegenüber tolerant verhalten. Aus dem Elternrecht und den Kindesrechten lassen sich keine Ansprüche auf eine bestimmte Unterrichtsgestaltung oder Erziehung herleiten, die Grundrechte der Eltern und Kinder wirken aber als Mißbrauchsschranke gegen eine intolerante oder gar indoktrinierende Schule. 3

Schließlich muß beim Thema Erziehung und Unterricht auch noch die **pädagogische Freiheit** in den Blick genommen werden. Sie gibt Lehrerinnen und Lehrern als „pädagogische Selbstverantwortung" Eltern und Schülern gegenüber das Recht, im Rahmen der geltenden Vorschriften, insbesondere der Richtlinien und Lehrpläne, prinzipiell „in Freiheit und Verantwortung" zu 4

---

1) Die Gleichrangigkeit des elterlichen und des staatlichen Erziehungsrechts in der Schule hat das BVerfG wiederholt betont; vgl. Urteil v. 9. 2. 1982 (SPE a. F. II E I, 16). Das Schulwesen muß so ausgestaltet sein, daß den Eltern ein Wahlrecht bleibt zwischen unterschiedlichen Angeboten.

IV. Erziehung und Unterricht

unterrichten und zu erziehen sowie Schülerverhalten und Schülerleistungen zu beurteilen. Außer durch die geltenden Normen und Vorschriften wird die pädagogische Freiheit durch das Weisungsrecht der Schulaufsicht und — in geringerem Maße — durch Weisungen der Schulleitung und Konferenzbeschlüsse eingeschränkt.[2])

2. Bildungs- und Erziehungsziele

Die Gesamtheit der Aufgaben, die der Institution Schule vorgegeben sind, und der Ziele, die sie durch Unterricht und außerunterrichtliche Veranstaltungen bei den Schülern erreichen soll, macht den **Bildungs- und Erziehungsauftrag** der Schule aus. Grundsätzliche Aussagen hierzu finden sich bereits in der Landesverfassung von 1950, die — abgesehen von einer Ergänzung um den Umweltschutz — insoweit unverändert geblieben ist. Auch wenn diese Grundsätze jeweils einer bestimmten historischen Situation und Erfahrung entspringen und ihre Beständigkeit trotz allen Wandels der pädagogischen Theorie und schulischen Realität auch mit der Tatsache zu tun hat, daß Änderungen der Landesverfassung nur mit einer 2/3-Mehrheit im Landtag möglich sind, sind sie geltendes Recht. Aus ihnen können zwar nicht unmittelbar bestimmte Unterrichtsinhalte abgeleitet werden, sie können aber durchaus der kritischen Reflexion der zeitbedingten Schwerpunkte der aktuellen Bildungs- und Erziehungsarbeit der Schulen dienen, zumal alle in der Landesverfassung genannten Richtziele des Bildungswesens gleichwertig sind und nicht gegeneinander ausgespielt werden dürfen.

In der Landesverfassung und ihr folgend im Schulordnungsgesetz sind folgende grundlegende Aufgaben der Schule festgelegt:

- Ehrfurcht vor Gott, Achtung vor der Würde des Menschen und Bereitschaft zum sozialen Handeln zu wecken (Art. 7 Abs. 1 LV);

- Erziehung der Jugend im Geiste der Menschlichkeit, der Demokratie und der Freiheit, zur Duldsamkeit und zur Achtung vor der Überzeugung des anderen, zur Verantwortung für die Erhaltung der natürlichen Lebensgrundlagen, in Liebe zu Volk und Heimat, zur Völkergemeinschaft und Friedensgesinnung (Art. 7 Abs. 2 LV);

- die Jugend auf der Grundlage des abendländischen Kulturgutes und deutschen Bildungserbes in lebendiger Beziehung zu der wirtschaftlichen und sozialen Wirklichkeit sittlich, geistig und körperlich zu bilden und ihr das für Leben und Arbeit erforderliche Wissen und Können zu vermitteln (§ 1 Abs. 3 SchOG);

- die Jugend zu befähigen und bereit zu machen, sich im Dienste an der Gemeinschaft, in Familie und Beruf, in Volk und Staat zu bewähren (§ 1 Abs. 4 SchOG).

Besondere Aussagen gelten der Pflicht des Staates, dafür Sorge zu tragen, daß das Schulwesen den kulturellen und sozialen Bedürfnissen des Landes entspricht (Art. 8 Abs. 1 LV).

Staatsbürgerkunde ist von Verfassungs wegen in allen Schulen Lehrgegen-

---

2) Schulaufsicht: § 14 Abs. 3 Satz 2 SchVG; Konferenzen: § 3 Abs. 2 Satz 2 SchMG; Schulleitung: § 20 Abs. 2 Satz 1-3 SchVG und aus der ADO insbesondere § 19 Abs. 2.

IV. Erziehung und Unterricht

stand, staatsbürgerliche Erziehung verpflichtende Aufgabe (Art. 11 LV). Dieser Verfassungsauftrag ist insbesondere im Lernbereich Gesellschaftslehre (Geschichte, Erdkunde, Politik) zu erfüllen; siehe unten Rdn. 80. Unterricht und Gemeinschaftsleben der Schule sind so zu gestalten, daß sie zu tätiger und verständnisvoller Anteilnahme am öffentlichen Leben vorbereiten (§ 1 Abs. 4 SchOG). Zur Absicherung des Religionsunterrichts durch Landesverfassung und Schulordnungsgesetz siehe unten Rdn. 71 ff.

Als ein wichtiges Prinzip für die Arbeit der Schule ist das Toleranzgebot verpflichtend: in Erziehung und Unterricht ist alles zu vermeiden, was die Empfindungen Andersdenkender verletzen könnte (§ 1 Abs. 6 SchOG).

Die Verordnungen über die Bildungsgänge (z. B. in der Primarstufe, in der Sekundarstufe I oder in der gymnasialen Oberstufe) enthalten auch eine Regelung der **Ziele des jeweiligen Bildungsganges**. Die Festlegung der fachspezifischen Lern- und Unterrichtsziele kann trotz ihrer großen Bedeutung für den schulischen Bildungs- und Erziehungsauftrag nicht durch Gesetz — auch nicht in Gestalt einer Rechtsverordnung — erfolgen, sondern ist wegen der Notwendigkeit einer schnellen Anpassung an die Entwicklung der Fachwissenschaften und der Fachdidaktik den als Verwaltungsvorschriften schnell änderbaren Richtlinien und Lehrplänen vorbehalten. 6

3. Richtlinien und Lehrpläne

In den Richtlinien und Lehrplänen werden die **Bildungsziele für die einzelnen Fächer** oder Lernbereiche (Zusammenfassung von Fächern) konkretisiert. Durch sie wird damit in erster Linie festgelegt, was in der Schule unterrichtet und gelernt wird. Ihre Wichtigkeit läßt sich auch daran ablesen, daß § 1 SchVG den von der Schulaufsichtsbehörde festgesetzten oder genehmigten Lehrplan zum Bestandteil des Schulbegriffs macht. Damit werden alle Einrichtungen grundsätzlich aus dem Schulbegriff ausgegrenzt, für die derartige Lehrpläne nicht bestehen. 7

Die Begriffe werden in der allgemeinen pädagogischen Diskussion unterschiedlich verwendet (vgl. die Begriffe Rahmenrichtlinien, Curriculum, Rahmenlehrplan). Im nordrhein-westfälischen Schulrecht hat sich eine bestimmte Terminologie und Praxis herausgebildet, die die inhaltlichen und didaktischen Vorgaben für den Unterricht als Richtlinien und Lehrpläne bezeichnen.

Eine besondere **gesetzliche Regelung** für den Erlaß von Richtlinien und Lehrplänen ist bislang nicht getroffen worden. Deshalb besteht auch keine rechtliche Bindung in der Hinsicht, daß sie etwa in einer bestimmten Form (z. B. durch Rechtsverordnung) zu erlassen wären. Rechtlich handelt es sich bei ihnen nicht um Rechtsvorschriften, die rechtliche Wirkungen für und gegen jedermann begründen, sondern um Verwaltungsvorschriften, die sich an die Schulen und die in ihnen tätigen Lehrkräfte wenden. Aus ihnen lassen sich gerichtlich einklagbare Rechte auf einen bestimmten Unterricht nicht ableiten. 8

Richtlinien und Lehrpläne erläßt das Schulministerium als oberste Schulaufsichtsbehörde. Denn zu seinen Aufgaben gehört es gemäß § 15 Abs. 1 SchVG, die landeseinheitlichen Grundlagen für die pädagogische Arbeit der Schulen und für ein leistungsfähiges Schulwesen zu sichern.

IV. Erziehung und Unterricht

9   Zur **Erarbeitung** bedient es sich in fachlicher und didaktischer Hinsicht der Mithilfe von Arbeitsgruppen (Lehrplankommissionen), in denen ebenso Schulpraktiker wie auch Wissenschaftler vertreten sind. Als besondere Einrichtung im Geschäftsbereich des Schulministeriums ist das Landesinstitut für Schule und Weiterbildung an der Entwicklung von Richtlinien und Lehrplänen beteiligt.

10 Für das **Verfahren**, an dessen Ende die Festsetzung von Richtlinien und Lehrplänen steht, gibt es zwei gesetzliche Vorschriften. Die eine betrifft den Spezialfall des Religionsunterrichts und bestimmt, daß die Lehrpläne hierfür im Einvernehmen mit der Kirche oder Religionsgemeinschaft von der Unterrichtsverwaltung festgesetzt werden (Art. 14 Abs. 2 LV; § 33 Abs. 2 SchOG). Der andere Fall ist die nach dem Schulmitwirkungsgesetz notwendige Beteiligung der schulischen Verbände und Organisationen an der Entwicklung von Richtlinien und Lehrplänen. Richtlinien und Lehrpläne, aber auch andere inhaltliche und methodische Vorgaben für den Unterricht (Empfehlungen, Handreichungen) werden jeweils durch einen Einführungserlaß des Ministeriums im GABl. NW. in Kraft gesetzt. Ihr Text selbst wird wegen des im allgemeinen nicht geringen Umfangs in einer besonderen Schriftenreihe veröffentlicht und den Schulen zugeleitet.[3]

11 Nicht nur öffentliche Schulen, sondern auch die **privaten Ersatzschulen** müssen ihrem Unterricht verbindliche Lehrpläne zugrunde legen. Da sie in ihren Lehrzielen nicht hinter den öffentlichen Schulen zurückstehen dürfen (Art. 7 Abs. 4 GG), müssen sie entweder den Unterricht nach den staatlichen oder nach eigenen gleichwertigen Lehrplänen erteilen.[4]

4. Lehrmittel und Lernmittel

12 Während als Lernmittel die unmittelbar für den Gebrauch des Schülers bestimmten Unterrichtsmittel bezeichnet werden, sind Lehrmittel diejenigen Unterrichtsmittel, die zur Ausstattung der Schule gehören. Im Zuge der Umstellung der Lernmittelfreiheit auf Ausleiheverfahren sind zwar die jeweiligen Eigentumsverhältnisse kaum noch ein **Unterscheidungsmerkmal**. Gleichwohl ist es noch wichtig, rechtlich zwischen Lehr- und Lernmitteln zu unterscheiden.

13 Die **Lehrmittel** gehören zur allgemeinen Ausstattung der Schule durch den Schulträger. Ebenso wie dieser verpflichtet ist, die für einen ordnungsgemäßen Unterricht erforderlichen Schulanlagen, Gebäude und Einrichtungen zur Verfügung zu stellen, ist er für die Bereitstellung und Unterhaltung der Lehrmittel — von der Kreide über Karten und Sammlungen bis hin zu den oft wertvollen technischen Geräten — verantwortlich.[5]

Die Lehrmittel stehen im Eigentum des Schulträgers, es sei denn, daß sie im Einzelfall etwa von einem Förderverein oder einem Ausbildungsbetrieb leihweise zur Verfügung gestellt wurden. Welche Lehrmittel für die jeweilige Schule erforderlich sind, ergibt sich aus den schulstufen- und schulformbe-

---

3) Siehe die Übersicht in BASS Kap. 15.
4) Der Lehrplan ist beim Antrag auf Genehmigung der Ersatzschule zu bezeichnen oder vorzulegen (§ 1 Abs. 3 Nr. 5 und Abs. 4 Nr. 4 ESch-VO).
5) § 30 Abs. 1 Satz 1 SchVG sowie § 2 SchFG.

IV. Erziehung und Unterricht

zogenen Anforderungen des Unterrichts. Das Schulministerium kann dazu Richtlinien erlassen, die nun aber gegenüber dem kommunalen Schulträger nicht unmittelbar rechtlich bindend sind, sondern empfehlenden Charakter haben. Allerdings sind auch solche Ausstattungsempfehlungen im Zusammenhang mit der allgemeinen Reduzierung von Ausstattungsstandards für den kommunalen Bereich in den letzten Jahren weitgehend beseitigt worden. Es obliegt daher dem Schulträger, in eigener Verantwortung die Bedürfnisse der Schulen festzustellen und zu erfüllen. Die meisten Schulträger sind im Rahmen der sogenannten **Budgetierung** in unterschiedlichem Ausmaß dazu übergegangen, den Schulen einen bestimmten Teil der Finanzmittel in pauschalierter Form zur Verfügung zu stellen, um die Eigenverantwortung der Schulen zu stärken, aber auch um Einsparungen zu erzielen. Über die Verwendung solcher der Schule zur Verfügung gestellten Mittel entscheidet im Rahmen des im Haushalt festgelegten Verwendungszwecks die Schulkonferenz.[6])

Bei den Lernmitteln, also den Arbeitsmitteln der Schüler, sind rechtlich und in der Schulpraxis zwei Fragenbereiche von großer Bedeutung: zum einen die Genehmigung (Zulassung), zum anderen die Kostenfrage. Dabei wird von einem engen **Lernmittelbegriff** ausgegangen, der nur die Schulbücher und die sie ergänzenden oder ersetzenden Unterrichtsmittel erfaßt. Nicht darunter fallen die Gegenstände, die von Schülern als Gebrauchs- oder Übungsmaterial verwendet und im Rahmen der allgemeinen persönlichen Ausstattung von den Eltern zu beschaffen sind.[7]) 14

Es liegt auf der Hand, daß die Frage, welche **Schulbücher** dem Unterricht zugrunde gelegt werden, von erheblicher Auswirkung darauf ist, was in einem Unterrichtsfach gelernt werden kann. Deshalb ist in allen Ländern die Benutzung eines Schulbuchs zunächst daran gebunden, daß es vom Ministerium genehmigt, d. h. für den Gebrauch in Schulen zugelassen worden ist. Dies geschieht in einem **Prüfverfahren**, bei dem sachverständige Gutachter oder Kommissionen dem Ministerium Empfehlungen geben für dessen Entscheidung, ob das betreffende Buch in die Liste der genehmigten Lernmittel aufgenommen werden soll. Prüfkriterien sind insbesondere die Vereinbarkeit mit den jeweiligen Richtlinien und Lehrplänen, fachliche und didaktische Qualität im Sinne von unerläßlichen Mindeststandards, aber auch etwa die Angemessenheit der Ausstattung und des Preises.[8]) 15

In Nordrhein-Westfalen besteht **Lernmittelfreiheit** von Verfassungs wegen. Aufgrund des Verfassungsauftrags (Art. 9 Abs. 2 LV) ist in den Jahren 1970/73 die volle Lernmittelfreiheit an allen Schulen eingeführt worden. Im Zuge der Haushaltskonsolidierung ist die Lernmittelfreiheit auf den verfassungsrechtlichen Kernbestand abgeschmolzen worden, so daß die Eltern sich heute mit einem Drittel an den notwendigen Kosten zu beteiligen haben und im übrigen 16

---

6) Zu den Richtlinien des Ministeriums siehe § 31 SchVG. Die Schulkonferenz entscheidet aufgrund von § 5 Abs. 2 Nr. 10 SchMG. Siehe auch *Hebborn* in SchVw NRW 1994, S. 268.
7) Nr. 1.4 VVzLFG unter Hinweis auf § 16 Abs. 4 SchpflG und § 40 Abs. 2 ASchO.
8) Zum Genehmigungsverfahren siehe §§ 1 und 4 LFG sowie den jährlichen RdErl. über die Genehmigung von Lernmitteln (BASS 16-01 Nr. 3; SchR 2.5/201).

IV. Erziehung und Unterricht

die Lernmittel nur noch ausgeliehen werden. Die Kosten der Lernmittelfreiheit sind vom Schulträger zu tragen.[9])
Über die Einführung eines Lernmittels an der einzelnen Schule entscheidet die Schulkonferenz. Sie beschließt auf der Grundlage eines Vorschlags der Lehrerkonferenz, der wiederum auf Anregungen der jeweiligen Fachkonferenz beruht.[10])

17 Beim **Einsatz von Kopien** im Unterricht sind sowohl pädagogische — Stichwort „Zettelpädagogik" — als auch rechtliche Grenzen zu beachten. Durch Kopien dürfen die Vorschriften über die inhaltliche Gestaltung des Unterrichts und die Genehmigung von Schulbüchern nicht umgangen werden. Aus dem Urheberrecht ergeben sich Beschränkungen und Kostenfolgen. Deshalb hat das Schulministerium ausdrücklich bestimmt, daß Kopien im Unterricht nur eine begrenzte Hilfsfunktion haben dürfen, also nur ergänzend und für kurze Zeit herangezogen werden dürfen.[11]) Eine Übernahme der Kosten für Kopien durch Eltern und Schüler kann nur auf freiwilliger Basis erfolgen, da es keine Rechtsgrundlage für eine solche Kostentragungspflicht gibt.

5. Unterrichtsorganisation

18 Die Grundeinheiten der Unterrichtsorganisation sind in der Regel die Klassen, auf die die Schülerinnen und Schüler einer Jahrgangsstufe unabhängig von ihrer Begabung und Befähigung aufgeteilt werden. Im **Klassenverband** erhalten alle Schüler grundsätzlich den gleichen Unterricht nach einer einheitlichen Stundentafel. Die sich aus der unterschiedlichen Leistungsfähigkeit ergebenden Probleme sollen nach Möglichkeit durch Differenzierungsmaßnahmen (Binnendifferenzierung, Förderunterricht) ausgeglichen werden. In der Grundschule können auf der Grundlage eines pädagogischen Konzeptes mit Zustimmung der Schulkonferenz die Klassen als jahrgangsübergreifende Klassen geführt werden.[12])

19 Wie an einer Schule die Klassen gebildet werden, ist aber nicht nur für den Unterricht selbst von Bedeutung. Die Zahl der parallelen Klassen in einer Jahrgangsstufe definiert die **Zügigkeit** einer Schule und ist damit ein Kriterium, das bei Errichtung, Fortführung und Auflösung von Schulen eine Rolle spielt. Denn grundsätzlich müssen Grundschulen mindestens einzügig, Hauptschulen, Realschulen und Gymnasien mindestens zweizügig und Gesamtschulen in der Regel mindestens vierzügig gegliedert sein.[13])

20 Die Klassenbildung bestimmt andererseits auch den **Unterrichtsbedarf**, d. h. die Zahl der notwendigen Lehrerstunden. Da die Lehrerzahl an einer Schule sich nach der Zahl der Schüler bestimmt (Schüler-Lehrerstellen-Relation), ist es für den Unterricht von erheblicher Auswirkung, ob z. B. bei einer Jahrgangsstärke von 60 Schülern zwei Klassen mit je 30 oder drei Klassen mit je 20

---

9) Siehe im einzelnen das Lernmittelfreiheitsgesetz (BASS 1-7; SchR 2.5/101) sowie die Verordnung über die Durchschnittsbeträge (BASS 16-01 Nr. 1; SchR 2.5/131) und die VVzLFG (BASS 1-7.1; SchR 2.5/151).
10) § 5 Abs. 2 Nr. 6 i.V.m. § 6 Abs. 4 Nr. 6 und § 7 Abs. 3 Nr. 2 SchMG.
11) Vervielfältigungen zu Unterrichtszwecken regelt der RdErl. vom 21. 4. 1983 (BASS 16-11 Nr. 2; SchR 3.9.1/51).
12) § 2 AO-GS i.d.F. vom 14. 11. 1996 (BASS 13-11 Nr. 1.1).
13) § 16a SchOG; § 10a SchVG.

IV. Erziehung und Unterricht

Schülern gebildet werden. Deshalb sehen die Klassenbildungsrichtlinien sog. Klassenfrequenzrichtwerte vor (z. B. Grundschule 23, Sekundarstufe I 28 Schüler), bei deren Einhaltung ein ordnungsgemäßer Unterricht gewährleistet sein soll. Da aber die tatsächlichen Verhältnisse an der einzelnen Schule Abweichungen erforderlich machen können, ist ihr im Rahmen von Klassenfrequenzhöchstwerten und -mindestwerten der nötige Spielraum gegeben. Allerdings muß die Schulleitung darauf achten, daß die Sicherstellung des vollständigen Unterrichtsangebots den Vorrang hat vor der — pädagogisch erwünschten — Bildung kleiner Klassen.[14])

Differenzierungsmaßnahmen, die über die Binnendifferenzierung als Unterrichtsprinzip hinausgehen und den Klassenverband zunehmend auflösen, werden besonders in der Gesamtschule durchgeführt. So wird im Rahmen der Fachleistungsdifferenzierung der Unterricht ab Klasse 7 in der ersten Fremdsprache und in Mathematik, ab Klasse 8 in Deutsch sowie ab Klasse 9 in Physik und Chemie in Fachleistungskursen auf zwei Anspruchsebenen (Grundkurs, Erweiterungskurs) erteilt. Koedukative Klassen können in einzelnen Unterrichtsbereichen — nicht nur im Sport — aufgelöst werden. Darüber entscheidet die Schule im Rahmen ihres Schulprogramms und der verfügbaren Lehrerstunden. 21

In der gymnasialen Oberstufe ist der Unterricht im Klassenverband abgelöst durch den Unterricht im **Kurssystem**. Daß die Schüler ihre Schullaufbahn durch eigene Wahlentscheidungen mitbestimmen können, führt notwendigerweise zu individuellen Stundenplänen, die einen festen Klassenverband unmöglich machen. 22

6. Unterrichtszeit, Ferien

Die Unterrichtszeit der Schule wird durch die Zahl der wöchentlichen **Unterrichtsstunden** bestimmt. Diese beträgt für die Grundschule aufsteigend 19 bis 25, für die Schulen der Sekundarstufe I 28 bis 32 und für die Sekundarstufe II bis zu 33 (gymnasiale Oberstufe) bzw. 36 (berufsbildende Schulen). Im einzelnen ergeben sich die wöchentlichen Unterrichtsstunden im Rahmen dieser Werte aus den Ausbildungs- und Prüfungsordnungen, in denen für die einzelnen Bildungsgänge auch die Stundentafeln festzulegen sind. 23

Die **Berufsschulen**, deren Unterricht im Rahmen des dualen Systems ausbildungsbegleitend in Teilzeitform stattfindet, können auf der Basis von 480 Unterrichtsstunden pro Jahr den Berufsschulunterricht entsprechend den Bedürfnissen vor Ort organisieren. Sie arbeiten dabei mit den Ausbildungsbetrieben sowie den zuständigen Stellen nach dem Berufsbildungsgesetz und der Handwerksordnung zusammen. Die so ermöglichte Flexibilisierung des Berufsschulunterrichts soll auch helfen, den Konflikt um den zweiten Berufsschultag zu entschärfen. 24

Als besondere Unterrichtsform kann der **Blockunterricht** in der Berufsschule eingeführt werden, bei dem der Berufsschulunterricht eines Jahres zu einem Unterrichtsblock (12—14 Wochen) oder zu mehreren Unterrichtsblöcken (z. B. 2 x 6 bis 7 Wochen) zusammengefaßt wird. Dadurch entsteht in Zusam-

---
[14] Schüler-Lehrer-Relation (jährlich): Verordnung zur Ausführung des § 5 SchFG (BASS 11-11 Nr. 1/Nr. 1.1; SchR 2.4/5), Klassenbildung (jährlich): Richtlinien zur Errechnung des Lehrerstellenbedarfs und zur Bildung der Klassen (BASS 11-11 Nr. 1.1; SchR 3.7.2/1).

IV. Erziehung und Unterricht

menarbeit von Schule und Ausbildungsbetrieb ein Wechsel von schulischem Vollzeitunterricht mit betrieblicher bzw. überbetrieblicher Ausbildung.

25 Der Unterricht beginnt in der Zeit zwischen 7.30 Uhr und 8.30 Uhr. Der Schulleiter hat bei der **Festsetzung des Unterrichtsbeginns** den begründeten Vorschlägen des Schulträgers zu folgen, falls nicht zwingende pädagogische Gründe entgegenstehen. Er entscheidet nach Beratung in der Schulkonferenz.

26 Die Grundeinheit für eine **Unterrichtsstunde** beträgt 45 Minuten. Zur variablen Unterrichtsgestaltung können auch Unterrichtsstunden zusammengefaßt oder — insbesondere in der Grundschule — unterteilt werden. Dabei muß die Belastbarkeit und Konzentrationsfähigkeit der Schüler berücksichtigt werden. Der Unterricht ist durch ausreichende Pausen zu gliedern, die bei sechs Unterrichtsstunden insgesamt 50 Minuten betragen sollen und nur um bis zu 10 Minuten gekürzt werden dürfen, wenn dadurch kürzere Schulweg- und Wartezeiten erreicht oder nennenswerte zusätzliche Kostenersparnisse erzielt werden können.[15])

27 Die jährliche Unterrichtszeit wird durch die **Schulferien** gegliedert, die gemäß dem Hamburger Abkommen zwischen den Ländern in erster Linie nach pädagogischen Gesichtspunkten festzusetzen sind und bundeseinheitlich insgesamt 75 Werktage pro Schuljahr dauern. Die zeitliche Verteilung der Ferien wird jeweils durch die vom Schulministerium erlassene Ferienordnung festgelegt. Aufgrund einer Absprache zwischen den Kultusministern wird bei den Sommerferien ein langfristig rollierendes System praktiziert, das in einem mehrjährigen Ablauf sowohl frühe wie auch späte Ferientermine (zwischen 15. 6. und 31. 7.) ermöglicht.[16])

7. Fünf-Tage-Woche

28 An allen allgemeinbildenden Schulen besteht die **volle Fünf-Tage-Woche**, es sei denn, der Unterricht soll oder kann an einer Schule nicht auf fünf Tage verteilt werden — z. B. aus pädagogischen Gründen oder weil Probleme des Schülertransports oder der Elternmitarbeit an Grund- und Sonderschulen bestehen. In begründeten Ausnahmefällen kann die Schule im Einvernehmen mit dem Schulträger an höchstens zwei Samstagen im Monat Unterricht erteilen.[17])

8. Stundentafel

29 Durch die Stundentafel wird die wöchentliche Unterrichtszeit auf die einzelnen Unterrichtsfächer aufgeteilt. Sie bestimmt also, in welchen Fächern unterrichtet wird und welcher Anteil diesen Fächern jeweils am gesamten **Unterrichtsvolumen** zukommt. Die Richtlinien und Lehrpläne für die einzelnen Fächer müssen berücksichtigen, welcher zeitliche Rahmen in einer bestimmten Jahrgangsstufe einer Schulform zur Verfügung steht. Da der

---

15) z. B. § 8 Abs. 4 AO-GS, Nr. 8.4 VVzAO-GS; S I: § 1a AVO-S I. Unterrichtsbeginn an allgemeinbildenden Schulen: RdErl. vom 14. 12. 1983 (BASS 12-63 Nr. 3; SchR 3.1.2/11), der auch den flexiblen Unterrichtsbeginn regelt (7.30 bis 8.30 Uhr).
16) § 3 Hamburger Abkommen (BASS 13-01 Nr. 1; SchR 1.2/1). Nordrhein-Westfalen: § 27 SchVG. Ferienordnung jeweils: BASS 12-65 Nr. 1 und SchR 3.1.2/43. Langfristige Sommerferienregelung: BASS-Anhang.
17) § 5 Abs. 2 Nr. 8 SchMG. Fünf-Tage-Woche an Schulen: RdErl. vom 24.6.1992 (BASS 12-62 Nr. 1; SchR 3.1.2/1).

IV. Erziehung und Unterricht

Gesetzgeber keine konkreten Aussagen über einzelne Unterrichtsbereiche getroffen hat, ist also die Stundentafel von erheblicher Bedeutung für Art und Umfang des schulischen Lernens. Deshalb müssen die Stundentafeln grundsätzlich in der Ausbildungsordnung für den jeweiligen schulischen Bildungsgang, also durch Rechtsverordnung, festgelegt werden.)[18]

30 Für die **Grundschule** sieht die Stundentafel Unterricht in folgenden Lernbereichen/Fächern vor: Sprache, Sachunterricht, Mathematik, Sport, Musik, Kunst/Textilgestaltung, Religionslehre und Förderunterricht. Auch die Begegnung mit anderen Sprachen wird im Rahmen des Unterrichtes ermöglicht. Schülern, deren Muttersprache nicht Deutsch ist, wird muttersprachlicher Unterricht angeboten, sofern entsprechender Unterricht zugelassen ist und die personellen Voraussetzungen vorliegen. Die Stundentafel schreibt kein starres Raster vor, sondern ermöglicht — unter Berücksichtigung der angegebenen Wochenstundenzahlen von 19-20 (Klasse 1), 21-22 (Klasse 2), 23-24 (Klasse 3) und 24-25 (Klasse 4) — auch eine fächerübergreifende Unterrichtsgestaltung.[19])

31 Die Schulformen der **Sekundarstufe I** sind nach der AVO-SI und ihren Anlagen in den Stundentafeln einander stark angeglichen. Im Rahmen einer wöchentlichen Unterrichtszeit von 28-30 (Klassen 5 und 6), 29-31 (Klassen 7 und 8) und 30-32 Stunden (Klassen 9 und 10) ergibt sich ein allgemeines Raster mit einem Pflichtunterricht in: Deutsch Gesellschaftslehre, Mathematik, Naturwissenschaften, Fremdsprachen, Arbeitslehre (nur Hauptschule und Gesamtschule), Musik/Kunst/Werken/Textilgestaltung, Religionslehre und Sport. Hinzu kommt ein Wahlpflichtunterricht und — in der Hauptschule — Verstärkungsunterricht. Ab Schuljahr 1999/2000. Neu: AO-S I.

32 In der **gymnasialen Oberstufe** findet der Unterricht in drei Aufgabenfeldern statt:

- im sprachlich-literarisch-künstlerischen Aufgabenfeld (Deutsch, Musik, Kunst, Englisch, Französisch, Russisch, Spanisch, Niederländisch, Italienisch, Lateinisch, Griechisch, Hebräisch),

- im gesellschaftswissenschaftlichen Aufgabenfeld (Geschichte, Erdkunde, Philosophie, Sozialwissenschaften mit den Bezugsdisziplinen Soziologie, Politische Wissenschaft und Wirtschaftswissenschaft, Rechtskunde, Erziehungswissenschaft, Psychologie).

- im mathematisch-naturwissenschaftlich-technischen Aufgabenfeld (Mathematik, Physik, Biologie, Chemie, Hauswirtschaftswissenschaft, Informatik, Technik).

Hinzu treten die Fächer Religionslehre und Sport, die keinem Aufgabenfeld zugeordnet sind. Aus diesem Unterrichtsangebot sind die für die Schullaufbahn erforderlichen Grundkurse (in der Regel dreistündig) und Leistungskurse (in der Regel sechsstündig) zu wählen. Im Rahmen von 30 bis 33 Wochenstunden müssen damit die drei Aufgabenfelder abgedeckt und bestimmte andere Pflichtbedingungen erfüllt werden.[20])

---

18) § 26b Abs. 1 Nr. 4 SchVG.
19) § 7 AO-GS und die dazu gehörige Anlage. Die flexible Aufteilung betont Nr. 7.2 VVzAO-GS.
20) §§ 7 ff. APO-GOSt.

IV. Erziehung und Unterricht

33 Die Stundentafeln der **berufsbildenden Schulen** sind aufgrund der fachlichen Spezialisierung so unterschiedlich, daß sie sich einer knappen Übersicht entziehen.[21])

9. Hausaufgaben

34 In der Allgemeinen Schulordnung (§ 23) ist festgelegt: „Hausaufgaben ergänzen die Arbeit im Unterricht." Ein genereller Verzicht auf Hausaufgaben ist daher unzulässig.

Hausaufgaben wird eine doppelte **Funktion** zugemessen: einmal dienen sie dazu, den im Unterricht erarbeiteten Stoff zu festigen und zu sichern, zum anderen sollen sie auch die nächste Unterrichtsstunde vorbereiten. Dabei sollen sie zur selbständigen Arbeit hinführen. Daraus folgt schon, daß sie in ihrem Schwierigkeitsgrad und in ihrem Umfang die Leistungsfähigkeit der Schüler berücksichtigen müssen, damit diese sie in angemessener Zeit ohne fremde Hilfe lösen können.[22])

35 Für die Schulen der Primarstufe und der Sekundarstufe I, also die Klassen 1 bis 10, hat das Schulministerium zur Konkretisierung dieser Grundsätze weitere Festlegungen getroffen, nach denen die Hausaufgaben zu erteilen sind. Daraus ergibt sich, daß nur solche Hausaufgaben zulässig sind, die aus dem **Unterricht** erwachsen und wieder zu ihm zurückführen. Unzulässig sind danach Hausaufgaben, die als Ersatz für fehlenden oder ausfallenden Unterricht verwandt werden sollen oder der **Disziplinierung** dienen.[23]) Diese generelle Aussage bedeutet andererseits nicht, daß im Einzelfall bei der Aufgabenerteilung eine ausfallende Unterrichtsstunde überhaupt nicht berücksichtigt werden dürfte. Und im Zusammenhang mit erzieherischen Einwirkungen auf unaufmerksame und störende Schüler ist es keineswegs ausgeschlossen, diese mit einer angemessenen und vorzeigbaren Nacharbeit zu bedenken. Ein Grundsatz muß aber immer gewahrt sein: Die Aufgabe muß aus dem Unterricht und der erzieherischen Situation begründet und geeignet sein, den pädagogischen Erfolg zu erreichen. Unzulässig sind daher Strafarbeiten, z. B. in Form eines bloßen Abschreibens von Textpassagen zur Disziplinierung.

36 Für den **Umfang** der Hausaufgaben ist für die Klassen 1 bis 10 ein zeitlicher Rahmen gesetzt, der in der Grundschule 30 und 60 Minuten (Klassen 1/2 bzw. 3/4) und in der Sekundarstufe I 90 und 120 Minuten (Klassen 5/6 bzw. 7/ 10) beträgt. Aufgabe des Lehrers ist es, die Hausaufgaben zu überprüfen und sie im weiteren Unterricht auszuwerten. Sie werden in der Regel nicht zensiert, sind also kein Instrument der Leistungsbewertung wie die Klassenarbeiten.

Über das Ausmaß und die Verteilung von Hausaufgaben zu beraten ist auch eine Angelegenheit der Klassenpflegschaft. Sie kann jedoch keine bindenden Beschlüsse fassen, während die Schulkonferenz verbindliche Grundsätze zur zeitlichen Koordinierung von Hausaufgaben beschließen kann — allerdings im Rahmen der genannten Grenzen.[24])

---

21) Siehe dazu die in BASS 13-33 ff. sowie in SchR 4.3.4 ff. abgedruckten Bestimmungen.
22) § 23 ASchO.
23) RdErl. vom 2. 3. 1974 (BASS 12-31 Nr. 1; SchR 3.1.3/51). Für die Sekundarstufe II siehe RdErl. vom 21 .8.1974 (BASS 12-31 Nr. 2; SchR 3.1.3/61).
24) § 11 Abs. 6 Satz 2 Nr. 1 und § 5 Abs. 2 Nr. 2 SchMG.

IV. Erziehung und Unterricht

10. Klassenarbeiten

In den **Klassen 1 und 2** der Grundschule werden keine Klassenarbeiten geschrieben, sondern der individuelle Lernfortschritt kann durch kurze schriftliche Übungen festgestellt werden.

Im Gegensatz zu den Hausaufgaben gehören Klassenarbeiten (auch Kursarbeiten und Klausuren) ausdrücklich zu den schriftlichen Arbeiten zur Leistungsfeststellung. Ihr Ziel ist es deshalb, den Schülern eine gleiche, durch äußere Einflüsse nicht verfälschte Gelegenheit zu geben, ihren Leistungsstand unter Beweis zu stellen. Damit sind die Ergebnisse von Klassenarbeiten eine wichtige Grundlage für die spätere **Zeugniszensur**. Allerdings dürfen sie nicht mit einem unverhältnismäßig großen Gewicht in die Bildung der Zeugniszensur eingehen; denn die mündlichen (oder praktischen) Leistungen bei der Mitarbeit im Unterricht sind für die Gesamtbeurteilung ebenso zu berücksichtigen, womit keine schematische Gleichwertigkeit (jeweils 50 %) gefordert, aber ein deutliches Übergewicht der schriftlichen oder mündlichen Leistungen untersagt wird.[25])

Maßstab für die **Anforderungen** in den Klassenarbeiten sind die Richtlinien und Lehrpläne. Dabei sind die Anforderungen so zu bemessen, daß sie der durchschnittlichen Leistungsfähigkeit der Klasse oder Lerngruppe entsprechen, ohne daß dies zur Unterschreitung der Anforderungen der Richtlinien und Lehrpläne führen darf. Eine solche Unterschreitung verstieße nicht nur gegen die Vorschriften der Richtlinien und Lehrpläne, sondern auch gegen den Anspruch der Schüler auf Gleichbehandlung bei Versetzungsentscheidungen und der Vergabe von Schulabschlüssen.

Bei Klassenarbeiten ist neben dem Lehrplan- und Lerngruppenbezug auch der Zusammenhang mit dem konkret erteilten Unterricht zu wahren.

Es ist Aufgabe der Lehrkräfte, die Klassenarbeiten in angemessener Zeit durchzusehen und zu benoten. Es sind die **Notenstufen** zu verwenden, die auch für Zeugnisse gelten. Ergänzende Tendenzangaben sind bei Klassenarbeiten im Gegensatz zu Zeugniszensuren nicht ausgeschlossen, kurze schriftliche Begründungen erhöhen die Transparenz der Beurteilung.

Der **Schulleiter** kann sich bei allen Arbeiten durch Stichproben davon überzeugen, ob ein gleichmäßiger Maßstab bei Anforderungen und Benotung angelegt wird. Wenn mehr als ein Drittel der Schüler bei einer Arbeit kein ausreichendes Ergebnis erzielt, muß der Lehrer die Entscheidung des Schulleiters einholen. Von ihm hängt es dann ab, ob die Arbeit gewertet wird oder ob eine neue Arbeit zu schreiben ist.[26])

Anzahl und Dauer der Klassenarbeiten sind für die einzelnen Schulformen und Jahrgänge in den Ausbildungs- und Prüfungsordnungen festgelegt.

Für alle Schulen gilt, daß Klassenarbeiten gleichmäßig über das Schuljahr verteilt werden sollen, damit eine **Überlastung** der Schüler vermieden wird. Die Lehrkräfte der Klasse müssen sich darüber verständigen, wann sie Arbeiten schreiben lassen wollen. Grundsätzlich sollen in einer Woche nicht mehr als zwei Klassenarbeiten und darf an einem Tag nicht mehr als eine

---
25) Siehe dazu §§ 21 und 22 ASchO und § 9 Abs. 3 Satz 1 AO-GS.
26) § 22 Abs. 2 und 3 ASchO.

IV. Erziehung und Unterricht

Klassenarbeit geschrieben werden. Die Arbeiten sollen dem Alter der Schülerinnen und Schüler entsprechend angekündigt werden. Das bedeutet, daß in der Grundschule im allgemeinen davon abgesehen werden kann, in der Sekundarstufe I die **Ankündigung** die Regel und in der Sekundarstufe II verpflichtend ist. Nach dem Schulmitwirkungsgesetz ist ausdrücklich vorgesehen, daß sich die Eltern mit der Durchführung von Leistungsüberprüfungen in der Klassenpflegschaft befassen; die Schulkonferenz kann Grundsätze festlegen zur zeitlichen Koordinierung von Leistungsüberprüfungen.[27])

11. Leistungsbewertung

43 Aufgabe der Schule ist es, Schülern nicht nur Kenntnisse, Fähigkeiten und Einsichten zu vermitteln, sondern auch Leistungen abzuverlangen. Die Leistungsbewertung soll darüber Aufschluß geben, inwieweit die **Ziele des Unterrichts** erreicht wurden. Zugleich bietet sie eine Grundlage dafür zu beurteilen, inwieweit bestimmte Schülerinnen und Schüler besonderer **Hilfen** bedürfen. Schließlich ist sie der Ausgangspunkt für die **Beratung** der Schüler und ihrer Eltern über den weiteren Bildungsweg.

Die Leistungsbewertung findet kontinuierlich im Unterricht durch die Bewertung mündlicher und schriftlicher Leistungen statt. In der Zeugnisnote findet sie einen formalen Abschluß.[28])

44 **Grundlage** der Leistungsbewertung sind alle Leistungen, die im Zusammenhang mit dem Unterricht erbracht worden sind. Es sind also nicht nur oder völlig überwiegend die schriftlichen Arbeiten (Klassenarbeiten) zu berücksichtigen, sondern grundsätzlich ebenso auch die mündlichen Beiträge oder etwaige praktische Leistungen in die Beurteilung einzubeziehen. Für die Bewertung ist die übliche Sechser-Skala mit den Notenstufen 1 (sehr gut), 2 (gut), 3 (befriedigend), 4 (ausreichend), 5 (mangelhaft) und 6 (ungenügend) zugrundezulegen, soweit nicht Sonderregelungen bestehen.[29])

45 Die Schülerinnen und Schüler der **Grundschule** werden auf die Bewertung der in der Schule erbrachten Leistungen allmählich vorbereitet. In den Klassen 1 und 2 werden die Leistungen ohne Verwendung von Notenstufen beschrieben. Das gilt auch für die Klasse 3, wenn die Schulkonferenz nach Beratung in den betreffenden Klassenpflegschaften einen entsprechenden Beschluß gefaßt hat.[30])

46 Über den Zwischenstand in der Leistungsbewertung sind die Schüler jederzeit auf Wunsch zu unterrichten. Dieser **Informationsanspruch** besteht also während des ganzen Schuljahres. Bei mißbräuchlicher Inanspruchnahme kann die Auskunft über den Leistungsstand verweigert werden.[31])

47 Bei Unregelmäßigkeiten im Zusammenhang mit der Leistungsbewertung ist wie folgt zu verfahren:

---

[27]) § 11 Abs. 6 Nr. 2 SchMG (Klassenpflegschaft) und § 5 Abs. 2 Nr. 1 SchMG (Schulkonferenz).
[28]) Siehe dazu § 21 ASchO. Beratungslehrer: RdErl. vom 8. 12. 1997 (SchR 5.5.1/8)
[29]) Notendefinition in § 25 ASchO.
[30]) § 9 Abs. 1 und 2 AO-GS.
[31]) § 3 Abs. 3 und § 21 Abs. 5 ASchO. Für die gymnasiale Oberstufe ist (zusätzlich) eine Unterrichtung über den Leistungsstand in der Mitte des Kurshalbjahres vorgesehen (§ 14 Abs. 2 APO-GOSt).

IV. Erziehung und Unterricht

Wird ein geforderter Leistungsnachweis (z. B. Klausur) aus vom Schüler nicht zu vertretenden Gründen versäumt, können Leistungsnachweise nachgeholt und kann der Leistungsstand durch eine Prüfung festgestellt werden. In der gymnasialen Oberstufe muß Schülern die Gelegenheit gegeben werden, den Leistungsnachweis nachträglich zu erbringen. Voraussetzung ist allerdings, daß der Schüler das **Versäumnis** nicht zu vertreten hat (z. B. bei Krankheit).[32]

Ist dagegen die Leistung absichtlich versäumt worden, so kann dies als Leistungsverweigerung angesehen werden, die wie eine ungenügende Leistung zu bewerten ist. Eine Leistungsverweigerung liegt dann vor, wenn Schüler ohne berechtigten Grund eine Arbeit nicht mitschreiben, nicht abgeben oder sich sonst passiv verhalten, wo sie zu aktivem Tun aufgefordert sind.

Bei **Täuschungshandlungen** im Zusammenhang mit Leistungsnachweisen **48** (z. B. durch Verwendung unerlaubter Hilfsmittel) ist nach dem jeweiligen Umfang der Täuschung abzuwägen, ob der ohne Täuschung erbrachte Teil der Arbeit bewertet, ob die gesamte Arbeit als ungenügend bewertet oder ob bei Unklarheit die Wiederholung der Arbeit angeordnet wird.[33]

Die **rechtliche Anfechtung** einzelner Leistungsbewertungen ist nur insoweit **49** möglich, als dies Einfluß auf die Versetzung hat oder die Zensur anderweitig — etwa bei einer Bewerbung — von rechtlich erheblicher Bedeutung ist (§ 50 ASchO).

12. Zeugnisse

Im Zeugnis bescheinigt die Schule die erbrachten Leistungen (§ 26 AschO). **50** Damit wird Schülern (und ihren Eltern) auf eine sehr formale, aber klare Weise deutlich gemacht, wie ihre schulischen Leistungen beurteilt werden. Deshalb sollen die Eltern auch das Zeugnis zur Kenntnis nehmen und dies durch ihre **Unterschrift** bestätigen.

Die Leistungen werden im Zeugnis mit den üblichen Notenstufen der Sechser-Skala bewertet. Das setzt voraus, daß auch regelmäßig Unterricht erteilt worden ist bzw. die Schüler hinreichend lange am Unterricht teilgenommen haben. Denn sonst würden die notwendigen **Beurteilungsgrundlagen** für die möglicherweise schwerwiegenden Entscheidungen der Schule fehlen.

Ob eine ausreichende Beurteilungsgrundlage vorliegt, entscheidet die für die Bewertung zuständige Lehrkraft nach eigenem Ermessen unter Berücksichtigung der Unterrichtsdauer, der Eigenart des Faches, der Art und des Umfangs eines eventuellen Vertretungsunterrichts und anderer relevanter pädagogischer Gesichtspunkte.

Auf das Notensystem wird in der **Grundschule** in den ersten beiden Klassen **51** verzichtet. Statt dessen werden schriftliche Aussagen über die Lernentwicklung im Arbeits- und Sozialverhalten sowie in den Lernbereichen/Fächern in das Zeugnis aufgenommen. In der Klasse 3 der Grundschule stehen dann diese schriftlichen Aussagen neben der Benotung, wenn die Schulkonferenz nicht

---

[32] § 14 APO-GOSt sowie § 21 Abs. 6 u. 7 AschO.
[33] § 21 Abs. 8 AschO. Siehe auch § 24 APO-GOSt im Zusammenhang mit dem Abitur.

IV. Erziehung und Unterricht

einen Verzicht auf die Verwendung der Notenstufen beschlossen hat. Die Zeugnisse der Klasse 4 enthalten ausschließlich Noten.[34])
Die Schüler der **Gesamtschule** erhalten auch Zeugnisse, die jedoch als „Informationen zum Lernprozeß" bezeichnet werden. In ihnen wird auch angegeben, auf welche Anforderungsebene (Grundkurs, Erweiterungskurs) sich die Benotung bezieht. [35])
In den letzten beiden Jahren der **gymnasialen Oberstufe** erhalten Schüler anstelle der sonst üblichen Zeugnisse eine Bescheinigung über die Schullaufbahn. In ihr sind die Leistungen ausgewiesen, die in den belegten Kursen erreicht wurden.[36])

52 Zeugnisse werden in der Regel zum Ende des Schulhalbjahres (am letzten Freitag im Januar) und als Versetzungszeugnis zum Ende des Schuljahres (vor den Sommerferien) ausgegeben. Dabei ist im Zwischenzeugnis auf eine bereits absehbare **Gefährdung der Versetzung** hinzuweisen. Sind mit der Nichtversetzung besondere Folgen verbunden — z. B. eine Entlassung von der Schule, weil eine weitere Wiederholung der Klasse nicht zulässig ist —, so muß die Schule auch hierauf hinweisen. Spätere Gefährdungen der Versetzung sind zehn Wochen vor dem Versetzungstermin besonders schriftlich abzumahnen (sog. blauer Brief).[37])

Unterbleibt eine notwendige Benachrichtigung, kann daraus kein Anspruch auf Versetzung hergeleitet werden; die nicht abgemahnte Minderleistung in einem Fach wird bei der Versetzungsentscheidung jedoch nicht berücksichtigt (§ 27 Abs. 8 ASchO). Sind Minderleistungen in mehreren Fächern nicht abgemahnt worden, wird lediglich die Minderleistung in einem dieser Fächer bei der Versetzungsentscheidung nicht berücksichtigt.

53 Außer dem Zwischenzeugnis und dem Versetzungszeugnis kennt die Schule noch eine Reihe besonderer Zeugnisse: das **Überweisungszeugnis** (beim Wechsel auf eine andere Schule des gleichen Bildungsgangs), das **Abgangszeugnis** (beim Verlassen der Schule ohne Abschluß) und das **Abschlußzeugnis** (beim Verlassen der Schule mit einem Abschluß). Auf den Zeugnissen sind die bis dahin erworbenen Abschlüsse und Berechtigungen zu vermerken.[38])

54 Das Zeugnis, durch das die Nichtversetzung festgestellt wird oder eine in dem Schuljahr erreichbare Berechtigung versagt wird, ist als **Verwaltungsakt** anfechtbar. Die Eltern oder volljährige Schüler können also Widerspruch bei der Schule einlegen und notfalls auch vor dem Verwaltungsgericht klagen.[39])

13. Versetzung

55 Durch die Versetzung erfolgt am Ende eines Schuljahres die Überweisung in die nächsthöhere Klasse. Allgemeine Voraussetzung für die Versetzung ist, daß

---

34) § 10 AO-GS. Ein Elternrecht auf Noten besteht nicht, wie das BVerwG in seinem Urteil zu den Grundschulzeugnissen festgestellt hat; ebenso bestehen keine verfassungsrechtlichen Bedenken gegen die Bewertung des Sozialverhaltens: BVerwG, B. vom 29. 5. 1981 (SPE a. F. I B I, S. 31).
35) §§ 2 und 20 AVO-S I, künftig siehe § 8 AO-S I.
36) § 18 APO-GOSt.
37) § 26 Abs. 2 und § 27 Abs. 8 ASchO.
38) § 26 Abs. 3 AschO und § 2 AVO-S I, künftig § 8 AO-S I.
39) § 50 Abs. 3 ASchO. Zum Rechtsschutz gegen schulische Verwaltungsakte siehe im übrigen unten Kap. VI. Rdnr. 47 ff.

IV. Erziehung und Unterricht

die **Leistungsanforderungen** der bisherigen Klasse oder Jahrgangsstufe erfüllt wurden. Die Versetzung soll damit dafür sorgen, daß der Bildungsgang mit dem Leistungsvermögen der Schüler übereinstimmt. In einzelnen Fällen ist in Ausbildungsordnungen festgelegt, daß der Übergang in die nächsthöhere Klasse nicht an die Versetzung gebunden ist: so für die Klassen 1 und 2 der Grundschule, für die Klassen 5 und 6 in der Sekundarstufe I sowie darüber hinaus in der Gesamtschule bis Klasse 9. In der gymnasialen Oberstufe findet in den Jahrgangsstufen 12 und 13 keine Versetzung statt, weil alle Leistungen dieser Qualifikationsphase in die Gesamtqualifikation zur Abiturprüfung mit eingebracht werden.[40])

Die Versetzungsbestimmungen der einzelnen Schulformen sehen vor, daß auch dann, wenn nicht alle Leistungsanforderungen erfüllt wurden, eine Versetzung noch möglich ist. Dafür gibt es zunächst **Ausgleichsregelungen**, durch die etwa eine mangelhafte Leistung in einem Fach durch befriedigende Leistungen in einem anderen Fach ausgeglichen werden kann. Außerdem kann die Versetzung in bestimmten Fällen auch durch Anwendung der sog. **Prognoseklausel** erreicht werden, wenn erwartet werden kann, daß der Schüler aufgrund seiner Leistungsfähigkeit und seiner Gesamtentwicklung in der nächsthöheren Klasse erfolgreich mitarbeiten wird.[41]) 56

Über die Versetzung entscheidet die **Versetzungskonferenz**. Das ist die Klassenkonferenz, allerdings mit der Maßgabe, daß nur die Lehrkräfte mitwirken, die den Schüler oder die Schülerin auch unterrichtet haben. Den Vorsitz führt in der Regel der Schulleiter. Die ansonsten in der Klassenkonferenz beratend mitwirkenden Elternvertreter und Schülervertreter dürfen an der Versetzungskonferenz nicht teilnehmen. Die Versetzungskonferenz trifft ihre Entscheidungen aufgrund der seit dem letzten Zeugnis erbrachten Leistungen; dabei berücksichtigt sie aber die Gesamtentwicklung während des gesamten Schuljahres. Für die Einzelnote bleibt allerdings der Fachlehrer verantwortlich. Sie kann durch die Konferenz nicht abgeändert werden, sondern nur im Wege schulaufsichtlicher Überprüfung auf Veranlassung des Schulleiters oder etwa betroffener Eltern.[42]) 57

Ein Schüler, der nicht versetzt worden ist, kann in bestimmten Fällen zu Beginn des folgenden Schuljahres eine **Nachprüfung** ablegen. Dadurch kann er die Versetzung nachträglich erlangen. Voraussetzung für die Zulassung zur Nachprüfung ist allerdings, daß die Verbesserung um eine einzige Note (von mangelhaft nach ausreichend) genügt, um die Versetzungsbedingungen zu erfüllen. Eine Nachprüfung in einem Fach mit ungenügenden Leistungen ist nicht möglich. Die Nachprüfung wird vor einem Prüfungsausschuß abgelegt und besteht auf jeden Fall aus einer mündlichen, in einem Fach mit schriftlichen Arbeiten auch aus einer schriftlichen Prüfung.[43]) 58

---

40) Generell: § 27 ASchO. Grundschule: § 11 AO-GS; Sekundarstufe I: § 3 AVO-S I; Gesamtschule: § 16 AVO-S I; gymnasiale Oberstufe: §§ 12, 28 APO-GOSt.
41) Ausgleichsregelungen in der Sekundarstufe I: §§ 7, 11 und 13 AVO-S I. Prognoseklauseln z. B.: § 12 AO-GS (Grundschule), § 3 Abs. 3 AVO-S I (Sekundarstufe I) sowie § 10 Abs. 8 APO-GOSt (gymnasiale Oberstufe). AO-S I künftig: §§ 20 ff AO-S I.
42) Vgl. § 9 SchMG sowie § 27 Abs. 2 bis 5 ASchO.
43) Zur Nachprüfung siehe § 29 Abs. 1 ASchO sowie § 4 AVO-S I und § 11 APO-GOSt.

IV. Erziehung und Unterricht

59 Endgültig nicht versetzte Schüler wiederholen die bisher besuchte Klasse oder Jahrgangsstufe. Eine Klasse darf allerdings in der Regel nicht zweimal wiederholt werden, und auch die für einen Bildungsgang in der Ausbildungsordnung festgelegte **Höchstverweildauer** darf nicht durch mehrmalige Wiederholungen überschritten werden, da dies zur Beendigung des Schulverhältnisses führt.[44])

14. Übergänge, Abschlüsse und Berechtigungen

60 Die **Durchlässigkeit**, die heute zwischen den Schulstufen und Schulformen besteht, hat das System der Abschlüsse und Berechtigungen kompliziert gemacht. Während früher einzelnen Schulformen ganz bestimmte Abschlüsse vorbehalten waren (Hauptschulabschluß, Realschulabschluß, Abitur), können nun grundsätzlich in allen Schulformen alle Abschlüsse (oder wenigstens gleichwertige Abschlüsse) erworben werden. Da andererseits die Leistungsanforderungen in den verschiedenen Schulformen nicht einheitlich sind, müssen jeweils unterschiedliche Voraussetzungen für den Erwerb der Abschlüsse erfüllt sein. Entsprechendes gilt für bestimmte Berechtigungen, die den Übergang von einem Bildungsgang zu einem weiterführenden höheren Bildungsgang ermöglichen. Daraus ergibt sich das nachfolgende System der Abschlüsse und Berechtigungen an den nordrhein-westfälischen Schulen.[45])

61 Der Übergang von der **Grundschule** in eine weiterführende Schule ist nicht an einen besonderen Abschluß, sondern allein an die Versetzung am Ende der Klasse 4 gebunden. Als Anlage zum Halbjahreszeugnis der Klasse 4 erhalten die Erziehungsberechtigten eine begründete Empfehlung für die Schulform, die für die weitere schulische Förderung am besten geeignet erscheint (§ 12 Abs. 3 AO-GS). Die Erziehungsberechtigten sind aber an diese Empfehlung icht gebunden, sondern können ihr Kind an jeder von ihnen gewählten Schulform anmelden.

62 Der Erwerb des **Hauptschulabschlusses** setzt voraus, daß am Ende der Klasse 9 der Hauptschule oder der Gesamtschule die Leistungsanforderungen der Klasse 9 erfüllt wurden. Aber auch an der Realschule oder dem Gymnasium kann — unabhängig von einer Versetzung — ein gleichwertiger Abschluß erworben werden. Maßstab in formeller Hinsicht sind in allen genannten Fällen die Versetzungsbedingungen der Hauptschule. Der Hauptschulabschluß kann bei besonderen Leistungen mit der Berechtigung verbunden werden, die Klasse 10 B der Hauptschule zu besuchen (Qualifikationsvermerk).[46])

63 Den **Sekundarabschluß I — Hauptschulabschluß nach Klasse 10 —** erwerben Schüler der Hauptschule oder der Gesamtschule, die am Ende der Klasse 10 die Leistungsanforderungen erfüllt haben. Schüler der Realschule oder des Gymnasiums erwerben einen gleichwertigen Abschluß, wobei sie insoweit wieder an den formellen Versetzungsbedingungen der Hauptschule gemessen werden.[47])

---

44) § 29 Abs. 3 i. V. m. § 7 Abs. 1 Buchst.e ASchO. Siehe auch Nr. 5.2 VVzAVO-S I.
45) Generell: §§ 30-34 ASchO.
46) § 31 Abs. 1 AVO-S sowie § 1 Abs. 2 AVO-S I. Die Bezeichnung als „gleichwertiger" Abschluß soll verdeutlichen, daß wegen des besonderen Profils der Hauptschule (Hinführung auf die Berufsreife) eine Identität der Abschlüsse nicht gegeben ist. Qualifikationsvermerk: § 8 AVO-S I. Dem entspricht § 24 Abs. 3 AO-S I.
47) § 31 Abs. 2 ASchO sowie § 1 Abs. 3 AVO-S I, künftig § 30 AO-S I.

IV. Erziehung und Unterricht

Den **Sekundarabschluß I — Fachoberschulreife** — erwerben Schüler, die am Ende der Klasse 10 die Versetzungsbedingungen der Realschule erfüllen. Schüler der Hauptschule können diesen Abschluß ebenfalls erwerben, wenn sie vorher die Klasse 10 B der Hauptschule besucht haben. Schüler der Gesamtschule erwerben die Fachoberschulreife durch besondere Leistungen in bestimmten Kursen. Nachträglich kann der Abschluß auch in berufsbildenden Schulen (z. B. Berufsfachschule) sowie in Einrichtungen des zweiten Bildungsweges erworben werden.[48]

Die Fachoberschulreife ist Voraussetzung für den Besuch einiger Berufsfachschulen, die deshalb auch als höhere Berufsfachschulen bezeichnet werden. Besonders wichtig ist, daß mit der Fachoberschulreife die Berechtigung zum Besuch der gymnasialen Oberstufe verbunden werden kann. Für Schüler des Gymnasiums ist diese Berechtigung zugleich in der Versetzung in die Klasse 11 enthalten. Für Schüler der Hauptschule (Klasse 10 B), der Realschule oder der Gesamtschule sind besondere Leistungen zu erbringen, damit auf dem Zeugnis dieser Qualifikationsvermerk angebracht werden kann.[49]

Die **Fachhochschulreife**, die zum Besuch von Fachhochschulen berechtigt, können Schüler der Fachoberschule nach Abschluß der dortigen Klasse 12 erwerben. Schülern der gymnasialen Oberstufe kann nach erfolgreichem Besuch der Stufe 12 der schulische Teil der Fachhochschulreife bescheinigt werden; die eigentliche Fachhochschulreife wird erst nach Abschluß einer Berufsausbildung oder eines mindestens einjährigen gelenkten Praktikums erworben.[50]

Die **allgemeine Hochschulreife**, die zum Studium an wissenschaftlichen Hochschulen (Universitäten) berechtigt, wird mit Bestehen der Abiturprüfung am Ende der Jahrgangsstufe 13 der gymnasialen Oberstufe erworben. Auch außerhalb von Gymnasium und Gesamtschule kann die allgemeine Hochschulreife an der höheren Berufsfachschule mit gymnasialer Oberstufe (zur Zeit: höhere Handelsschule mit gymnasialem Zweig) sowie am Abendgymnasium und Kolleg erlangt werden.[51]

Eine eingeschränkte Hochschulreife ist die **Hochschulreife für das Land Nordrhein-Westfalen**. Sie kann von Schülern erworben werden, die in der gymnasialen Oberstufe nicht in einer zweiten Fremdsprache unterrichtet wurden. Diese Schüler erfüllen damit nicht die Bedingungen, die zwischen den Ländern im Rahmen der KMK für die Anerkennung der Abiturprüfung vereinbart wurden. Diese Hochschulreife berechtigt nur zum Studium im Lande Nordrhein-Westfalen in solchen Studiengängen, bei denen ein Auswahlverfahren auf der Grundlage von Landesquoten nicht stattfindet.[52]

---

48) § 31 Abs. 3 ASchO sowie § 1 Abs. 4 i. V. m. §§ 11 und 17 AVO-S I.
49) Siehe §§ 10, 12, 14 und 18 AVO-S I. Künftig: § 31 AO-S I.
50) § 32 Abs. 6 ASchO. Zur Fachoberschule siehe die in SchR Gruppe 4.4.6 (BASS 13-36) aufgeführten Bestimmungen.
51) § 32 Abs. 7 ASchO sowie die Regelungen in der APO-GOSt, der APO-AG und der APO-Kolleg.
52) Die Sonderregelungen finden sich in § 40 Abs. 2 der APO-GOSt, der APO-AG und der APO-Kolleg. Zum Auswahlverfahren nach Landesquoten siehe die Vergabeverordnung vom 20. 5. 1980, die in der geltenden Fassung in SchR 9.4/51 abgedruckt ist. Die Abschaffung der Hochschulreife für das Land Nordrhein-Westfalen ist Teil der neuen APO-GOSt (ab 1. 8. 1999).

IV. Erziehung und Unterricht

15. Prüfungen

67 Richtige **schulische Prüfungen** sind in Nordrhein-Westfalen erst in der Sekundarstufe II vorgesehen. Dabei handelt es sich ausnahmslos um Abschlußprüfungen am Ende eines Bildungsganges. Nachprüfungen im Zusammenhang mit der Nichtversetzung können nicht mit diesen Prüfungen gleichgesetzt werden, weil sie eine nur sehr punktuelle und begrenzte Leistungsüberprüfung enthalten. Das gilt erst recht für Leistungsüberprüfungen zum Nachholen einzelner Leistungsnachweise.

68 Besondere Bedeutung als Abschlußprüfung hat die **Abiturprüfung** am Ende der gymnasialen Oberstufe, weil sie über die Zuerkennung der allgemeinen Hochschulreife entscheidet. Aufgrund des Kurssystems der gymnasialen Oberstufe wird die Gesamtqualifikation für die Abiturprüfung aus den Leistungen der Jahrgangsstufen 12 und 13 im Grundkursbereich und im Leistungskursbereich sowie aus den Leistungen im Abiturbereich zu gleichen Teilen nach einem Punktsystem ermittelt.[53])

69 Abschlußprüfungen stehen regelmäßig am Ende der relativ kurzen Bildungsgänge in den **berufsbildenden Vollzeitschulen**, die in der Verordnung über die Bildungsgänge in der Berufsschule geregelt sind. Die Allgemeine Prüfungsordnung für berufsbildende Schulen (APO-BBS) gilt immer dann, wenn sie in der Ausbildungsordnung für einen bestimmten Bildungsgang für anwendbar erklärt worden ist.

Schüler der Teilzeit-Berufsschule, die im Rahmen des dualen Systems in einem Ausbildungsverhältnis stehen, legen am Ende ihres Bildungsganges keine schulische Abschlußprüfung ab. Ihre Abschlußprüfung als Auszubildende richtet sich nach den Regelungen des Berufsbildungsgesetzes (Kammerprüfung). Bei dieser Prüfung soll festgestellt werden, ob die Prüflinge die erforderlichen Fertigkeiten beherrschen, die notwendigen praktischen und theoretischen Kenntnisse besitzen und mit dem im Berufsschulunterricht vermittelten, für die Berufsausbildung wesentlichen Lehrstoff vertraut sind. Zugrundezulegen ist dabei allein die Ausbildungsordnung, so daß der schulische Teil bei dieser Prüfung relativ schlecht entwickelt ist, insbesondere eine Einbeziehung früherer oder sonstiger schulischer Leistungen nicht vorgesehen ist.[54])

70 Soweit Bildungsgänge durch Prüfungen abgeschlossen werden, besteht für Nichtschüler in vielen Fällen die Möglichkeit, die jeweilige Abschlußprüfung auch als Externe abzulegen und damit den Abschluß oder die Berechtigung zu erwerben.[55])

16. Religionsunterricht

71 Unter den Unterrichtsfächern nimmt der Religionsunterricht eine besondere Stellung ein. Denn er ist durch das Grundgesetz (Art. 7 Abs. 3 GG) und durch die Landesverfassung (Art. 14 LV) gewährleistet. Durch diese **verfassungs-**

---

53) Zur Abiturprüfung siehe §§ 20 ff APO-GOSt. Entsprechende Regelungen finden sich modifiziert in der APO-AG und der APO-Kolleg.
54) § 34 ff BBiG (SchR 1.6/1). Dem Prüfungsausschuß z. B. bei der Industrie- und Handelskammer oder der Handwerkskammer muß mindestens ein Lehrer einer berufsbildenden Schule angehören.
55) § 31 Abs. 4 und § 32 Abs. 9 ASchO sowie die Ausbildungs- und Prüfungsordnungen.

IV. Erziehung und Unterricht

rechtliche Verankerung steht er weder zur Disposition der Schulaufsicht noch der Schulgesetze.

Er ist **ordentliches Lehrfach** an allen Schulen — mit Ausnahme der Weltanschauungsschulen (bekenntnisfreie Schulen), die aber im öffentlichen Schulwesen tatsächlich gar nicht bestehen. Ordentliches Lehrfach bedeutet, daß der Religionsunterricht (auch als Religionslehre bezeichnet) den anderen Unterrichtsfächern gleichgestellt ist. Er ist ein Unterrichtsfach, das — unbeschadet der besonderen Beteiligung der Kirchen — vom Staat verantwortet wird. Das Land ist deshalb verpflichtet, den Unterricht in diesem Fach sicherzustellen und Schulaufsicht auszuüben. Wie in den übrigen Fächern wird der Unterricht benotet und kann auch für die Versetzung relevant werden.[56])

Die **Mitverantwortung der Kirchen** für den Religionsunterricht kommt zunächst darin zum Ausdruck, daß sowohl die Lehrpläne als auch die Lernmittel nur im Einvernehmen mit der jeweiligen Kirche bestimmt werden können. Damit soll sichergestellt werden, daß der Unterricht auch in Übereinstimmung mit den Lehren und Grundsätzen der betreffenden Kirche erteilt wird. Ein überkonfessioneller Religionsunterricht ist danach nicht statthaft. Eine Zusammenarbeit der Religionslehrer im Sinne der Ökumene ist aber ohne weiteres möglich. 72

Die Wochenstundenzahl wird vom Schulministerium im Benehmen mit den Kirchen festgelegt, die Kirchen können durch Beauftragte Einblick in den Unterricht nehmen.[57])

Die Konfessionalität des Unterrichts wird außer durch die Inhalte auch durch die Person der Lehrerin oder des Lehrers gesichert. Sie bedürfen über die staatliche Lehrbefähigung hinaus auch einer besonderen kirchlichen **Bevollmächtigung (missio canonica bzw. Vokation)**. Im Hinblick hierauf sind kirchliche Beauftragte an Lehramtsprüfungen beteiligt. Kein Lehrer kann gezwungen werden, Religionsunterricht zu erteilen. Stehen nicht genügend Lehrer zur Verfügung, können auch kirchliche Lehrkräfte (Geistliche, Pfarrer, Katecheten) eingesetzt werden. Im katholischen Religionsunterricht werden Geistliche neben staatlichen Lehrkräften eingesetzt.[58]) 73

Der Religionsunterricht ist ein **Pflichtfach**; Schüler sind allerdings von der Teilnahme befreit, wenn eine entsprechende schriftliche Erklärung der Schule gegenüber abgegeben wird. Diese Erklärung können religionsmündige Schüler (14 Jahre) selbst abgeben, im übrigen ist sie durch die Erziehungsberechtigten abzugeben, die auch von der Befreiung religionsmündiger Schüler zu informieren sind. Die Befreiung ist nicht an feste Termine gebunden, sie entbindet aber nicht von der Benotung im Zeugnis, wenn hinreichende Beurteilungsgrundlagen vorliegen. Die Schule kann eine Wiederanmeldung auf den Beginn des Schulhalbjahres begrenzen.[59]) 74

In der gymnasialen Oberstufe besteht bei Nichtteilnahme am Religionsunterricht eine Belegverpflichtung für das Fach Philosophie. 75

---

56) Zum Religionsunterricht generell: §§ 31 ff. SchOG; siehe Kap. I Rdnr. 27.
57) Vgl. dazu Art. 7 Abs. 3 GG und Art. 14 LV sowie §§ 31 und 33 SchOG.
58) § 32 SchOG.
59) § 34 SchOG i. V m. § 11 Abs. 3 und § 26 Abs. 4 ASchO.

IV. Erziehung und Unterricht

Seit Beginn des Schuljahres 1997/98 ist Unterricht im Fach „**Praktische Philosophie**" im Rahmen eines Schulversuchs in den Klassen 9 und 10 der allgemeinbildenden Schulen und Sonderschulen sowie in den vollzeitschulischen Bildungsgängen an berufsbildenden Schulen und Kollegschulen für Schülerinnen und Schüler eingeführt, die nicht an einem konfessionellen Religionsunterricht teilnehmen.[60]) Schüler können die Teilnahme an diesem Unterricht nicht unter Hinweis auf ihre Glaubens- und Gewissensfreiheit verweigern, da es sich um einen religiös und weltanschaulich neutralen Unterricht handelt, in dem Sinn- und Wertfragen systematisch zusammenhängend behandelt werden und dessen wertgebundene Elemente sich im Rahmen des staatlichen Bildungs- und Erziehungsauftrages halten. Muslimischen Schülern, die an der religiösen islamischen Unterweisung im Rahmen des muttersprachlichen Ergänzungsunterrichts teilnehmen, ist die Teilnahme freigestellt.

Die Mindestlaufzeit des Versuchs beträgt vier Schuljahre. Die Teilnahme der Schulen und der Lehrkräfte an dem Schulversuch ist freiwillig und bedarf eines Beschlusses der Schulkonferenz. Praktische Philosophie ist ordentliches Unterrichtsfach mit zwei Unterrichtsstunden in der Woche. Die erteilten Noten sind versetzungsrelevant.

76 Die Erteilung von Religionsunterricht ist von Verfassungs wegen nicht auf die beiden großen christlichen Kirchen beschränkt. Ebenso wie für sie in Minderheitensituationen (Diaspora) mit mindestens zwölf Schülern an einer Schule Religionsunterricht zu erteilen ist, kann auch anderen Bekenntnissen (auch: anderen Religionen) die Erteilung von Religionsunterricht nicht grundsätzlich verwehrt werden. Allerdings kann diese Entscheidung nicht allein vor Ort getroffen werden, sondern bedarf der Abstimmung zwischen dem Schulministerium und der autorisierten Stelle der betreffenden Religionsgemeinschaft.[61]) So wirft etwa ein **islamischer Religionsunterricht** schwierige und bisher nicht geklärte Rechtsprobleme auf, zu denen unter anderem die Frage gehört, welche Stelle als autorisierte Vertretung islamischer Religionsgemeinschaften anzusehen ist.

77 Auch außerhalb des Religionsunterrichts kann es bestimmte **religiöse Übungen** und Veranstaltungen an Schulen geben. So ist in allen Schulen Gelegenheit zum Schulgottesdienst zu geben. Ein Schulgebet ist nicht bereits dann unzulässig, wenn ein einzelner Schüler widerspricht. Religiöse Freizeiten können als besondere Form einer außerunterrichtlichen Schulfahrt veranstaltet werden.[62])

17. Sexualerziehung

78 Die Sexualerziehung, die ihre gesetzliche Grundlage in § 1 Abs. 5 SchOG findet, ist kein eigenes Unterrichtsfach, sondern findet fächerübergreifend im Unterricht mehrerer Fächer statt. In Ergänzung der elterlichen Erziehung ist

---

60) Rechtsgrundlage: § 4b SchVG, im einzelnen: RdErl. vom 4.6.1997 (BASS 12-05 Nr. 4).
61) Zu den Minderheitenbekenntnissen vgl. § 35 SchOG; Griechisch-orthodoxer Religionsunterricht: RdErl. vom 28.6.1985 (BASS 12-05 Nr. 3).
62) Schulgottesdienst: RdErl. vom 13. 4. 1965 (BASS 14-16 Nr. 1; SchR 3.5.2/201). Zum Schulgebet: BVerfG, Beschluß vom 16. 10. 1979 (SPE a. F. I A I, 41) sowie vorher BVerwG, Urteil vom 30. 11. 1973 (SPE a. F. I A I, 31). Religiöse Freizeiten: RdErl. vom 22. 12. 1983 (BASS 14-16 Nr. 2; SchR 3.5.2/202).

IV. Erziehung und Unterricht

es ihre **Aufgabe**, die Schüler altersgemäß mit den Fragen der Geschlechtlichkeit vertraut zu machen. Als Teil der Gesamterziehung gehören dazu sowohl die biologischen Fakten wie auch die sozialethischen und kulturellen Zusammenhänge.

Die Erziehungsberechtigten sind über Ziel, Inhalt und Methoden der Sexualerziehung rechtzeitig zu unterrichten. Im Unterricht, der für unterschiedliche Wertvorstellungen offen sein muß, ist etwaigen Elternbedenken durch kluge Zurückhaltung Rechnung zu tragen. Auch in Konfliktfällen können aber einzelne Eltern, die z. B. als Angehörige einer religiösen Minderheit grundsätzliche Einwände erheben, den Unterricht nicht verhindern. Äußerstenfalls kann eine vorübergehende Befreiung von der Teilnahme am Unterricht in Betracht kommen.[63]) 79

18. Politik-Unterricht

Zum **Bildungs- und Erziehungsauftrag** der Schule gehört nach der Landesverfassung, daß die Jugend im Geiste der Menschlichkeit, der Demokratie und der Freiheit, zur Duldsamkeit und zur Achtung vor der Überzeugung des anderen, zur Verantwortung für die Erhaltung der natürlichen Lebensgrundlagen, in Liebe zu Volk und Heimat, zur Völkergemeinschaft und Friedensgesinnung erzogen wird. Für alle Schulen ist in einem besonderen Artikel (Art. 11 LV) festgelegt, daß Staatsbürgerkunde Lehrgegenstand und staatsbürgerliche Erziehung verpflichtend sind. Das Schulordnungsgesetz konkretisiert dies dahingehend, daß die Jugend fähig und bereit werden soll, sich im Dienste an der Gemeinschaft, in Familie und Beruf, in Volk und Staat zu bewähren. Unterricht und Gemeinschaftsleben der Schule sind so zu gestalten, daß sie zu tätiger und verständnisvoller Anteilnahme am öffentlichen Leben vorbereiten.[64]) 80

Der Politik-Unterricht, der in allen Schulen ab Klasse 5 erteilt wird, wurde früher unter anderen Bezeichnungen (Politischer Unterricht, Bürgerkunde, Gemeinschaftskunde) geführt. In der Sekundarstufe I ist dieser Unterricht Teil des Lernbereichs **Gesellschaftslehre**, der auch noch die Fächer Geschichte und Erdkunde umfaßt. In der gymnasialen Oberstufe werden entsprechende Unterrichtsinhalte im Fach **Sozialwissenschaften** mit den Schwerpunkten Soziologie, Politische Wissenschaft oder Wirtschaftswissenschaften fortgesetzt. Unabhängig von den Richtlinien und Lehrplänen sind zu einzelnen Schwerpunkt-Themen des Politik-Unterrichts wie den Menschenrechten oder der Friedenserziehung den Schulen besondere Materialien und Hinweise gegeben worden. 81

19. Sport

Sport in der Schule hat die **Aufgabe**, die Schüler so zu fördern, daß der Auftrag des Schulordnungsgesetzes (§ 3 Abs. 3 SchOG) erfüllt wird: einer gesunden körperlichen Entwicklung der Jugend in allen Schulen ist besondere Sorgfalt zu widmen. 82

---

63) Auf Befreiung eines Schülers gemäß § 11 Abs. 1 AschO, die auch faktisch nur schwer realisierbar sein dürfte, besteht kein Rechtsanspruch. Unterrichtsbefreiung: RdErl. vom 26.3.1980 (BASS 12-52 Nr. 31).
64) Art. 7 Abs. 2 und Art. 11 LV sowie § 1 SchOG.

IV. Erziehung und Unterricht

Der Sportunterricht ist in den allgemeinbildenden Schulen mit in der Regel drei Wochenstunden und in den berufsbildenden Schulen mit mindestens einer Wochenstunde verpflichtend. In der Sekundarstufe I (2—4 Stunden) kann zusätzlich Sport im Wahlpflichtbereich betrieben werden.

83 Eine besondere Form des Sportunterrichts ist der **Sportförderunterricht**. Er soll Schüler mit Haltungs- oder Bewegungsschwächen — insbesondere in der Grundschule, aber auch darüber hinaus — gezielt fördern. Die Richtlinien gehen davon aus, daß für die Schüler, die für diesen Unterricht ausgewählt werden, die Teilnahme daran auch verpflichtend ist.[65])

84 Sport in der Schule vollzieht sich hauptsächlich, aber nicht ausschließlich im Sportunterricht. Auch der **außerunterrichtliche Schulsport** trägt dazu bei, den Sport als Teil des Schullebens zu verankern. Er hat in Pausen und Freistunden, in Arbeitsgemeinschaften und freiwilligen Schülersportgemeinschaften sowie bei besonderen Veranstaltungen (Schullandheimaufenthalt, Sportfest, überschulische Wettkämpfe) seinen Platz.

85 Gerät eine **Beachtung religiöser Bekleidungsvorschriften** oder Verhaltensregeln in Konflikt mit einer Teilnahme am Schwimm- oder Sportunterricht, sind der Bildungs- und Erziehungsauftrag der Schule sowie die Teilnahmepflicht am Unterricht einerseits gegen die Glaubens- und Gewissensfreiheit andererseits abzuwägen. Entscheidend sind dabei die Bedeutung, die man dem Schwimm- oder Sportunterricht für den Bildungs- und Erziehungsauftrag beimißt, und die Einschätzung der Möglichkeit, den Unterricht für die betroffenen Schülerinnen und Schüler zumutbar zu gestalten.

Die Rechtsprechung neigt wegen der geringeren Bedeutung des Schwimmunterrichts für den schulischen Bildungs- und Erziehungsauftrag zur Bejahung eines Befreiungsanspruchs.[66])

Im Falle des koedukativen Sportunterrichts in der Sekundarstufe I hat das Bundesverwaltungsgericht die Schulen verpflichtet, alle organisatorischen Möglichkeiten — wie nach Geschlechtern getrennten Unterricht — auszuschöpfen, um den Glaubensgrundsätzen strenggläubiger Moslems Rechnung zu tragen. Kann der Glaubenskonflikt nicht durch organisatorische Maßnahmen zufriedenstellend gelöst werden, sind die Schülerinnen von der Teilnahme am koedukativen Sportunterricht zu befreien.[67])

20. Hausunterricht

86 Der Hausunterricht hat die **Aufgabe**, solche Kinder und Jugendliche zu fördern, die aus Krankheitsgründen oder wegen körperlicher Behinderung nicht in der Lage sind, die Schule zu besuchen. Der Bildungsanspruch dieser Schüler wird durch eine besondere Einzelmaßnahme erfüllt. Es ist das Ziel des Hausunterrichts, die Betroffenen soweit zu fördern, daß sie nach Wegfall der

---

65) Sportförderunterricht: RdErl. vom 22. 11. 1988 (BASS 20-22 Nr. 11). Die Teilnahmepflicht bezieht sich nach § 9 Abs. 1 ASchO auf alle für verbindlich erklärten Schulveranstaltungen. Ein Zwang zur regelmäßigen Teilnahme am Sportförderunterricht wird aber nur ausgeübt werden können, soweit sich dieses zusätzliche Sportangebot im Rahmen der Stundentafel (Sport, Förderunterricht) hält.
66) z. B. OVG NW, Urteil vom 12. 7. 1991 (SPE n. F. 882 Nr. 5).
67) BVerwG, Urteil vom 25. 8. 1993 (SPE n.F. 882 Nr. 10 und 11).

IV. Erziehung und Unterricht

Hinderungsgründe für den Schulbesuch möglichst den Anschluß an den Unterricht ihrer Klasse finden. Ist ein Schüler dauernd gehindert, die Schule zu besuchen, soll er auf diese Weise den seiner Leistungsfähigkeit entsprechenden Bildungsabschluß erreichen können.[68])

Zur **Einrichtung** von Hausunterricht ist die zuständige Schulaufsichtsbehörde verpflichtet, falls ein entsprechender Antrag gestellt wird. Diese Verpflichtung ist nicht allein auf die Erfüllung der Schulpflicht bezogen; sie umfaßt deshalb alle allgemeinbildenden Schulen (einschließlich der gymnasialen Oberstufe). Die dabei entstehenden Kosten sind Schulkosten, d. h. sie werden nach den allgemeinen Grundsätzen der Schulfinanzierung verteilt. Die Gemeinde muß die Sachkosten, das Land die Personalkosten tragen. Zur Durchführung des Hausunterrichts werden den Schulaufsichtsbehörden zusätzliche Lehrerstellen zugewiesen, für die Organisation ist die Schulaufsichtsbehörde zuständig.[69]) 87

Voraussetzung für die Erteilung des Hausunterrichts ist, daß ein Schüler oder eine Schülerin längere Zeit, d.h. im allgemeinen länger als sechs Wochen die Schule nicht besuchen kann oder wegen einer langandauernden Erkrankung langfristig und regelmäßig an mindestens einem Tag in der Woche am Unterricht nicht teilnehmen kann. Läßt sich absehen, daß diese Dauer erreicht wird, sollte der Hausunterricht schon frühzeitig einsetzen. Ob für den Schulbesuch ein Hinderungsgrund tatsächlich vorliegt, hat im Zweifelsfall der Amtsarzt zu entscheiden. Für Schüler, die in einer Schule für Kranke (früher: Krankenhausschule) unterrichtet werden, braucht Hausunterricht nicht eingerichtet zu werden.

Schulpflichtige Schüler sind verpflichtet, am Hausunterricht teilzunehmen. Da hinsichtlich der Erfüllung der **Schulpflicht** die weiterführenden Schulen grundsätzlich gleichbehandelt werden, gilt diese Verpflichtung auch für Schüler der Realschule oder des Gymnasiums.[70]) 88

21. Besondere Fördermaßnahmen

Förderunterricht als Bestandteil des nach der Stundentafel zu erteilenden Unterrichts ist in der **Grundschule** vorgesehen. Der Förderunterricht (1-2 Wochenstunden) soll grundsätzlich allen Schülern zugute kommen. Er trägt insbesondere dazu bei, daß auch bei Lernschwierigkeiten die grundlegenden Ziele erreicht werden. Darüber hinaus unterstützt er die Entwicklung besonderer Fähigkeiten und Interessen (§ 8 Abs. 2 AO-GS). In der **Gesamtschule** wird im Rahmen der Binnendifferenzierung fachbezogener Förderunterricht erteilt. In der **Hauptschule** gibt es in den Klassen 9 und 10 Verstärkungsunterricht. Er bietet im Hinblick auf den angestrebten Abschluß Gelegenheit, insbesondere in den Kernfächern die Leistungen zu verbessern.[71]) 89

---

68) Die Durchführung des Hausunterrichts ist durch RdErl. vom 3. 4. 1996 (BASS 14-02 Nr. 1; SchR 3.6.1/1) näher geregelt.
69) Verpflichtung der Schulaufsichtsbehörde nach § 10 Abs. 10 SchVG; Finanzierung gemäß §§ 2 und 3 SchFG.
70) Teilnahmepflicht gemäß § 7 Abs. 1 und 2 i. V m. § 6 Abs. 1 SchpflG.
71) Grundschule: § 7 Abs. 1 und § 8 Abs. 3 AO-GS sowie Nr. 8.3 VVzAO-GS; Gesamtschule: RdErl. vom 30. 7. 1984 (BASS 13-24 Nr. 2; SchR 4.3.5/51); Hauptschule: RdErl. vom 5. 4. 1979 (BASS 13-22 Nr. 2, SchR 4.3.2/19).

IV. Erziehung und Unterricht

90 Als schulische Einrichtung der individuellen Förderung außerhalb des Unterrichts sind die **Silentien** zu nennen. Sie werden durchgängig in der Hauptschule, im übrigen in den Eingangsklassen oder für besondere Gruppen angeboten. In ihnen werden förderungsbedürftige Kinder nachmittags in Kleingruppen für 16 Schulwochen mit jeweils 6 Wochenstunden zusammengefaßt. Der Unterricht bezieht sich auf die Fächer Deutsch, Mathematik und Fremdsprachen. Über die Aufnahme interessierter Schüler und die Dauer der Förderung im Silentium entscheidet die Klassenkonferenz im Benehmen mit den Erziehungsberechtigten. Diese sind verpflichtet, für eine regelmäßige Teilnahme ihres Kindes zu sorgen.[72])

91 Schüler mit besonderen **Schwierigkeiten im Erlernen des Lesens und Rechtschreibens**, also mit nur partiellen Lernschwächen, werden durch allgemeine Fördermaßnahmen (innere Differenzierung, Förderunterricht) im Rahmen der Stundentafel nach den entsprechenden Richtlinien und Lehrplänen oder durch zusätzliche Fördermaßnahmen wie schulische Förderkurse, die über die Stundentafel hinaus zusätzlich durchgeführt werden, gefördert. Der Schwerpunkt der Fördermaßnahmen liegt in der Grundschule.

Bei Entscheidungen über die Versetzung oder die Vergabe von Abschlüssen dürfen die Leistungen im Lesen und Rechtschreiben nicht den Ausschlag geben. Besondere Schwierigkeiten im Rechtschreiben allein sind kein Grund — bei ansonsten angemessener Gesamtleistung — Schüler als für den Übergang auf die Realschule oder das Gymnasium nicht geeignet zu beurteilen.[73])

22. Berufswahlvorbereitung

92 Zu den Aufgaben der Schule gehört in den letzten Jahren vor dem Ende der Schulzeit auch die kontinuierliche Vorbereitung auf die Berufswahl. Deshalb sollen die Schulen im allgemeinen Unterricht ebenso wie in Betriebserkundungen und Betriebspraktika sowie in Zusammenarbeit mit berufsorientierenden Veranstaltungen und Einrichtungen der **Berufsberatung** den Schülern helfen, möglichst selbständig und sachkundig über ihre Berufswahl entscheiden zu können. Diese Aufgabe ist in einer förmlichen Übereinkunft zwischen der Kultusministerkonferenz und der Bundesanstalt für Arbeit festgelegt worden.

Im **Unterricht** soll die Schule bereits grundlegende Kenntnisse über die Arbeits- und Wirtschaftswelt vermitteln. Diese Aufgabe wird in der Hauptschule und in der Gesamtschule durch den Lernbereich Arbeitslehre (Technik/ Wirtschaft/ Hauswirtschaft) erfüllt.

Auch besondere schulische Veranstaltungen wie Betriebserkundungen und Betriebspraktika sollen die Schüler auf die Wirtschafts- und Arbeitswelt hinführen, nicht bereits auf bestimmte Berufe. Ein **Schülerbetriebspraktikum** ist eine schulische Veranstaltung. Es wird in der Sekundarstufe I in der Regel als zwei- bis dreiwöchiges Blockpraktikum durchgeführt. An Haupt-, Gesamt- und Sonderschulen ist es verbindlich und findet in den Klassen 9 oder 10 statt. In der Klasse 10 Typ A der Hauptschule wird ein zweites Praktikum durch-

---

72) RdErl. vom 21. 12. 1987 (BASS 14-01 Nr. 2; SchR 3.6.1/11).
73) RdErl. vom 19. 7. 1991 (BASS 14-01 Nr. 1; SchR 3.6.1/51). Dort sind auch Hinweise gegeben, wie bei Versetzungsentscheidungen verfahren werden soll.

IV. Erziehung und Unterricht

geführt, in der Klasse 10 Typ B sowie in den übrigen Schulformen kann ein zweites Praktikum stattfinden. Realschulen und Gymnasien sollen ebenfalls Schülerbetriebspraktika durchführen.[74])

23. Schulwanderungen, Schulfahrten

Eine wichtige Aufgabe in der außerunterrichtlichen Bildungs- und Erziehungsarbeit nimmt die Schule bei den Veranstaltungen wahr, die unter dem Sammelbegriff der Schulwanderungen und Schulfahrten zusammengefaßt werden. Sie werden mit unterschiedlicher pädagogischer Zielsetzung und in mannigfachen äußeren **Formen** durchgeführt: als eintägige und mehrtägige Schulwanderung, als Schullandheimaufenthalt, als Studienfahrt oder als internationale Begegnung. Auch die Unterrichtsgänge und Unterrichtsfahrten von kurzer Dauer, die als Teil des Unterrichts durchgeführt werden, gehören jedenfalls sinngemäß in diesen Zusammenhang.

Gemeinsam ist allen Veranstaltungen, daß sie nicht nur den Unterricht dadurch ergänzen sollen, daß die Schüler neue Kenntnisse und Erkenntnisse gewinnen. Sie sollen auch neue soziale Erfahrungen in der Klassen- bzw. Kursgemeinschaft vermitteln. Es handelt sich dabei also um **Schulveranstaltungen** im Rahmen der Aufgabe der Schule, nicht um außerschulische Freizeitunternehmungen. Der Besuch eines Freizeit- und Vergnügungsparks ist wohl keine Schulwanderung im Sinne der Wanderrichtlinien, da eine solche Unternehmung weder den in den Richtlinien geforderten deutlichen Bezug zum Unterricht aufweist, noch programmatisch aus dem Schulleben erwachsen ist und zudem dem Bildungs- und Erziehungsauftrag der Schule nicht gerecht wird.

Schulwanderungen und Schulfahrten sind mit den Schülern der Klasse und in Absprache mit den Eltern (Klassenpflegschaft) zu planen und vorzubereiten. Welche Fahrten zulässig sind und von welcher Klasse an durchgeführt werden können, ergibt sich aus den Wanderrichtlinien und dem von der Schulkonferenz beschlossenen **Rahmenplan**. Es ist davon auszugehen, daß die Veranstaltung im Klassenverband durchgeführt wird und daß — von einer Befreiung in begründeten Fällen abgesehen — auch grundsätzlich alle Schüler und Schülerinnen daran teilnehmen. Deshalb müssen Klassenfahrten einen finanziellen Rahmen einhalten, der niemanden unzumutbar belastet. Hierfür sollen die Schulkonferenz (Kostenrahmen) und die Klassenpflegschaft (geheime Abstimmung bei mehrtägigen Veranstaltungen und Veranstaltungen mit erhöhtem finanziellen Aufwand) sorgen. Öffentliche Mittel zur Förderung von Schulfahrten stehen leider nur noch in einem ganz eingeschränkten Umfang (z. B. bei Studienfahrten zur politischen Bildung) zur Verfügung.

Für Lehrkräfte gehört die Teilnahme zu den dienstlichen Aufgaben. Stehen der Schule keine **Reisekostenmittel** mehr zur Verfügung, kann die Fahrt nur stattfinden, wenn die Begleitpersonen einen Verzicht auf die Zahlung der vollen Reisekostenvergütung erklären. Dies können sie zwar — ausnahmsweise

---

[74]) Richtlinien für die Zusammenarbeit von Schule und Berufsberatung: RdErl. vom 27. 4. 1983 (BASS 12-21 Nr. 3); Schülerbetriebspraktikum Sek I und gymnasiale Oberstufe: RdErl. vom 14. 4. 1994 (BASS 14-13 Nr. 1).

IV. Erziehung und Unterricht

— tun, dürfen dazu aber nicht angehalten werden; aus wichtigen Gründen können Lehrkräfte im Einzelfall von der Leitung oder Teilnahme befreit werden.[75])

97 Als **weitere Begleiter** können zur Unterstützung der Lehrer bei der Aufsicht auch z. B. geeignete Eltern in Betracht kommen. Die Gesamtverantwortung verbleibt aber in jedem Fall bei den Lehrern. Wichtige Gesichtspunkte zur Unfallverhütung, die beachtet werden müssen, enthalten die Wanderrichtlinien sowie ergänzende Bestimmungen für besondere Gefahrenlagen wie z. B. beim Schwimmen und Baden, bei Bergwanderungen oder beim Skilaufen.

98 Bei der Vorbereitung einer Schulwanderung oder Schulfahrt muß darauf geachtet werden, **verbindliche Erklärungen** gegenüber Dritten (z. B. Busunternehmer, Jugendherberge) nur mit Einwilligung des Schulleiters und nur im Namen der Schule (also nicht im eigenen Namen) abzugeben. Auch das Einverständnis der Eltern mit der Teilnahme ihres Kindes (und der Zahlung der Fahrtkosten) muß rechtzeitig schriftlich eingeholt werden.[76])

---

75) Richtlinien für Schulwanderungen und Schulfahrten (WRL): RdErl. vom 19. 3. 1997 (BASS 14-12 Nr. 2; SchR 3.4.1/1).
76) Zu den Verträgen mit Beförderungs- und Beherbergungsunternehmen siehe: RdErl. vom 12. 2. 1985 (BASS 14-12 Nr. 3; SchR 3.4.1/21).

V. Schulpflicht und Schulverhältnis

1. Allgemeines

Das Verhältnis aller Rechte und Pflichten, die wechselseitig zwischen Schule, Schülern und Eltern bestehen, wird als **Schulverhältnis** bezeichnet. Bis zum Beginn der 70er Jahre wurde das Schulverhältnis von Rechtslehre und Rechtsprechung als „besonderes Gewaltverhältnis" angesehen, in dem die Schulaufsicht und die Schule auch ohne gesetzliche Grundlage weitreichende Entscheidungen wie die Einführung neuer Unterrichtsfächer oder die Verhängung von Ordnungsmaßnahmen treffen konnten. Die vom Bundesverfassungsgericht in den 70er Jahren entwickelte Wesentlichkeitslehre hat das Schulverhältnis zu einem **Rechtsverhältnis** umgestaltet, in dem alle „wesentlichen" Maßnahmen, die in die Rechtssphäre von Schülern bzw. Eltern eingreifen, einer gesetzlichen Grundlage (Gesetz oder Rechtsverordnung aufgrund eines Gesetzes) bedürfen. Als wesentlich werden vor allem alle für die Verwirklichung der Grundrechte wesentlichen Maßnahmen angesehen. 1

Die Rechtsprechung hat im Laufe der Jahre Fallgruppen von Maßnahmen entwickelt, bei denen eine gesetzliche Grundlage erforderlich ist. Dazu gehören beispielsweise die Bildungs- und Erziehungsziele, der allgemeine Lernzielkatalog, der Fächerkanon und die organisatorische Grundstruktur des Schulwesens (s. auch Kap. I Rdn. 6).
Die unmittelbarste Auswirkung der Wesentlichkeitslehre auf die schulische Praxis besteht in der mit ihr verbundenen Ausweitung des Rechtsschutzes und der infolgedessen steigenden Zahl von Widersprüchen und Klagen gegen schulische Maßnahmen.

Die **Schulpflicht** ist der stärkste staatliche Eingriff in die Freiheitsrechte der Schülerinnen und Schüler und in die Erziehungsrechte der Eltern. Andererseits verbürgt sie zugleich für alle einen Mindeststandard an schulischer Bildung. Schulpflichtregelungen haben deshalb seit jeher zu den ganz wesentlichen Fragen gehört, die der Gesetzgeber selbst entschieden hat. Nach der Weimarer Reichsverfassung (1919), dem preußischen Schulpflichtgesetz (1927) und dem Reichsschulpflichtgesetz (1938-1966) dauerte die allgemeine Schulpflicht acht Jahre. Das Grundgesetz enthält keine Regelung der Schulpflicht, da diese in die Länderkompetenz fällt. In Nordrhein-Westfalen wird nach Vollzeitschulpflicht und Berufsschulpflicht unterschieden. Die zehnjährige **Vollzeitschulpflicht** ist grundsätzlich an allgemeinbildenden Schulen abzuleisten (Ausnahme: § 6a SchPflG). Im Anschluß daran besteht die **Berufsschulpflicht**, die eng mit dem dualen System der Berufsausbildung zusammenhängt. Die Schulpflicht kann auch an privaten Ersatzschulen und an zur Schulpflichterfüllung zugelassenen Ergänzungsschulen erfüllt werden.[1] 2

Die Schulpflicht besteht für alle, die im Lande Nordrhein-Westfalen wohnen (**Wohnsitz** oder gewöhnlicher Aufenthalt). Ausländische Kinder und Jugendliche sind daher schulpflichtig, wenn sie ihren Wohnsitz oder gewöhnlichen Aufenthalt in Nordrhein-Westfalen haben. Da Kinder von nicht anerkannten Asylbewerbern nicht ihren gewöhnlichen Aufenthalt in der Bundesrepublik Deutschland haben, sind sie nicht schulpflichtig. Der Schulbesuch kann ihnen aber gestattet werden. 3

---
[1] Grundsätzlich zur Schulpflicht in NRW: § 1 SchpflG.

V. Schulpflicht und Schulverhältnis

Die Schulpflicht ist grundsätzlich durch den Besuch einer deutschen Schule zu erfüllen. Ausländische Schüler sollen zu denselben Schulabschlüssen geführt werden wie deutsche Schüler. Sie dürfen deshalb nur in ganz bestimmten Sonderfällen eine **ausländische Privatschule** (Ergänzungsschule) besuchen.[2])

2. Beginn der Schulpflicht

4 Die Schulpflicht beginnt für Kinder im Schuljahr nach der Vollendung des sechsten Lebensjahres (Stichtag: 30. Juni). Diese Kinder werden in der Regel Anfang des Jahres von der Gemeindeverwaltung erfaßt und sind von den Eltern nach entsprechender Aufforderung bei der zuständigen Schule oder den zuständigen Schulen anzumelden. Kinder, die erst in der zweiten Hälfte des Jahres sechs Jahre alt werden, können auf Antrag der Eltern in die Grundschule aufgenommen werden, wenn sie die für den Schulbesuch erforderliche Reife besitzen. Die Entscheidung trifft die Schulleiterin oder der Schulleiter. Mit Schulbeginn werden auch diese Kinder schulpflichtig. Eine darüber hinausgehende vorzeitige Einschulung ist zur Zeit noch nicht möglich, mit ihrer Einführung ist aber zu rechnen.[3])

5 Ist ein an sich schulpflichtiges Kind noch nicht **schulreif**, so kann es für ein Jahr (in besonderen Fällen von der Schulaufsicht auch für ein weiteres Jahr) vom Schulbesuch zurückgestellt werden. Die Entscheidung wird auf der Grundlage eines schulärztlichen Gutachtens nach Anhörung der Eltern vom Schulleiter bzw. der Schulaufsicht getroffen. Auch nach der Einschulung kann noch eine Zurückstellung notwendig werden, wenn sich in den ersten Schulwochen (Beobachtungsphase) herausstellt, daß das Kind im Unterricht der ersten Klasse nicht erfolgreich mitarbeiten kann. Schulreifetests werden nicht allgemein vor der Einschulung schulpflichtiger Kinder, sondern nur in den genannten Sonderfällen durchgeführt, in denen Zweifel an der Schulreife bestehen.[4])

3. Vollzeitschulpflicht

6 Als Vollzeitschulpflicht wird die Pflicht zum Besuch einer Schule mit Vollzeitunterricht bezeichnet, im Gegensatz zur Berufsschulpflicht, die den Besuch der ausbildungsbegleitenden Berufsschule (mit Teilzeitunterricht) meint.

Die zehnjährige Vollzeitschulpflicht wird zunächst durch den Besuch der Grundschule, danach einer weiterführenden Schule (Hauptschule, Realschule, Gymnasium, Gesamtschule) erfüllt. Dies können sowohl öffentliche Schulen wie auch private Ersatzschulen sein.

7 Eine gewisse **Ausnahmemöglichkeit** enthält § 6 SchpflG. Das Schulministerium kann in Ausnahmefällen zulassen, daß Schulpflichtige im zehnten Jahr der Vollzeitschulpflicht einen Unterricht in einer außerschulischen oder schulischen Einrichtung besuchen, in der sie durch besondere Förderungsmaßnahmen ihre Allgemeinbildung erweitern können und auf die Aufnahme einer

---

2) Ausnahmegenehmigungen zum Besuch ausländischer Schulen siehe: RdErl. vom 29. 8. 1975 (BASS 12-51 Nr. 4; SchR 3.6.2/51).
3) § 3 SchpflG. Das Einschulungsverfahren ist näher geregelt in den §§ 3 ff AO-GS und den VV dazu.
4) Zurückstellung: § 4 SchpflG sowie § 4 AO-GS.

V. Schulpflicht und Schulverhältnis

Berufsausbildung vorbereitet werden (z. B. Vorklasse zum Berufsgrundschuljahr). Die Aufnahme einer Berufsausbildung bereits nach neun Schulbesuchsjahren wird aber durch diese Regelung nicht ermöglicht.

Ein Wechsel auf **berufsbildende Vollzeitschulen** ist nach zehn Schuljahren möglich. Das Schulpflichtgesetz stellt dabei allein auf die Dauer des Schulbesuchs, nicht aber auf das Erreichen von Abschlüssen ab. Es ist also möglich, daß Schüler, die nach Wiederholung irgendeiner Klasse bereits am Ende der Klasse 9 zehn Schulbesuchsjahre hinter sich haben, in eine berufsbildende Schule überwechseln oder ein Ausbildungsverhältnis beginnen können. Umgekehrt ist es auch möglich, durch Überspringen einer Klasse den nach zehn Schuljahren möglichen Abschluß bereits nach neun Schulbesuchsjahren zu erreichen. In diesem Fall endet die Vollzeitschulpflicht gem. § 5 SchPflG vorzeitig. 8

Wenn **behinderte Schüler** oder Schüler mit erheblicher Beeinträchtigung des Lernvermögens im Unterricht einer Grundschule oder einer weiterführenden allgemeinen Schule nicht hinreichend gefördert werden können, erfüllen sie ihre Schulpflicht entweder durch den Besuch einer allgemeinen Schule mit sonderpädagogischer Förderung oder durch den Besuch einer Sonderschule. Die Schulpflicht dauert beim Besuch einer Sonderschule elf Schuljahre, bei der Schule für Lernbehinderte und für Erziehungshilfe zehn Jahre. 9

Die Schulaufsichtsbehörde entscheidet auf Antrag der Erziehungsberechtigten oder der Schule über den sonderpädagogischen Förderbedarf und den **Förderort**. Die Förderung an einer allgemeinen Schule setzt die Zustimmung des Schulträgers voraus. Die Förderung in Grundschulen kann auch „zieldifferent", also nach den Lernzielen einer Sonderschule erfolgen. In weiterführenden allgemeinen Schulen setzt die Förderung voraus, daß das Bildungsziel der jeweiligen weiterführenden Schule erreicht werden kann, es sei denn, es handelt sich um einen Schulversuch. Im Bildungsbereich der Realschule und des Gymnasiums unterrichten auch Sonderschulen.

Kann das Bildungsziel der Sonderschule in anderer Weise nicht erreicht werden, können sonderschulbedürftige Schüler mit Zustimmung der Eltern (oder bei Weigerung: kraft Entscheidung des Vormundschaftsgerichts) in Anstalten, Heimen oder Familienpflege untergebracht werden.[5])

4. Berufsschulpflicht

Nach dem Ende der Vollzeitschulpflicht beginnt die Berufsschulpflicht. Sie soll sicherstellen, daß Jugendliche durch den Besuch der Berufsschule die für die Berufsausbildung im dualen System erforderlichen theoretischen Kenntnisse besitzen. Deshalb dauert die Berufsschulpflicht auch gem. § 11 SchPflG grundsätzlich so lange, wie das **Berufsausbildungsverhältnis** besteht, das vor Vollendung des 21. Lebensjahres begonnen worden ist. Wer nach Beendigung der Berufsschulpflicht ein Berufsausbildungsverhältnis beginnt, ist berechtigt, die Berufsschule zu besuchen, solange das Berufsausbildungsverhältnis besteht. 10

---

5) Sonderpädagogische Förderung Schulpflichtiger: § 7 SchPflG, Anstaltspflege: § 8 SchPflG; Verordnung über die Feststellung des sonderpädagogischen Förderbedarfs und die Entscheidung über den schulischen Förderort (VO-SF) (BASS 14-03 Nr. 2.1) mit VV: RdErl. vom 28.6.1995 (BASS 14 — 03 Nr. 2.2). Dazu SchVw NRW 1998, S. 163.

V. Schulpflicht und Schulverhältnis

Für Jugendliche ohne Ausbildungsverhältnis endet die Berufsschulpflicht mit Ablauf des Schuljahres, in dem sie das achtzehnte Lebensjahr vollenden. Auf Antrag kann die zuständige Bezirksregierung Schüler nach Eintritt der Volljährigkeit für das laufende Schuljahr befreien. Vor Vollendung des achtzehnten Lebensjahres endet die Berufsschulpflicht nach insgesamt elf Schuljahren, wenn ein berufsbildendes Vollzeitschuljahr — Berufsgrundschuljahr oder Berufsfachschule — besucht worden ist.[6]

11 Der Unterricht der Berufsschule findet entweder als wöchentlicher **Teilzeitunterricht** (an ein oder zwei Wochentagen) statt oder als **Blockunterricht** mit Vollzeitunterricht in zusammenhängenden mehrwöchigen Schulblöcken, die sich mit größeren betrieblichen oder überbetrieblichen Zeitblöcken abwechseln (s. auch Kap. II Rdn. 34).

Zum Besuch des Berufsgrundschuljahres, das in vollzeitschulischer Form eine berufliche Grundbildung vermitteln soll, sind Schüler in den Berufsfeldern verpflichtet, für die es durch Rechtsverordnung des Schulministeriums als obligatorisch eingeführt worden ist. Die Vorklasse zum **Berufsgrundschuljahr** dient der Vorbereitung auf die Aufnahme einer Berufsausbildung. Der erfolgreiche Besuch des Berufsgrundschuljahres wird als erstes Jahr auf die nachfolgende betriebliche Berufsausbildung angerechnet.[7]

Weitere Regelungen über das Ruhen der Berufsschulpflicht sowie über die Erfüllung der Berufsschulpflicht durch behinderte Jugendliche ergeben sich aus den §§ 13 und 14 des Schulpflichtgesetzes.

5. Überwachung der Schulpflicht

12 Aufgabe der Eltern ist es, dafür zu sorgen, daß ihre Kinder ihre Schulpflicht erfüllen. Bei Berufsschülern hat unabhängig von ihrem Alter auch der Ausbildende oder der Arbeitgeber diese Pflicht. Volljährige sind selbst uneingeschränkt für die Erfüllung ihrer Schulpflicht verantwortlich.

Zur Erfüllung der Schulpflicht müssen die Eltern und gegebenenfalls der Ausbildende oder der Arbeitgeber den Schulpflichtigen bei der zuständigen Schule an- oder abmelden und für eine regelmäßige Teilnahme am Unterricht und den sonstigen Veranstaltungen der Schule sorgen.

Die Eltern müssen ihre Kinder darüber hinaus auch für den Schulbesuch ordnungsgemäß ausstatten. Das heißt: sie müssen trotz Schulgeldfreiheit und Lernmittelfreiheit bestimmte Kosten tragen (**Elternkosten**), soweit es sich um für den Schulbesuch notwendige und zugleich zumutbare Aufwendungen handelt (z. B. Sportkleidung, Malkasten, Zeichengerät).[8]

Die Schulverwaltung muß die zur **Überwachung der Schulpflicht** notwendigen Vorkehrungen treffen. Bei Beginn der Schulpflicht geschieht dies zunächst durch das Anmeldeverfahren (s. Kap. V Rdn. 4).

---

6) § 12 SchpflG sieht als Vollzeitschuljahr der Berufsschule das Berufsgrundschuljahr vor. Innerhalb eines Ausbildungsverhältnisses kann die Berufsschule den schulischen Teil eines kooperativen Berufsgrundbildungsjahres anbieten.
7) § 12 Abs. 2 SchpflG. Anrechnung: Verordnung über die Anrechnung des BGJ vom 17.7.1978 (BGBl. I S. 1061; SchR 1.6/51). Auf die Anrechnung darf nicht verzichtet werden: BVerwG, Urteil vom 12.4.1984; SPE a.F. I D I, 3.
8) § 16 SchpflG. Pflichten des Ausbildenden: § 7 BBiG.

V. Schulpflicht und Schulverhältnis

Beim Übergang von der allgemeinbildenden Schule zur berufsbildenden Schule, insbesondere der Berufsschule, ist ein besonderes Einschulungsverfahren vorgesehen, an dem die bisherige und die künftige Schule beteiligt sind.[9])

Nehmen Schüler nach der Aufnahme in die Schule nicht oder nur unregelmäßig am Unterricht teil, ist die Schule verpflichtet, auf die Schüler selbst, deren Eltern und gegebenenfalls auf Ausbildende oder Arbeitgeber einzuwirken, um einen regelmäßigen Schulbesuch zu erreichen. Als äußerste Maßnahme kann die zwangsweise Zuführung zur Schule (Schulzwang) und, weil die Schulpflichtverletzung eine **Ordnungswidrigkeit** ist, auch die Verhängung einer Geldbuße durch die Schulaufsichtsbehörde in Betracht kommen. Ist eine Geldbuße verhängt und nicht gezahlt worden, so kann dies im Verwaltungsvollstreckungsverfahren auch zu einer gerichtlich angeordneten Erzwingungshaft, bei Berufsschülern auch zur Verhängung von Jugendarrest führen.[10])

6. Beginn und Ende des Schulverhältnisses

Das Schulverhältnis beginnt mit der Aufnahme in die Schule. Es besteht jeweils zu der aufnehmenden Schule. Aufgrund der Anmeldung der Eltern entscheidet die Schulleiterin oder der Schulleiter über die Aufnahme. Bei der Entscheidung sind die äußeren Rahmenbedingungen zu beachten, die durch die Schulaufsicht (z. B. bestimmte Klassengrößen) oder den Schulträger (Zügigkeit: Zahl der Parallelklassen) als **Kapazitätsgrenzen** gesetzt sind. Ist für eine Schule ein Schulbezirk oder ein Schuleinzugsbereich gebildet, so ist die Schule an die sich hieraus ergebenden Folgen gebunden. Fehlen weitere Vorgaben, so muß bei einem etwaigen Anmeldeüberhang nach sachlichen Kriterien entschieden werden (z. B. Reihenfolge der Anmeldung, besondere persönliche Gründe, Leistungsgesichtspunkte, notfalls Losverfahren.[11])

Schüler, die in ihrer Wohngemeinde eine Schule der gewünschten Schulform nicht vorfinden, dürfen in einer anderen Gemeinde gem. § 28 Abs. 2 SchVG nicht allein deshalb abgelehnt werden, weil sie **auswärtige Schüler** sind. Sie sind grundsätzlich genauso zu behandeln wie die anderen Schüler der Gemeinde.

Mit der Aufnahme in die Schule beginnen die im Schulverhältnis bestehenden **Rechte und Pflichten**. Diese sind in der **Allgemeinen Schulordnung** zusammengefaßt und werden in den wesentlichen Zügen in den folgenden Abschnitten dargestellt. Die einzelnen Rechte und Pflichten werden dabei überlagert durch den Obersatz, der alle Beteiligten zu einer vertrauensvollen Zusam-

---

9) Anmeldung der Schüler: § 4 ASchO. Aufnahme in die Schule: § 5 ASchO und § 3 AO-GS und VV dazu. Übergang in die Berufsschule: RdErl. vom 27.11.1979, Pkt. 1.3 (BASS 12-51 Nr. 5).
10) Einwirkung, Schulzwang, Ordnungswidrigkeit: §§ 18-20 SchpflG. Zu den Verfahrensabläufen bei Schulpflichtverletzungen: RdErl. vom 27.11.1979 (BASS 12-51 Nr. 5; SchR 2.2/101). Die Zuständigkeit der Schulaufsichtsbehörden bei Ordnungswidrigkeiten ergibt sich aus der Verordnung vom 4.12.1984 (BASS 10-32 Nr. 2; SchR 2.2/21).
11) § 5 ASchO. Der Schulträger muß, wenn er zur gleichmäßigen Auslastung der Schulen Schülerströme lenken will, dies durch Bildung und Veränderung von Schulbezirken und Schuleinzugsbereichen tun. So auch OVG Münster, Beschluß vom 19.10. 1978 (SPE a.F. II B II/21b).

V. Schulpflicht und Schulverhältnis

menarbeit in der Schule verpflichtet.[12]) Dem entspricht auch die in § 50 Abs. 1 ASchO geregelte Verpflichtung, bei Meinungsverschiedenheiten zwischen Schülern, Erziehungsberechtigten und Lehrern nicht vorrangig Rechtsbehelfe wie Beschwerde oder Widerspruch einzulegen, sondern zunächst den Versuch zu unternehmen, die Meinungsverschiedenheiten im Wege einer Aussprache beizulegen.

Das Schulverhältnis endet gem. § 7 ASchO mit dem **Verlassen der Schule.** Die Entlassung kann auf ganz verschiedene Tatbestände zurückzuführen sein. Der Regelfall ist, daß der Bildungsgang durchlaufen und ein Abschlußzeugnis oder ein Abgangszeugnis ausgestellt wurde. Möglich ist aber auch, daß ein weiteres Verbleiben in der Schule nicht möglich ist, weil die Versetzung wiederholt nicht erreicht oder eine Ordnungsmaßnahme (Entlassung) verhängt wurde. Schulpflichtige können aus der bisher besuchten Schule nur ausscheiden, wenn dies mit dem Wechsel auf eine andere Schule verbunden ist. Nicht mehr schulpflichtige Schüler können aber auch durch konkludentes Handeln ausscheiden, indem sie trotz schriftlicher Warnung ununterbrochen 20 Unterrichtstage unentschuldigt fehlen.

Termin der Beendigung des Schulverhältnisses ist die Aushändigung des Zeugnisses.[13])

7. Teilnahme, Beurlaubung, Befreiung

15 Die Schule kann ihre Aufgabe nur erfüllen, wenn die regelmäßige **Teilnahme und Mitarbeit** aller Schülerinnen und Schüler gewährleistet ist. Unregelmäßiger Schulbesuch behindert den Fortgang des Unterrichts und beeinträchtigt die anderen Schüler in ihrem Recht auf ungestörten Unterricht. Die Pflicht, regelmäßig und pünktlich am Unterricht und an den sonstigen, für verbindlich erklärten Schulveranstaltungen teilzunehmen, umfaßt auch die Verpflichtung, sich auf den Unterricht vorzubereiten, in ihm mitzuarbeiten und gestellte Aufgaben auszuführen. Die Weigerung, diesen Verpflichtungen nachzukommen, stellt eine Pflichtverletzung dar, gegen die die Schule vorgehen kann. Fehlende Mitarbeit im Unterricht kann allerdings kein Anlaß für eine Ordnungsmaßnahme sein, ihr muß mit pädagogischen Mitteln begegnet werden. Auch bei kollektiven Verstößen gegen Pflichten können erzieherische Einwirkungen oder Ordnungsmaßnahmen ergriffen werden. Gemeinschaftliches Handeln stellt keinen Rechtfertigungsgrund dar. Ein „Schülerstreik" ist deshalb rechtlich nicht anders zu bewerten als das unentschuldigte Fehlen einzelner Schüler. Ein Streikrecht für Schüler gibt es nicht.[14])

16 Bei einem **Schulversäumnis** aus nicht vorhersehbaren zwingenden Gründen (z. B. wegen Krankheit, möglich auch bei extremen Witterungsverhältnissen) sind die Erziehungsberechtigten verpflichtet, die Schule spätestens am zweiten Unterrichtstag zu benachrichtigen. Ist der Hinderungsgrund für den Schulbesuch entfallen, teilen die Erziehungsberechtigten der Schule schrift-

---

12) Siehe den Katalog für Schüler in § 3 Abs. 3 und 4 ASchO sowie für Eltern und Ausbildende in § 38 Abs. 1 ASchO.
13) Tag der Schulentlassung und Zeugnisausgabe: siehe RdErl. vom 16.11.1987 (BASS 12-65 Nr. 6; SchR 3.1.2./12).
14) Zur Teilnahmepflicht: § 8 ASchO und VV zu § 8 im RdErl. vom 26.3.1980 (BASS 12-52 Nr. 1; SchR 3.1.1/51). Zur Unzulässigkeit von Schülerstreiks im einzelnen siehe auch, *Niehues, Schul- und Prüfungsrecht*, Rdnrn. 227, 237, 241.

V. Schulpflicht und Schulverhältnis

lich den Grund für das Schulversäumnis mit. Bei einem längeren Schulversäumnis müssen sie spätestens nach zwei Wochen eine schriftliche Zwischenmitteilung vorlegen. Ein ärztliches Attest ist nicht von vornherein gefordert, sondern nur dann notwendig, wenn die Schule infolge konkreter Anhaltspunkte begründete Zweifel hat, ob der Unterricht wirklich wegen Krankheit versäumt wird. Die Kosten für das Attest müssen dann die Eltern tragen. Verlangt die Schule in besonderen Fällen (z. B. außergewöhnlich lange Krankheit oder besonders häufiges Fehlen) ein schulärztliches Zeugnis, so sind dessen Kosten von der Schule zu übernehmen.[15])

Bei einem Fehlen aus vorhersehbaren wichtigen Gründen sind die Eltern verpflichtet, bei der Schule eine **Beurlaubung** zu beantragen. Dies soll mindestens eine Woche vorher geschehen, damit Klassenlehrer (Beurlaubung bis zwei Tage) oder Schulleiter (Beurlaubung bis zwei Wochen) rechtzeitig entscheiden können. Ob eine Beurlaubung ausgesprochen wird, steht im pflichtgemäßen Ermessen desjenigen, der darüber zu entscheiden hat. Dabei ist insbesondere abzuwägen, wie wichtig der angegebene Grund im Verhältnis zum Schulversäumnis im konkreten Fall ist.[16]) **17**

Die immer wiederkehrenden Versuche einzelner Eltern, unter Schließung des Familienhaushalts (es handelt sich dabei aber nicht um eine unumgänglich erforderliche Schließung des Haushalts) eine vorzeitige oder spätere **Urlaubsreise** durch individuelle Verlängerung von Ferien zu erreichen, sind nicht statthaft. Unmittelbar vor und im Anschluß an Ferien darf grundsätzlich nicht, sondern nur ausnahmsweise in nachweislich dringenden Fällen beurlaubt werden. Eine Verlängerung der Ferien ohne Beurlaubung stellt eine Schulpflichtverletzung dar, die mit einem Bußgeld geahndet werden kann, auch wenn nur ein Schultag versäumt wurde.[17])

Bei Schülerinnen und Schülern, die im Rahmen der **Schülervertretung** besondere Aufgaben übernommen haben (z. B. Delegierte in überschulischen Gremien), kann die Schule auch ohne jeweiligen Antrag der Erziehungsberechtigten eine Beurlaubung aussprechen, wenn die Eltern sich damit zuvor grundsätzlich einverstanden erklärt haben.[18])

Im Einzelfall kann die **Berufsschule** wegen der Teilnahme an einer überbetrieblichen Unterweisung vom Unterricht beurlauben. Allerdings setzt dies die Zustimmung der oberen Schulaufsichtsbehörde voraus. Denn der Regelfall muß sein, daß die zeitliche Abfolge einzelner Ausbildungsblöcke so vorher zwischen Schule und den für die Berufsausbildung zuständigen Stellen koordiniert ist, daß solche Überschneidungen vermieden werden.[19])

Eine **Befreiung** vom Unterricht in einzelnen Fächern oder von einzelnen **18**
Schulveranstaltungen ist nur in besonderen Ausnahmefällen möglich.

---

15) Schulversäumnis: § 9 AschO und VV zu § 9 RdErl. vom 26.3.1980 (BASS 12-52 Nr. 11).
16) Beurlaubung: § 10 AschO. Die VV zu § 10 enthalten zahlreiche Beispiele für Beurlaubungsgründe. Bei Beurlaubungen über zwei Wochen im Vierteljahr entscheidet die Schulaufsichtsbehörde. RdErl. vom 26.3.1980 (BASS 12-52 Nr. 21).
17) § 10 Abs. 3 AschO. Dazu auch, *Niehues, Schul- und Prüfungsrecht*, Rdnr. 203. Schulpflichtverletzung: OLG Düsseldorf, Beschluß vom 3.8.1994 (SPE n. F. 738 Nr. 1).
18) § 10 Abs. 5 AschO. Näher zur Schülervertretung Kap. III Rdnr. 37.
19) § 10 Abs. 4 AschO. Zum Berufsschulunterricht siehe Kap. II Rdnr. 32 ff.

V. Schulpflicht und Schulverhältnis

Neben den häufigen und in der Regel unproblematischen Fällen einer Befreiung vom Sportunterricht aus gesundheitlichen Gründen können auch religiöse oder weltanschauliche Gründe zu einem Befreiungsanspruch führen. So hat die Rechtsprechung Ansprüche von Schülerinnen islamischen Glaubens auf Befreiung vom **Schwimmunterricht** und **koedukativen Sportunterricht** unter bestimmten Voraussetzungen bejaht.[20]) Bei diesen Befreiungsentscheidungen sind vor allem die Bedeutung des jeweiligen Faches für den Bildungs- und Erziehungsauftrag der Schule, die Möglichkeit einer zumutbaren Unterrichtsgestaltung und die Bedeutung der religiösen oder weltanschaulichen Gründe gegeneinander abzuwägen. Dabei ist ein schematisches Vorgehen ausgeschlossen. Es handelt sich jeweils um Einzelfallentscheidungen.

Befreiungsansprüche in Bezug auf einen **Ethik- oder Philosophieunterricht**, der von Schülern, die nicht am Religionsunterricht teilnehmen, besucht werden muß, hat die Rechtsprechung zurückgewiesen.[21]) Bei außerunterrichtlichen Schulveranstaltungen, z. B. einer mehrtägigen **Klassenfahrt**, kann wegen der im Vergleich zu den Unterrichtsfächern geringeren Bedeutung für den schulischen Bildungsauftrag eine Befreiung eher ausgesprochen werden als bei Unterrichtsveranstaltungen.

Zur Befreiung von der Teilnahme am Religionsunterricht bestehen besondere Regelungen.[22])

8. Erziehungs- und Ordnungsmaßnahmen

19 Auf **Fehlverhalten** kann die Schule mit erzieherischen Einwirkungen oder mit Ordnungsmaßnahmen reagieren. Erzieherische Einwirkungen und Ordnungsmaßnahmen unterscheiden sich dabei grundlegend:

- Erzieherische Einwirkungen werden im Gesetz nicht abschließend aufgezählt. Ordnungsmaßnahmen werden abschließend aufgezählt.

- Erzieherische Einwirkungen können von jedem Lehrer in eigener Verantwortung ergriffen werden. Die Zuständigkeit für die Anwendung von Ordnungsmaßnahmen liegt bei Konferenzen bzw. Ausschüssen.

- Erzieherische Einwirkungen setzen kein förmliches Verfahren voraus. Ordnungsmaßnahmen muß ein förmliches Verfahren vorausgehen.

- Erzieherische Einwirkungen sind in der Regel schlicht-hoheitliches Handeln ohne Widerspruchs-, aber mit Beschwerdemöglichkeit. Ordnungsmaßnahmen sind in aller Regel Verwaltungsakte mit Widerspruchsmöglichkeit.

Erzieherischen Einwirkungen und Ordnungsmaßnahmen ist gemeinsam, daß sie auf **Ermessensentscheidungen** beruhen: Bei Fehlverhalten können sie, müssen sie aber nicht angewandt werden. Die Schule entscheidet, ob sie überhaupt eine Maßnahme ergreifen will, und sie entscheidet, welche konkrete Maßnahme sinnvoll ist, da die Allgemeine Schulordnung keine Beziehung

---

20) Befreiung: § 11 ASchO und RdErl. vom 26.3.1980 (BASS 12-52 Nr. 31. Schwimmunterricht: OVG NW, Urteil vom 12.7.1991 (SPE n. F. 882 Nr. 5); koedukativer Sportunterricht: BVerwG, Urteil vom 25.8.1993 (SPE n. F. 882 Nr. 10 und 11).
21) VGH BaWü, Urteil vom 1.7.1997, Az.: 9 S 1126/95.
22) §§ 31, 34 SchOG und § 11 Abs. 3 ASchO. Dazu siehe Kap. IV Rdnr. 71 ff.

V. Schulpflicht und Schulverhältnis

zwischen bestimmtem Fehlverhalten und bestimmten Maßnahmen herstellt.[23]

Ein **Fehlverhalten** kann in einem Verstoß gegen im Gesetz konkret genannte Pflichten wie die Pflicht zur Teilnahme am Unterricht (§ 3 Abs. 4 Nr. 1 ASchO) bestehen. Es kann sich aber auch aus einem Verstoß gegen sehr allgemein und weit formulierte Pflichten ergeben wie der Pflicht, alles zu unterlassen, was eine geordnete Unterrichts- und Erziehungsarbeit der Schule oder die Rechte beteiligter Personen beeinträchtigt (§ 3 Abs. 4 Nr. 3 ASchO).

20 Liegt ein Fehlverhalten vor, ist zunächst zu prüfen, ob erzieherische Einwirkungen ausreichen. Dabei soll der Lehrer gem. § 13 Abs. 2 ASchO unter Berücksichtigung erzieherischer Grundsätze das Erziehungsmittel wählen, welches der jeweiligen Situation sowie dem Alter und der Persönlichkeit des Schülers am ehesten gerecht wird. Typische **erzieherische Einwirkungen** sind die Aussprache, die mündliche Ermahnung, der schriftliche Tadel, die schriftliche Mitteilung an die Erziehungsberechtigten, der Ausschluß von der laufenden Unterrichtsstunde, die Nacharbeit unter Aufsicht, die Verpflichtung zur Erledigung von Aufgaben (z. B. schriftliche Reflexion über Folgen bestimmten Fehlverhaltens) und Arbeiten (z. B. Aufräumen), die durch ihre Art geeignet sind, das Fehlverhalten zu erkennen und abzuändern, sowie die Wiedergutmachung eines angerichteten Schadens und die Entschuldigung.

Eine unzulässige Strafarbeit im Gegensatz zu einer zulässigen schriftlichen Arbeit liegt vor, wenn die übertragene Aufgabe unter Berücksichtigung erzieherischer Grundsätze, der Situation sowie des Alters und der Persönlichkeit des Schülers nicht geeignet ist, das Fehlverhalten erkennen oder abändern zu lassen.

21 Reichen erzieherische Einwirkungen nicht aus, ist die Anwendung von **Ordnungsmaßnahmen** zu prüfen.

Die abschließende gesetzliche Aufzählung in § 14 ASchO nennt folgende Ordnungsmaßnahmen:

- den schriftlichen Verweis durch einen Ausschuß der Klassen- bzw. Jahrgangsstufenkonferenz;
- den vorübergehenden Ausschluß vom Unterricht (ein Tag bis zwei Wochen) oder von sonstigen Schulveranstaltungen durch einen Ausschuß der Klassen- bzw. Jahrgangsstufenkonferenz;
- die (unfreiwillige) Überweisung in eine parallele Klasse oder Lerngruppe durch die Lehrerkonferenz;
- die Androhung der Entlassung durch die Lehrerkonferenz;
- die Entlassung von der Schule durch die Lehrerkonferenz.

Die beiden letztgenannten Maßnahmen dürfen gem. § 19 Abs. 4 ASchO nur angewandt werden, wenn durch schweres oder wiederholtes Fehlverhalten die Erfüllung der Aufgaben der Schule oder die Rechte anderer ernstlich gefährdet oder verletzt worden sind.

---

23) Erzieherische Einwirkungen: § 13 ASchO; Ordnungsmaßnahmen: §§ 14 ff ASchO.

V. Schulpflicht und Schulverhältnis

Soweit die Klassen- bzw. Jahrgangsstufenkonferenz zuständig ist, entscheidet ein Ausschuß, dem die Lehrer angehören, die den betreffenden Schüler unterrichten. Die Vertreter der Erziehungsberechtigten und Schüler nehmen mit beratender Stimme an den Sitzungen des Ausschusses teil, soweit der betroffene Schüler oder seine Erziehungsberechtigten nicht widersprechen.[24])

Als äußerste Ordnungsmaßnahme ist zwar auch die **Verweisung von allen öffentlichen Schulen** des Landes (und ihre vorherige Androhung) grundsätzlich vorgesehen. Sie ist aber eine wohl nur theoretische Möglichkeit ohne praktische Bedeutung. Denn sie setzt nicht nur die Entscheidung der oberen Schulaufsichtsbehörde und ihre Bestätigung durch das Schulministerium im Einzelfall voraus. Sie könnte auch nur angewandt werden, wenn und solange die Anwesenheit des Schülers aus Gründen der Sicherheit an keiner öffentlichen Schule verantwortet werden kann. Für einen schulpflichtigen Schüler wäre dann für anderweitige geeignete Bildungsmaßnahmen zu sorgen.[25])

Die **körperliche Züchtigung** ist unzulässig.[26])

Die Ordnungsmaßnahmen dienen der Gewährleistung einer geordneten Unterrichts- und Erziehungsarbeit der Schule sowie dem Schutz der beteiligten Personen und Sachen. Ordnungsmaßnahmen sind keine Strafen, sondern Maßnahmen zur **Sicherung der schulischen Ordnung**. Ihre Anwendung wird daher durch die Verfolgung von Ordnungswidrigkeiten oder Straftaten nicht gehindert. Der grundlegende Unterschied zwischen einer Strafe und einer Ordnungsmaßnahme spricht dagegen, ein Verschulden des betroffenen Schülers zur Voraussetzung für den Erlaß einer Ordnungsmaßnahme zu machen.[27]) In der Praxis wird allerdings in den allermeisten Fällen ein Verschulden vorliegen.

Da es sich bei Ordnungsmaßnahmen nicht um Strafen handelt, sollten an gesetzlich nicht vorgegebene **Verfahrensschritte** — etwa die Erstellung eines Protokolls bei der Befragung von Schülern — keine übertriebenen, an die Strafprozeßordnung angelehnten Anforderungen gestellt werden.

Das die schulische Ordnung störende Fehlverhalten wie Störungen des Unterrichts oder sonstiger Schulveranstaltungen, die Verletzung der Teilnahmepflicht oder das Nichtbefolgen von Anordnungen der Lehrer muß bei Ordnungsmaßnahmen dem einzelnen Schüler zuzurechnen sein. **Kollektivmaßnahmen** sind daher nur zulässig, wenn das Fehlverhalten jedem einzelnen zuzurechnen ist, d. h. wenn die Beteiligung der einzelnen Schüler nachweisbar ist. Unzulässig wäre also eine „Kollektivbestrafung" einer Klasse für ein Fehlverhalten einzelner, die nicht zu ermitteln sind; anders der Fall, daß die Klasse durch gemeinschaftliches Handeln eine Pflichtverletzung begeht (z. B. Unterrichtsboykott).

---

24) § 16 Abs. 1 Satz 2 und § 18 Abs. 1 Satz 2 ASchO sowie § 9 Abs. 5 Satz 2 und 3 SchMG.
25) § 26 a Abs. 5 Nr. 7 SchVG und § 20 ASchO. Realistischer ist die Unterbringung in einem Heim mit Sonderschule. Im übrigen zum Berufsschulunterricht in Justizvollzugsanstalten: RdErl. vom 15.8.1985 (BASS 12-51 Nr. 33).
26) Verbot körperlicher Züchtigung: § 26 a Abs. 3 SchVG und § 14 Abs. 3 ASchO; das Recht des Lehrers auf Notwehr und Notstand (§§ 32, 34 StGB) sowie seine Verpflichtung zur Nothilfe bleiben unberührt.
27) Zweck der Ordnungsmaßnahmen: § 14 Abs. 1 ASchO; Ordnungswidrigkeiten oder Straftaten: § 15 Abs. 6 ASchO.

V. Schulpflicht und Schulverhältnis

Vor der Anwendung einer Ordnungsmaßnahme ist das vorgeschriebene **Verfahren** durchzuführen, insbesondere ist dem Betroffenen und seinen Erziehungsberechtigten gem. § 15 Abs. 3 ASchO Gelegenheit zu geben, ihren Standpunkt vor der Konferenz bzw. dem Ausschuß darzulegen, die über die Maßnahme zu beschließen haben (Gebot des rechtlichen Gehörs). Dies kann auf Wunsch der Betroffenen auch vor einem kleinen Gremium oder dem Schulleiter geschehen, verlangt also nicht einen „Auftritt vor dem Tribunal".

Der Schüler kann bei einer Anhörung vor der Konferenz bzw. vor dem Ausschuß einen Schüler oder Lehrer des Vertrauens hinzuziehen. Die Lehrerkonferenz hört zudem einen Vertreter der Schulpflegschaft und des Schülerrates, soweit der betroffene Schüler oder seine Erziehungsberechtigten nicht widersprechen. Anhörung bedeutet in diesem Zusammenhang nicht, daß die genannten Personen bei der anschließenden Beratung zugegen sein dürfen.

Ordnungsmaßnahmen sind den Erziehungsberechtigten bzw. volljährigen Schülern unter Darlegung des Sachverhaltes schriftlich bekanntzugeben. Ordnungsmaßnahmen sind **Verwaltungsakte**, gegen die der Betroffene mit Widerspruch und Klage vor dem Verwaltungsgericht vorgehen kann.

Neben möglichen Verfahrensfehlern, die häufig nach den Vorschriften des Verwaltungsverfahrensgesetzes (§ 45 VwVfG) geheilt werden können, steht vor allem die **Verhältnismäßigkeit** einer Ordnungsmaßnahme im Mittelpunkt der rechtlichen Überprüfung.[28]) Der Grundsatz der Verhältnismäßigkeit verlangt, daß die anzuwendende Ordnungsmaßnahme unter Berücksichtigung des Einzelfalles in einem angemessenen Verhältnis zum Fehlverhalten stehen muß. Die Maßnahme darf nicht offensichtlich ungeeignet sein, sie muß die am geringsten belastende, aber noch wirksame Maßnahme sein, und sie darf nicht völlig außer Verhältnis zur Störung der schulischen Ordnung stehen.

9. Auskunft, Information, Schulberatung

Aus der gegenseitigen Verpflichtung aller Beteiligten in der Schule zur vertrauensvollen Zusammenarbeit ergeben sich konkrete Folgen, die Auskünfte und Informationen betreffen und schließlich bis zur Schulberatung führen.

Informationsansprüche der Eltern und Schüler beruhen auf gesetzlichen Regelungen, können sich aber auch unmittelbar auf Grundrechte (Eltern: Art. 6 Abs. 2 Satz 1 GG = Elternrecht; Schüler: Art. 2 Abs.1 GG. = freie Entfaltung der Persönlichkeit) stützen.

Betreffen Informationen eine größere Zahl von Personen wie Änderungen in der Stundenplangestaltung, der Lernmittelausstattung, der Lehrerverteilung oder dem Unterrichtsangebot, können sie durch Rundbriefe weitergegeben oder in sonst geeigneter Form mitgeteilt werden. Hängen von diesen Informationen Entscheidungen einzelner Schüler (z. B. Kurswahl) ab, muß die Information rechtzeitig erfolgen. Insbesondere die Mitwirkungsorgane, vor allem die Klassen- und Schulpflegschaft sowie die Schulkonferenz, sind ein wichtiger Ort für die Weitergabe von allgemein interessierenden Informationen etwa über Bildungsgänge, Abschlüsse, Planung und Gestaltung des Unterrichts.

---

28) § 26 a Abs. 2 Satz 2 SchVG und § 15 Abs. 1 ASchO. Siehe Kap. I Rdnr. 22.

V. Schulpflicht und Schulverhältnis

Im Hinblick auf den **Sexualkundeunterricht** und auf einen **Ethik- oder Philosophieunterricht**, den vom Religionsunterricht abgemeldete Schüler besuchen, hat die Rechtsprechung wegen der Grundrechtsrelevanz ein über das übliche Maß hinausgehendes Informationsrecht in Bezug auf die Ziele, Inhalte und Methoden des Unterrichts gewährt.[29]) Dieses Informationsrecht ist auch gegenüber Elternvertretungen wie der Klassenpflegschaft wahrzunehmen, es handelt sich aber nicht um ein kollektives, sondern um ein individuelles Elternrecht. Lehrer müssen daher einzelne Eltern auch dann informieren, wenn z. B. die Klassenpflegschaft auf eine ausführliche Information verzichtet hat.

Soweit es sich um **persönliche Angelegenheiten** einzelner Schülerinnen oder Schüler handelt, dürfen diese in Mitwirkungsorganen und mit Eltern bzw. anderen Schülern nur erörtert werden, wenn das Einverständnis der Betroffenen vorliegt. Sind die Betroffenen nicht einverstanden, kann beispielsweise die Klassenpflegschaft ihre Aufgabe, erzieherische Probleme in der Klasse zu besprechen, nur erfüllen, wenn die erzieherischen Probleme in allgemeiner Form und ohne Namensnennung besprochen werden, auch wenn letztlich erzieherische Probleme bestimmter Schüler Gegenstand der Beratung sind.

24 Gegenstand des individuellen Informationsanspruchs der Eltern und Schüler sind vor allem die Leistungsbewertung und der erzieherische Bereich.[30]) Die Schülern zustehenden Informations- und Auskunftsrechte gegenüber der Schule haben auch die Eltern minderjähriger Schüler. Bei Volljährigen ist die Auskunftserteilung an die Eltern dann an das grundsätzliche Einverständnis der Schüler gebunden, wenn es sich um Auskünfte über die Schülerin oder den Schüler selbst handelt. Solange der **Volljährige** nicht widerspricht, wird man aber in der Schulpraxis von einem Einverständnis ausgehen können. Nur in Zweifelsfällen empfiehlt sich eine schriftliche Erklärung.[31])

Der **Ausbildungsbetrieb** berufsschulpflichtiger Schüler kann sich ebenfalls wie die Eltern an die Schule wenden, um Auskünfte zu erhalten und um beraten zu werden. Volljährige berufsschulpflichtige Schüler werden aber, soweit es sich nicht um den Ausbildenden unmittelbar berührende Fragen handelt, wie bei ihren Eltern das Einverständnis verweigern und die Schule an der Auskunftserteilung über sie persönlich hindern können. Der Ausbildungsbetrieb kann dann prüfen, ob in der Verweigerung des Einverständnisses ein Verstoß gegen sich aus dem Ausbildungsverhältnis ergebende Pflichten besteht.

Die Information über den **Leistungsstand** erfolgt durch die schriftliche Benachrichtigung bei Gefährdung der Versetzung und natürlich durch die Zeugnisse.

Bei Mitteilungen über den Leistungsstand besteht kein Rechtsanspruch auf einen der ganzen Klasse gegenüber offengelegten Notenspiegel bei jeder Klassenarbeit. Jedoch umfaßt der Informationsanspruch auf Wunsch einzelner Eltern oder Schüler auch die Verpflichtung zur gelegentlichen Mitteilung des Leistungsstandes des Schülers innerhalb der Lerngruppe, da nur so eine rea-

---

29) z. B. BVerfGE 47, 46, 76.
30) § 3 Abs. 3 Nr. 2 und Nr. 3 ASchO i.V.m. § 21 Abs. 5 ASchO.
31) Zum volljährigen Schüler siehe § 3 Abs. 5 ASchO sowie § 11 Abs. 9 Satz 3 und Abs. 12 SchMG.

V. Schulpflicht und Schulverhältnis

listische Einschätzung der Leistungen des einzelnen möglich ist und rechtlich möglicherweise bedeutsame Bewertungsfehler erkennbar werden.

Der Information der Eltern und Schüler dienen Sprechstundentermine der einzelnen Lehrkräfte sowie die **Elternsprechtage**, die in jedem Halbjahr mindestens einmal stattfinden und so gelegt werden müssen, daß auch berufstätige Eltern die Möglichkeit der Teilnahme haben. Nach Vereinbarung mit der jeweiligen Lehrerin oder dem Lehrer können Eltern auch in dem von der Schulkonferenz festgelegten Rahmen den Unterricht besuchen, um sich über den Unterricht zu informieren, der ihrem Kind erteilt wird.[32])

Schüler und Eltern sind aber darüber hinaus auf Wunsch jederzeit über den Leistungsstand zu unterrichten. Diese grundsätzliche Aussage bedeutet allerdings nicht, daß sie zu jedem von ihnen bestimmten **Zeitpunkt** (etwa während des Unterrichts) die verlangte Auskunft einholen können. Die Erfüllung des Informationsanspruches muß sowohl der Form (z. B. Höflichkeit) als auch der Situation (z. B. sonntägliche Anrufe) nach zumutbar sein. Unzumutbar sind auch allzu häufige Auskunftsbegehren ohne ersichtlichen Grund. Eltern und Schüler haben Anspruch auf eine verständliche, umfassende und sorgfältige Auskunftserteilung. Ihr Auskunftsbegehren darf aber nicht mißbräuchlich oder unzumutbar sein.

Es ist das Recht und die Aufgabe der Eltern, sich zu informieren und auch die Möglichkeiten der Beratung durch die Schule wahrzunehmen. Besondere Beratungsaufgaben hat die Schule dort, wo Entscheidungen in der **Schullaufbahn** bevorstehen: so beim Übergang von der Grundschule in eine weiterführende Schule, beim Übergang in die gymnasiale Oberstufe oder auf eine berufliche Schule. Im Zusammenhang mit einer überraschend gefährdeten Versetzung sind Eltern und Schüler durch die Schule unaufgefordert zu benachrichtigen.[33])

Grundsätzlich steht den Eltern und volljährigen Schülern ein Anspruch auf Auskunft über alle personenbezogenen Daten des Schülers zu, die in der Schule gespeichert werden. Dies gilt auch für das Schülerstammblatt. Es wird bei Aufnahme in die Schule angelegt und enthält Personaldaten, Schullaufbahndaten und Leistungsdaten. Diese **Daten** hat die Schule vertraulich zu behandeln. Sie unterliegen den datenschutzrechtlichen Vorschriften über das Datengeheimnis unabhängig davon, ob sie auf herkömmliche Weise in einer Kartei erfaßt oder elektronisch verarbeitet sind. Auch der Schulträger ist nicht befugt, sich in die auf seinen Anlagen gespeicherten schulinternen Daten Einblick zu verschaffen und sie zu verwenden.[34])

---

[32] Zusammenarbeit und Elternberatung: §§ 38-40 ASchO sowie auch § 11 Abs. 11 SchMG. Teilnahme am Unterricht: § 39 Abs. 4 ASchO und § 11 Abs. 10 SchMG.

[33] Zur Beratung beim Übergang von der Grundschule: § 30 Abs. 3 ASchO und § 13 AO-GS; zur gymnasialen Oberstufe: § 5 APO-GOSt; beim Übergang in berufliche Schulen: RdErl. vom 29.10.92 (BASS 12-21 Nr. 1; SchR 3.1.4/51). Zur Benachrichtigung bei gefährdeter Versetzung siehe Kap. IV Rdnr. 52. Zur Berufswahl siehe Kap. IV Rdnr. 92.

[34] Schülerstammblatt: § 5 Abs. 4 ASchO sowie Verordnung über die zur Verarbeitung zugelassenen Daten von Schülerinnen, Schülern und Erziehungsberechtigten (VO-DV I) (BASS 10-44 Nr. 2.1); Datenschutzgesetz (BASS 2-10). Zum Datenschutz bei empirischen Untersuchungen in Schulen siehe RdErl. vom 15.7.1996 (BASS 10-45 Nr. 2; SchR 3.1.7/51).

V. Schulpflicht und Schulverhältnis

25 Die Zusammenarbeit der Schule mit außerhalb der Schule institutionalisierten **Beratungsstellen** wie dem schulpsychologischen Dienst, regionalen Schulberatungsstellen und der Berufsberatung geschieht auf der Grundlage von Entscheidungen der Schulkonferenz. Die individuelle Beratung setzt aber das Einverständnis der Betroffenen voraus.

10. Schulgeldfreiheit, Lernmittelfreiheit

26 Die Landesverfassung hatte in Anknüpfung an die Weimarer Verfassung zwar bereits im Jahre 1950 bestimmt, daß der Unterricht in den Volks- und Berufsschulen unentgeltlich zu sein hat. Darüber hinaus hat sie dem Gesetzgeber als Programm aufgegeben, die Einführung und Durchführung der Schulgeldfreiheit für die weiterführenden Schulen sowie der Lehr- und Lernmittelfreiheit für alle Schulen gesetzlich zu regeln (Art. 9 LV).

Schulgeldfreiheit gem. § 1 Abs. 1 SchFG bedeutet, daß für den Unterricht kein Entgelt gefordert wird. Daraus ergibt sich aber nicht, daß für besondere Leistungen (also z. B. Mittagessen, Klassenfahrt, Internatsunterbringung) keine Kosten erhoben werden dürfen.[35])

27 **Lernmittelfreiheit** ist im Lande Nordrhein-Westfalen erst spät verwirklicht worden und hat wegen der damit verbundenen erheblichen Kosten verschiedene Änderungen erfahren. Die Garantie der Lernmittelfreiheit in der Landesverfassung läßt Umfang und Höhe der Lernmittelfreiheit offen, da es sich um ein soziales Grundrecht handelt, das unter dem Vorbehalt des Möglichen im Sinne dessen steht, was der einzelne vernünftigerweise von der Gesellschaft beanspruchen kann.

Heute ist die Lernmittelfreiheit insoweit eingeschränkt, als die Eltern sich an den Kosten beteiligen müssen und Lernmittel im übrigen nur unentgeltlich überlassen, aber im Regelfall nicht übereignet werden.

Lernmittel sind die Schulbücher und sonstige dem gleichen Zweck dienende Unterrichtsmittel. Die Kosten für die Beschaffung der Lernmittel tragen die Schulträger. Das Schulministerium setzt durch Rechtsverordnung jährlich den Betrag fest, der den durchschnittlichen Aufwendungen für die notwendigen Lernmittel in einem Schuljahr entspricht. Dieser Durchschnittsbetrag begründet für einzelne Schüler aber keinen Anspruch in der festgesetzten Höhe, da es sich um einen Rechnungsbetrag handelt. In Höhe eines Drittels müssen sich die Eltern an den Kosten beteiligen und von der Schule bestimmte Lernmittel auf eigene Kosten anschaffen. Zu freiwilligen Leistungen können Erziehungsberechtigte nur in geringem Umfang gebeten werden (z. B. Lektürehefte). Für Empfänger von laufender Hilfe zum Lebensunterhalt nach dem Sozialhilfegesetz entfällt der **Eigenanteil**. Welche Bücher von der Schule zur Verfügung gestellt werden und welche vom Eigenanteil zu beschaffen sind, wird durch die Schulkonferenz festgelegt. Die Titel sollen möglichst für mehrere Jahre gleich bleiben, damit Bücher auch an nachfolgende Schülerjahrgänge weitergegeben werden können.[36])

---

35) Aus der Rechtsprechung: siehe die in SPE n.F. 720 zitierten Entscheidungen.
36) §§ 1-3 LFG. Verordnung über die Durchschnittsbeträge und den Eigenanteil nach § 3 Abs. 1 LFG (VOzLFG) (BASS 16-01 Nr. 1).

V. Schulpflicht und Schulverhältnis

Lernmittelfreiheit kann unter dem Druck der gewaltigen Kosten nur bei allseitigem Bemühen um Sparsamkeit durchgehalten werden. Werden bei den vom **Schulträger** zu beschaffenden Lernmitteln Vergünstigungen erzielt (z. B. Mengenrabatte durch Sammelbestellungen), fließen diese dem Schulträger zu. Nicht zulässig ist es, wenn ein Schulträger seine gesetzlichen Verpflichtungen von vornherein auf einen bestimmten Prozentsatz der erforderlichen Lernmittelkosten begrenzen will. Er bleibt verpflichtet, die von der Schulkonferenz als notwendig erachteten Lernmittel im Rahmen der Durchschnittsbetragsverordnung anzuschaffen. Auf Antrag können Schulträger nach dem Gesetz zur Stärkung der Leistungsfähigkeit der Kreise, Städte und Gemeinden in Nordrhein-Westfalen (GV. NW S.430, Art. 1 § 2 Nr. 3) anstelle des von Erziehungsberechtigten bzw. volljährigen Schülern aufzubringenden Eigenanteils ein privatrechtliches Entgelt oder eine Gebühr in Höhe von einem Drittel des in der Verordnung über die Durchschnittsbeträge und den Eigenanteil festgesetzten Durchschnittsbetrages erheben.

Durch eigene **Vervielfältigungen** darf die Schule nicht versuchen, Kosten für notwendige Lernmittel einzusparen. Hier setzt nicht nur das Urheberrecht Grenzen, sondern auch die pädagogische Aufgabe, den Unterricht mit den zugelassenen und eingeführten Lernmitteln zu gestalten. Kopien dürfen nur eine sehr begrenzte Hilfsfunktion im Einzelfall haben, wo entsprechendes Material notwendig, aber sonst nicht verfügbar ist.[37] 28

11. Schülerfahrkosten

Neben der Schulgeldfreiheit und der Lernmittelfreiheit kann die Schülerfahrkostenfreiheit als die dritte Säule der Bemühungen angesehen werden, den Schulbesuch von Kostenbelastungen möglichst frei zu halten. Nicht mit Verfassungsrang abgesichert und in ihren tatsächlichen Voraussetzungen stark bestimmt durch die Struktur des Schulwesens (kleine Schule am Ort oder notwendige Beförderung), haben sich erst im Zuge der Schaffung großer Schulgebilde in den siebziger Jahren Ansätze für eine Schülerfahrkostenerstattung ergeben, deren **Kostenträgerschaft** bei den Kommunen liegt. 29

In die Schülerfahrkostenerstattung einbezogen sind alle Schülerinnen und Schüler, die in Nordrhein-Westfalen wohnen und öffentliche allgemeinbildende oder berufsbildende Schulen mit **Vollzeitunterricht** besuchen — mit Ausnahme der Studierenden des Zweiten Bildungsweges. Ausgenommen ist danach also die berufsbegleitende Berufsschule mit Teilzeitunterricht, die aus Kostengründen ausgeklammert blieb. Dabei haben die Erwägungen eine Rolle gespielt, daß Auszubildende, die die Berufsschule besuchen, auf eigene Einkünfte zurückgreifen können. Allerdings sind die Schüler, die Bezirksfachklassen an entfernteren Orten besuchen müssen, gem. § 7 Abs. 2 Nr. 5 SchFG insoweit einbezogen, als ihre Fahrkosten monatlich über einen Eigenanteil von 100,— DM hinausgehen.

Private Ersatzschulen sind nicht ausdrücklich vom Gesetzgeber verpflichtet worden, Fahrkostenfreiheit zu gewähren. Da im Rahmen der Ersatzschulfinanzierung jedoch bestimmt ist, daß die Aufwendungen des Ersatzschulträ-

---

37) Zum Einsatz von Vervielfältigungen siehe Kap. IV Rdnr. 17 sowie RdErl. vom 21. 4. 1983 (BASS 16-11 Nr. 2; SchR 3.9.1/51). Urheberrechtsgesetz: SchR 3.9.1/1.

V. Schulpflicht und Schulverhältnis

gers für diesen Zweck voll vom Land erstattet werden, kann man davon ausgehen, daß nach dem Willen des Gesetzgebers diese Maßnahme zur Verwirklichung von Chancengleichheit allen Schülern zugute kommen soll.[38])
Erstattet werden die Kosten, die für die **wirtschaftlichste Beförderung** zur Schule und zurück notwendig entstehen. Welche Beförderungsarten dafür in Betracht kommen und von welchen Entfernungsgrenzen an Fahrtkosten als notwendig und damit erstattungsfähig angesehen werden können, hat das Schulministerium (im Einvernehmen mit drei anderen Ministerien und dem Haushalts- und Finanzausschuß des Landtags) in der Schülerfahrkostenverordnung festgelegt. Danach kommt es darauf an, ob die nächstgelegene Schule der gewählten Schulform, Schulart oder des gewählten Schultyps mindestens 2 km (Grundschule), 3,5 km (Sekundarstufe I) oder 5 km (Sekundarstufe II) entfernt ist. Unabhängig von der Entfernung entstehen Fahrtkosten notwendig, wenn der Schulweg besonders gefährlich oder die Schüler aus anderen Gründen auf ein Verkehrsmittel angewiesen sind. Detaillierte Bestimmungen dazu enthält die Verordnung; zusätzlich haben zahlreiche Entscheidungen der Verwaltungsgerichte zu einer gefestigten Praxis geführt.[39])

30 Über den **Antrag auf Erstattung** von Schülerfahrkosten entscheidet der Schulträger (nicht die Wohnsitzgemeinde). Er ist zur Übernahme der Kosten, nicht aber zur Beförderung verpflichtet. Vorrang hat die Benutzung öffentlicher Verkehrsmittel. Wenn der Schulträger jedoch die Einrichtung eines Schülerspezialverkehrs (Schulbus) als die wirtschaftlichste Form festlegt, können Kosten für die Benutzung von Privatfahrzeugen nicht beansprucht werden. Wird nicht die nächstgelegene Schule besucht, so sind fiktive Fahrtkosten (bis zur Höhe der etwa zur nächstgelegenen Schule entstehenden notwendigen Fahrtkosten) zu erstatten. Bei notwendiger Benutzung von Privatfahrzeugen wird eine Wegstreckenentschädigung gezahlt.[40])

Geht der Schulträger freiwillig über den Mindestrahmen der Erstattung hinaus, ist er an das Gleichbehandlungsgebot sowie bei nachträglicher Einschränkung freiwilliger Leistungen an die Bestimmungen des Verwaltungsverfahrensgesetzes gebunden.[41])

12. Schulgesundheitswesen

31 Die Sorge für die Gesundheit der Schülerinnen und Schüler ist zunächst eine Aufgabe der Eltern. Sie gehört aber auch in einem gewissen Umfang zu den Aufgaben der Schule. Denn die Gesunderhaltung, insbesondere die Vermeidung von ansteckenden Krankheiten, ist eine Voraussetzung für das enge Zusammenleben in der Schule. Deshalb ist es nicht überraschend, daß der

---

38) § 6 Abs. 5 EFG. Siehe auch § 2 Abs. 4 SchfkVO und VV dazu. Berechtigen Schülerzeitkarten zur sonstigen Benutzung des öffentlichen Nahverkehrs, können die Erziehungsberechtigten oder volljährigen Schüler verpflichtet werden, einen Eigenanteil von bis zu 20,– DM zu tragen (§ 7 Abs. 1 SchFG: GV. NW. 97, 437).
39) Schülerfahrkostenverordnung (BASS 11-04 Nr. 3.1; SchR 5.4/1) Dazu die Verwaltungsvorschriften: RdErl. vom 28.5.1980 (BASS 11-04 Nr. 3.2; SchR 5.4/51). Zur Rechtsprechung siehe SPE n.F. 670.
40) Wegstreckenentschädigung je Kilometer Schulweg bei notwendiger Benutzung von privaten PKW (0,25 DM), sonstigen Kfz (0,10 DM) und Fahrrädern (0,05 DM) gemäß § 16 SchfkVO.
41) Insbesondere § 49 VwVfG über den Widerruf eines rechtmäßigen Verwaltungsakts.

V. Schulpflicht und Schulverhältnis

Gesetzgeber nicht nur der Gesundheitsverwaltung, sondern auch der Schule selbst hierzu Vorgaben gemacht hat.[42]
Für jede Schule bestellt das Gesundheitsamt unter Beteiligung des Schulträgers einen **Schularzt**. Dies kann ein Arzt des öffentlichen Gesundheitswesens oder ein beauftragter anderer Arzt sein. Aufgabe des schulärztlichen Dienstes, der unter der Aufsicht des Amtsarztes durchgeführt wird und die Schulzahnpflege einschließt, sind insbesondere Reihenuntersuchungen.

Das Gesundheitsamt hat vor allem darüber zu wachen, daß der Verbreitung übertragbarer Krankheiten durch die Schulen vorgebeugt wird. Wenn Schüler oder Lehrer (oder sonstige Schulbedienstete) an einer nach den Bestimmungen des Bundes-Seuchengesetzes meldepflichtigen übertragbaren Krankheit erkranken oder ein entsprechender Verdacht besteht, dürfen sie die Schule nicht betreten. Tritt eine meldepflichtige **übertragbare Krankheit** in der häuslichen Wohngemeinschaft auf, ist dies unverzüglich der Schule zu melden. Nur mit Zustimmung des Gesundheitsamtes darf der Betreffende die Schule besuchen. Der Schulleiter muß jeden Krankheitsverdacht dem Gesundheitsamt und der Schulaufsichtsbehörde melden. Auf Vorschlag des Gesundheitsamtes kann die örtliche Ordnungsbehörde die Schließung einzelner Klassen oder Schulen anordnen. Zu den genannten Erkrankungen gehören die meldepflichtigen Krankheiten (wie z. B. Scharlach, Diphterie, Typhus, Ruhr, Kinderlähmung, epidemische Gehirnhautentzündung, offene Tuberkulose und übertragbare Hautkrankheiten) sowie ansteckende Borkenflechte, Keuchhusten, Krätze, Masern, Mumps, Röteln und Windpocken. Für die Schule ist das Auftreten von Kopfläusen gleichgestellt. Bei **AIDS** besteht keine Meldepflicht der Schule. Von AIDS Betroffene nehmen am Unterricht teil, sofern dem nicht ein ärztliches Attest entgegensteht oder im Einzelfall aufgrund besonderer Umstände von ihnen eine ernste Gefahr für die Gesundheit anderer ausgeht.

32 Zur Schulgesundheitspflege gehört auch die Frage, wie die Schule sich zu den Gefahren aus dem **Umgang mit Suchtmitteln** stellt. Dies betrifft den Alkohol-, den Nikotin-, den Medikamenten- und den Drogenmißbrauch. Die zuständigen Ministerien haben in einem umfangreichen Runderlaß die Rahmenbedingungen und Möglichkeiten der Bekämpfung aufgeführt. In der Schule sind im Zusammenhang mit schulischen Veranstaltungen der Verkauf, der Ausschank und der Genuß alkoholischer Getränke untersagt. Zwar besteht die Möglichkeit, daß die Schule für die Sekundarstufe II eine Ausnahme zuläßt (Schulfest, Entlassungsfeier). Es sollte aber Anliegen der zu beteiligenden Schulkonferenz sein, hier für einen möglichst restriktiven Rahmen zu sorgen. Ähnliches gilt für das Rauchen in der Schule, das grundsätzlich untersagt ist und nur für Schüler der Sekundarstufe II durch den Schulleiter nach Beteiligung der Schulkonferenz erlaubt werden darf, falls das Einverständnis der Erziehungsberechtigten der einzelnen Schüler vorliegt.

13. Unfallverhütung

33 Unfallverhütung in der Schule umfaßt alle Maßnahmen, die geeignet sind, **Schülerunfälle** zu vermeiden. Sie steht damit in einem engen Zusammenhang

---

42) Grundlegend schon § 3 Abs. 3 SchOG. Im einzelnen: § 26 Abs. 3 Nr. 7 und § 29 SchVG sowie §§ 41-45 ASchO. ÖGDG vom 25.11.1997: SchR 3.3.1/21.

V. Schulpflicht und Schulverhältnis

mit der allgemeinen Aufsichtspflicht der Lehrkräfte (dazu nachfolgend unter Nr. 15), greift wegen der besonderen Aufgabenstellung aber darüber hinaus. Aus der gesetzlichen Schülerunfallversicherung (siehe unten Nr. 14) und der Einbindung der Schule in die Bestimmungen des Sozialgesetzbuches (VII. Buch) folgen besondere Verpflichtungen für die Schule. Sie sollten nicht als außerschulische Einengung der freien Unterrichts- und Erziehungstätigkeit empfunden werden, sondern als eine im Interesse der Betroffenen liegende Aufgabe. Zu ihr sind die Lehrer auch unter dem Gesichtspunkt der Fürsorge für die ihnen anvertrauten Schüler angehalten.[43])

34 Die **Verkehrserziehung** in der Schule hat dazu beigetragen, daß die Zahl der Schulwegunfälle in den letzten Jahren zurückgegangen ist. Ihr umfassender Auftrag reicht allerdings weit über die Unfallverhütung in der Schule hinaus und soll zu einem verantwortlichen Handeln als Verkehrsteilnehmer generell führen.[44])

Zur Sicherheit auf dem Schulweg sollen von den Straßenverkehrsbehörden in Zusammenarbeit mit den Schulen **Schulwegpläne** aufgestellt werden. Schülerlotsen können als freiwillige Verkehrshelfer eingesetzt werden.[45])

Für einzelne **Unterrichtsbereiche** bestehen spezielle Regelungen, die auf besondere Gefahrenlagen aufmerksam machen und Verhaltensgrundsätze aufstellen, so z. B. für den Schwimmunterricht, für Ausflüge in Wintersportgebiete oder den Umgang mit Gefahrstoffen und den Strahlenschutz im Zusammenhang mit dem naturwissenschaftlichen Unterricht.[46])

Verantwortlich für die Durchführung der Unfallverhütung in der Schule ist die Schulleiterin oder der Schulleiter. Soweit es sich um den äußeren Bereich der Schulanlagen und -einrichtungen handelt, sind sie Beauftragte des Schulträgers, die diesem Mängel und Gefahrenlagen unverzüglich anzeigen und auf Abhilfe dringen müssen. Sie bestellen auch die **Sicherheitsbeauftragten** (Lehrer, Hausmeister, evtl. auch ältere Schüler), die nach dem Sozialgesetzbuch vorgeschrieben sind und bei der Unfallverhütung unterstützend, beobachtend und beratend tätig werden sollen.[47])

Kommt es in der Schule oder auch außerhalb bei einer Schulveranstaltung zu einem Unfall, muß der Schulleiter informiert werden, ebenso die Eltern.

---

43) Siebtes Buch des Sozialgesetzbuches — Gesetzliche Unfallversicherung — vom 7.8.1996 (BGBl. I S. 1254). Für die Schule: § 46 ASchO sowie VV dazu im RdErl. vom 29.12.1983 (GABl. NW. 1984 S. 70; BASS 18-21 Nr. 1; SchR 3.3.2/1).
44) Verkehrserziehung in der Schule: RdErl. vom 10.7.1995 (BASS 15-02 Nr. 5; SchR 3.5.6/1).
45) Schulwegsicherung: Gem.RdErl. vom 18.8.1994 (BASS 18-22 Nr. 1; SchR 3.5.6/51). Zur Aufsicht an Schulbushaltestellen: BGH in SPE n.F. 704 Nr. 3.
46) Sicherheitsmaßnahmen beim Schwimmunterricht: RdErl. vom 29.3.1993 (BASS 18-23 Nr. 2; SchR 3.5.5/41).
Schulausflüge in Wintersportgebiete: RdErl. vom 19.3.1997 (BASS 14-12 Nr. 2 , dort Punkt 6.3).
Strahlenschutz in Schulen: RdErl. vom 22.4.1994 (BASS 18-29 Nr. 3; SchR 3.3.2/151) sowie Strahlenschutzverordnung vom 2.8.1994 (BGBl. I S. 1963; SchR 3.3.2/101).
Verhalten bei Bränden: RdErl. vom 3.8.1994 (BASS 18-29 Nr. 1; SchR 3.3.2/51).
47) Sicherheitsbeauftragte: § 22 SGB VII und § 46 Abs. 2 ASchO.

V. Schulpflicht und Schulverhältnis

14. Schülerunfallversicherung

Die gesetzliche Grundlage für das Recht der gesetzlichen Schülerunfallversicherung bildet seit dem 1. 1. 1997 das Siebte Buch des Sozialgesetzbuches, das die entsprechenden Vorschriften der Reichsversicherungsordnung abgelöst hat. Schüler sind danach während des Schulbesuchs und auf dem Schulweg gegen Unfälle mit Personenschäden wie Arbeitnehmer versichert.

Der Unfallversicherungsschutz erstreckt sich auf alle **Schulveranstaltungen**, d.h. nicht nur auf den Unterricht, sondern auch auf alle sonstigen Veranstaltungen, die in der Verantwortung und unter Aufsicht der Schule durchgeführt werden. Schüler sind auch während der Teilnahme an unmittelbar vor oder nach dem Unterricht von der Schule oder im Zusammenwirken mit ihr durchgeführten Betreuungsmaßnahmen versichert.[48]) Damit wird der Versicherungsschutz im Vergleich zur bisherigen Regelung in der Reichsversicherungsordnung ausgeweitet, da ein Zusammenwirken anderer Träger mit der Schule ausreicht, um den Versicherungsschutz zu begründen. Diese Regelung wird der Tatsache gerecht, daß vor allem Grundschulen in zunehmendem Maße eine Unterrichtung und Betreuung der Kinder während des gesamten Vormittags im Zusammenwirken mit anderen Trägern anbieten.

Der **Weg zur Schule** und von der Schule nach Hause steht ebenfalls unter Unfallversicherungsschutz. Nicht versichert sind solche Tätigkeiten, bei denen Schüler den räumlichen, zeitlichen oder inneren Zusammenhang mit dem Schulbesuch unterbrechen oder beenden (z. B. Spritztour während der Pause, Einkauf für den häuslichen Bedarf). Andererseits wurde das Bestehen des Versicherungsschutzes bejaht beim unerlaubten Verlassen des Schulhofes zum Einkauf und Verzehr eines belegten Brötchens wegen der Wiederherstellung und Erhaltung der Arbeitsfähigkeit. Zum Bestehen des Versicherungsschutzes gibt es eine Fülle von gerichtlichen Einzelfallentscheidungen.[49])

Kommt es zu einem Schulunfall, der zu einer ärztlichen Behandlung führt, muß die Schule unverzüglich eine **Unfallmeldung** an den zuständigen Unfallversicherungsträger abgeben (Durchschrift an die Schulaufsichtsbehörde, bei Unfällen von besonderer Bedeutung oder Tragweite mit Bericht).

Die **Leistungen** der gesetzlichen Schülerunfallversicherung nach einem Schulunfall umfassen insbesondere die Heilbehandlung (einschließlich Heil- und Hilfsmittel), soweit erforderlich aber auch Maßnahmen der Rehabilitation und Zahlung von Renten. Ansprüche auf Schmerzensgeld können weder gegenüber dem Unfallversicherungsträger noch gegenüber einer anderen in den Schulbetrieb eingegliederten Person (z. B. Lehrer, Mitschüler) geltend gemacht werden, wenn diese für einen Unfall mitverantwortlich sein sollten. Denn durch die Einbeziehung der Schule in das System der gesetzlichen Unfallversicherung bestehen zugunsten dieser Personen Haftungsbeschränkungen (dazu unten Nr. 16).[50])

---

[48] § 2 Abs. 1 Nr. 8b SGB VII sowie RdErl. vom 24.3.1997 (BASS 12-08 Nr. 2 und 3).
[49] BSG Urteil vom 19.5.1983; SPE n.F. 878 Nr. 42; weitere Beispiele aus der Rechtsprechung: SPE n.F. 878.
[50] Leistungen: § 26 SGB VII; Schmerzensgeld: BVerfG Urteil vom 7.11.1972, In: NJW 1973, S. 502.

V. Schulpflicht und Schulverhältnis

15. Aufsichtspflicht

37 **Während des Schulbesuchs** unterliegen die Schüler der Aufsicht durch die Schule. Die Aufsichtspflicht, die die Schule zu erfüllen hat, soll nicht nur einen geordneten Ablauf des schulischen Lebens und Lernens sicherstellen (z. B. Aufsicht bei Klassenarbeiten). Sie soll insbesondere ein Doppeltes verhindern: Weder sollen die Schüler selbst noch soll irgendein Dritter durch die Schüler gefährdet werden oder gar zu Schaden kommen. Insoweit ist die Aufsichtspflicht der Schule dadurch begründet, daß die Eltern ihr Kind für bestimmte Zeiträume der Schule anvertrauen und selbst nicht die Aufsicht führen können.[51])

Zeitlich erstreckt sich die Aufsichtspflicht der Schule nicht nur auf den Unterricht. Sie umfaßt ebenso alle anderen Schulveranstaltungen (z. B. Sportfest, Schulfest). Hinzu kommt auch die **Zeit**, während der Schüler sich erlaubterweise auf dem Schulgelände aufhalten: in Pausen und Freistunden sowie auch während einer angemessenen Zeit vor und nach dem Unterricht oder der sonstigen Schulveranstaltung. Der Schulweg zwischen Wohnung und Schule unterliegt nicht der Aufsicht, wohl aber ein etwaiger Unterrichtsweg zwischen zwei Unterrichtsstätten (z. B. Schule-Sportplatz); er darf dann in den Sekundarstufen I und II ohne Begleitung eines Lehrers zurückgelegt werden, wenn für die Schüler nach Alter und Verkehrssituation keine besonderen Gefahren zu erwarten sind.[52])

38 **Aufsichtspflichtig** ist grundsätzlich die Lehrerin oder der Lehrer, denen durch allgemeine Organisationsregelung (Stundenplan, Pausenaufsichtsplan) oder durch Einzelanordnung die Verantwortung für die jeweilige Klasse oder Gruppe übertragen worden ist. Darüber hinaus ist aber auch jeder Lehrer verpflichtet, Aufsicht zu führen, sobald er sich im Dienst befindet und sich die Notwendigkeit einer Aufsichtsführung aus den Umständen ergibt. Die Aufsichtspflicht muß auch persönlich erfüllt werden und kann nicht vollständig delegiert werden. Zwar können bei außerunterrichtlichen Gelegenheiten auch geeignete Hilfskräfte eingesetzt werden und ihnen können zeitweise Aufsichtsbefugnisse übertragen werden (z. B. Eltern oder ältere Schüler bei einer Klassenfahrt). Der aufsichtsführende Lehrer bleibt aber dann immer noch dafür verantwortlich, daß hierdurch eine angemessene Aufsicht gewährleistet ist.[53])

Welche **Aufsichtsmittel** eingesetzt werden müssen, kann nur sehr generell bestimmt werden: Es müssen alle Maßnahmen, Vorkehrungen und Anordnungen (Gebote und Verbote) getroffen werden, die zur Schadensverhütung notwendig sind. Welche Maßnahmen das im Einzelfall sind, hängt von der möglichen Gefahr ab und ist aufgrund der pädagogischen Erfahrung und der allgemeinen Lebenserfahrung zu entscheiden. Die Allgemeine Schulordnung nennt in § 12 Abs. 3 als Kriterien die Berücksichtigung möglicher Gefährdung, das Alter, den Entwicklungsstand und die Ausprägung des Verantwortungsbewußtseins der Schüler, bei behinderten Schülern auch die Art der Behinderung.

---

51) Generell zur schulischen Aufsichtspflicht: § 12 ASchO.
52) § 12 Abs. 1 und 2 ASchO und RdErl. vom 26.3.1980 (BASS 12-08 Nr. 1).
53) Einsatz von Hilfskräften: § 12 Abs. 3 Satz 2 ASchO; bei Schulfahrten: RdErl. vom 19.3.1997 (BASS 14-12 Nr. 2, Pkt. 6).

V. Schulpflicht und Schulverhältnis

Die Art der Aufsicht hängt also von der jeweiligen konkreten Situation ab. Es kann danach erforderlich sein, daß eine Schülergruppe ständig auf Sicht- und Rufweite begleitet wird. Es kann in einem anderen Fall hinreichen, daß sich eine Gruppe durch Stichproben mit Kontrolle „beaufsichtigt fühlt". Schließlich kann es auch vorübergehend genügen, daß eine Gruppe durch Verhaltensanweisungen beaufsichtigt wird, wenn der Aufsichtführende davon ausgehen kann, daß seine Anordnungen befolgt werden. In Situationen mit einem möglicherweise erhöhten Gefährdungsrisiko müssen auch erhöhte Vorsichtsmaßnahmen ergriffen werden (z. B. naturwissenschaftlicher Unterricht oder beim Schwimmen, Skilaufen oder Bergwandern).[54]

Soweit die Aufsichtspflicht auf der Schutzbedürftigkeit der minderjährigen Schüler beruht, entfällt sie gegenüber Volljährigen. **Volljährigen** gegenüber bleibt die Schule aber auch insoweit zur Aufsicht verpflichtet, als sich aus dem Schulverhältnis eine Fürsorgepflicht ergibt. Das bedeutet, daß der ordnungsgemäße Unterrichtsbetrieb (Chancengleichheit bei schriftlichen Arbeiten, die bei Lärm und Unordnung in der Klasse nicht gewährleistet ist) und die Unfallverhütung (bei spezifischen Gefahren, auch bei Schulfahrten) es verlangen, daß in bestimmten Situationen auch die Aufsicht über volljährige Schüler ausgeübt wird.[55]

16. Haftungsfragen

In der Schule können sich Situationen und Folgen ergeben, die die Frage nach Schadensersatz und Haftung aufwerfen. Soweit Lehrer betroffen sind, erfordert die **Fürsorgepflicht** des Dienstherrn, daß er die für ihn Handelnden schützt. Nicht alle Risiken können dabei (wie in anderen Berufen auch) den Lehrkräften von vornherein abgenommen werden. Doch zeigt sich insgesamt, daß die rechtlichen Rahmenbedingungen so sind, daß kein Anlaß für übertriebene Besorgnisse bestehen muß.[56]

Deshalb können Lehrkräfte auch nicht unter Hinweis auf etwaige verbleibende Risiken Tätigkeiten ablehnen, die — wie z. B. die Leitung von Klassenfahrten — normalerweise mit ihren Dienstaufgaben verbunden sind.[57]

Aus der Sicht von Schülern und Eltern stellt sich die Frage, wem gegenüber sie bei Schadensfällen im Zusammenhang mit dem Schulbesuch **Ersatzansprüche** durchsetzen können. Für den meist schwerwiegendsten Fall der Körperverletzung einer Schülerin oder eines Schülers besteht ein Anspruch nur gegen den Träger der gesetzlichen Unfallversicherung. Dieser Anspruch ist auf die Kosten der Heilbehandlung gerichtet, kann nach den Umständen des Einzelfalls aber auch weitere Leistungen wie Fahrtkosten oder sogar Nachhilfekosten umfassen, nicht aber ein Schmerzensgeld. Ein Schmerzensgeldanspruch gegen schulangehörige Personen ist gesetzlich ausgeschlossen, um den Schulfrieden störende rechtliche Auseinandersetzungen zwischen Schulangehörigen zu vermeiden.

---

54) Zur Aufsicht bei SV-Veranstaltungen: Nr. 6.4 des SV-Erlasses vom 22.11.1979 (BASS 17-51 Nr. 1; SchR 5.1.2/2).
55) Dazu Nr. 12.3 VVzASchO (BASS 12-08 Nr. 1).
56) Siehe dazu: *Böhm, Aufsicht und Haftung in der Schule*. Neuwied 1998.
57) So ausdrücklich das BAG Urteil vom 26.4.1985 (SPE n.F. 770 Nr. 12) gegenüber einem Lehrer, der die Teilnahme an einer Klassenfahrt ablehnte.

V. Schulpflicht und Schulverhältnis

40 Dem Schulfrieden dienen auch die weiteren **Haftungsbeschränkungen**, die durch die Einbeziehung der Schulen in das System der gesetzlichen Unfallversicherung wirksam sind und den Haftungsbeschränkungen im betrieblichen Bereich zwischen dem Unternehmer und seinen Betriebsangehörigen sowie zwischen diesen untereinander entsprechen. Das bedeutet, daß bei einem Personenschaden eines Schülers der Verletzte keinen unmittelbaren Anspruch gegen einen Lehrer wegen Verletzung der Aufsichtspflicht oder gegen einen Mitschüler hat. Eine Ausnahme besteht nur für den Fall, daß der Schaden vorsätzlich oder bei der Teilnahme am allgemeinen Verkehr herbeigeführt worden ist. Ein Unfall ereignet sich bei der Teilnahme am allgemeinen Verkehr, wenn der zeitliche, räumliche, vor allem aber der innere Zusammenhang mit dem schulischen Geschehen fehlt. Das ist z. B. der Fall, wenn ein Lehrer einen Schüler auf dem Schulweg mit dem Pkw anfährt und verletzt. Auch betrifft der Haftungsausschluß nicht den Fall, daß der Personenschaden bei einem schulfremden Dritten entstanden ist.[58])

Bei einer grob fahrlässigen oder vorsätzlichen Herbeiführung des Schadens durch einen Lehrer oder Schüler kann der Träger der gesetzlichen Unfallversicherung **Rückgriff** beim Schädiger nehmen. Grobe Fahrlässigkeit setzt voraus, daß die verkehrsübliche Sorgfalt in besonders grobem Maße verletzt wurde, daß also einfachste, jedem einleuchtende Überlegungen nicht angestellt wurden.

Tritt ein Personenschaden dagegen bei einem schulfremden Dritten — etwa einem Passanten — ein, greift der Haftungsausschluß durch die gesetzliche Unfallversicherung nicht, da in diesen Fällen nicht ausschließlich Schulangehörige betroffen sind.

Auch bei einem **Sachschaden**, den Schüler beim Schulbesuch erleiden, greift der Haftungsausschluß nicht. Hier gelten die allgemeinen Haftungsgrundsätze. Dies kann bedeuten, daß ein Schaden, der aufgrund mangelhafter Erfüllung der Aufsichtspflicht entstanden ist, zu einem Schadensersatzanspruch gegen die verantwortliche Lehrkraft führt. Da aber nach den Grundsätzen der Staatshaftung dieser Anspruch auf den Dienstherrn übergeleitet wird (Art. 34 GG), kann der Lehrer nicht unmittelbar in Anspruch genommen werden. Vielmehr kann der Geschädigte Schadensersatz vom Land verlangen, wenn dem Lehrer eine mindestens fahrlässige und für den Schaden ursächliche Verletzung seiner Aufsichtspflicht nachgewiesen werden kann. Im Falle einer grob fahrlässigen oder vorsätzlichen Verletzung der Aufsichtspflicht kann der Dienstherr Rückgriff nehmen.[59])

Ersatzansprüche können bei Sachschäden von Schülern auch gegen den **Schulträger** entstehen, wenn ein Schaden z. B. aufgrund der Beschaffenheit der Schuleinrichtungen eingetreten ist (Beispiel: Eine Schülerin zerreißt sich die Hose an einem vorstehenden Nagel); doch ist dabei die Mitschuld des möglicherweise achtlosen Geschädigten zu berücksichtigen. Bei Diebstahl von notwendig zur Schule mitgebrachten Kleidungsstücken (keine Wertsachen!) haftet der Schulträger, da er insoweit für eine sichere Aufbewahrung

---

58) §§ 104, 105, 106, 110 SGB VII (SchR 3.3.3./1).
59) Siehe § 839 BGB i.V.m. Art. 34 GG. Zum Rückgriff des Dienstherrn gegen den Lehrer bei Vorsatz oder grober Fahrlässigkeit siehe § 84 LBG.

V. Schulpflicht und Schulverhältnis

verantwortlich ist. Die Haftung für Schäden an zur Schule mitgebrachten Fahrrädern ist umstritten.⁶⁰)

Umgekehrt haften aber auch Schüler und Eltern nach allgemeinen zivilrechtlichen Grundsätzen für die Schäden, die von ihnen verursacht werden. Schüler, die das Eigentum ihrer Mitschüler schädigen oder zerstören, können daher für den Schaden zivilrechtlich haftbar gemacht werden. Die **Haftung** umfaßt gem. § 49 Abs. 2 ASchO auch die Verpflichtung zur pfleglichen Behandlung des Schulträgereigentums sowie zur pünktlichen Rückgabe der den Schülern anvertrauten Sachen (z. B. Lernmittel).   41

Häufig ergibt sich die Situation, daß ein Schaden offensichtlich durch eine Gruppe entstanden ist, die im einzelnen Verantwortlichen aber nicht ermittelt werden können. In diesem Fall haftet die **Gruppe** nur dann, wenn alle Schüler für den Schaden verantwortlich sind. Läßt sich dagegen weder ein einzelner Verursacher ermitteln, noch die Verantwortlichkeit der gesamten Gruppe feststellen, kann der Schadensersatzanspruch nicht durchgesetzt werden.⁶¹)

17. Unparteilichkeit der Schule

Die öffentliche Schule ist auch in kommunaler Trägerschaft eine staatlich verantwortete Einrichtung, der sich auf Grund der **Schulpflicht** kein Kind und kein Jugendlicher entziehen kann. Sowohl aus dieser rechtlichen Stellung als auch aus ihrer pädagogischen Aufgabe folgt die Pflicht der Schule zur Unparteilichkeit. Weil sie einen Auftrag zur Erziehung und Bildung schulpflichtiger Kinder und Jugendlicher in einer pluralistischen Gesellschaft zu erfüllen hat, muß sie sich im Wettstreit gesellschaftlicher, politischer oder wirtschaftlicher Interessen einer einseitigen Parteinahme enthalten. Die Schule soll vielmehr gerade im Rahmen der freiheitlich demokratischen Grundordnung unterschiedliche Auffassungen ermöglichen und eine tolerante Grundhaltung vermitteln.   42

Diese Grundsätze haben Konsequenzen sowohl für die Schule als Einrichtung und die von ihr durchgeführten Schulveranstaltungen als auch für das Handeln ihrer einzelnen Organe (Schulleitung, Lehrer, Mitwirkungsorgane). Weder darf die Schule tatsächlich in den Dienst einzelner politischer oder gesellschaftlicher Gruppen oder Interessenverbände gestellt werden, noch darf sie einen entsprechenden subjektiven Eindruck zulassen.

Für den **Unterricht** bedeutet dies freilich nicht, daß das Gebot der Unparteilichkeit etwa eine sterile meinungslose Neutralität verlangt. Nach dem Landesbeamtengesetz (§ 55 LBG) sind Lehrer zur unparteiischen Wahrnehmung ihrer Aufgaben verpflichtet. Das schließt politische Meinungsäußerungen im Unterricht nicht aus, erlegt ihnen aber eine besondere Pflicht zu ausgewogener Darstellung und zur Zurückhaltung auf. Als Lehrer aller Schüler muß jeder Lehrer gerade bei umstrittenen Sachverhalten Rücksicht auf die Überzeugungen derjenigen Schüler und ihrer Eltern nehmen, die seine Auffassungen nicht teilen. Jegliche Form von Indoktrination ist untersagt. Indoktrina-   43

---

60) Avenarius (S. 423f) lehnt eine generelle Haftung wohl zu Recht ab und geht von einer Haftung nur dann aus, wenn der Schulträger durch Einrichtung eines gesicherten Fahrradraumes erkennbar die Verantwortung für eine sichere Aufbewahrung übernommen hat.
61) §§ 823 ff BGB, wenn alle Schüler verantwortlich sind: § 840 BGB.

V. Schulpflicht und Schulverhältnis

tion liegt insbesondere dann vor, wenn andere Auffassungen systematisch abgewertet werden und für eigene Auffassungen mit großem Nachdruck geworben wird. „Politischen, ideologischen oder weltanschaulichen Richtungen darf deshalb weder im Unterricht noch im Schulbuch gezielt parteiisch, gleichsam mit Missionstendenz das Wort geredet werden, in umstrittenen, die Öffentlichkeit berührenden Fragen nicht die eine Seite verteufelt, die andere Seite verherrlicht werden."[62]) Das Verbot der Indoktrination ergibt sich aus § 1 Abs. 6 Schulordnungsgesetz und § 35 der Allgemeinen Schulordnung sowie § 6 ADO, die Lehrer verpflichten, in Erziehung und Unterricht alles zu vermeiden, was die Empfindungen Andersdenkender verletzen könnte.

Soweit **Richtlinien und Lehrpläne** oder **Schulbücher** von pädagogischen Positionen ausgehen, die auf bestimmten politischen Überzeugungen beruhen, hat der jeweilige Landesgesetzgeber einen Handlungsspielraum, sich für bestimmte Positionen zu entscheiden und diese vorrangig zu vermitteln. „Denn die staatliche Schulverwaltung kommt in Wahrnehmung ihres Erziehungsauftrages nicht daran vorbei, wertgeprägte, auf die Persönlichkeitsentwicklung des Schülers zielende Konzepte für die Unterrichtsgestaltung zu entwickeln."[63]) Das Toleranzgebot wird erst dann verletzt, wenn andere Auffassungen völlig unberücksichtigt bleiben oder sogar systematisch abgewertet werden.

44 Eine konkrete Ausprägung der Unparteilichkeit der Schule ist das allgemeine **Werbungsverbot**. Es untersagt jegliche Werbung, die nicht schulischen Zwecken dient, insbesondere jede Art wirtschaftlicher oder parteipolitischer Werbung. Das Werbungsverbot wird der Tatsache gerecht, daß Schüler sich in der Schule einer Werbung kaum entziehen können und im Rahmen des öffentlich-rechtlichen Schulverhältnisses nicht einer privaten Interessen dienenden „Zwangswerbung" ausgesetzt werden dürfen. Außerdem dürfte Werbung in der Schule wohl kaum dem schulischen Bildungs- und Erziehungsauftrag entsprechen. Neue Fragen ergeben sich im Zusammenhang mit dem „Social Sponsoring" in der Schule.

Die Schulleitung kann aber Hinweise auf kulturelle, religiöse, sportliche, caritative und wohl auch allgemeinpolitische Veranstaltungen und Einrichtungen geben oder zulassen, sofern eine Beziehung zum schulischen Bildungs- und Erziehungsauftrag besteht, also z. B. keine Gewinnerzielungsinteressen verfolgt werden und die Gleichbehandlung gewährleistet ist.

Entsprechende einschränkende Konsequenzen ergeben sich für die Verteilung schulfremder Druckschriften in der Schule, für den Plakataushang und für Geldsammlungen. Dabei ist zu beachten, daß für Elternverbände Sonderregelungen bestehen, um ihnen die Möglichkeit zu geben, über die Schule die Eltern erreichen zu können.[64])

---

62) BVerwG Urteil vom 3.5.1988; SPE n. F. 702 Nr. 5, S. 8; §§ 3 u. 6 ADO.
63) BVerwG a.a.O., S. 9.
64) Werbungsverbot: § 47 Abs. 3 ASchO; wirtschaftliche Betätigung: § 47 Abs. 4 ASchO, Druckschriften: § 48 Abs. 1 ASchO; Plakate: § 48 Abs. 3 ASchO; Geldsammlungen: § 47 Abs. 6 ASchO; Sonderregelungen für Elternverbände: § 47 Abs. 7 und § 48 Abs. 2 ASchO; Schulsparen: RdErl. vom 18.2.1993 (BASS 15-02 Nr. 6. Zum Sponsoring siehe *Poelchau* in SchVw NRW 1996, S. 337, und *Knopp* 1997, S. 45.

V. Schulpflicht und Schulverhältnis

18. Meinungsfreiheit, Schülerzeitungen

Artikel 5 Abs. 1 Satz 1 GG („Jeder hat das Recht, seine Meinung in Wort, Schrift und Bild frei zu äußern ...") garantiert auch in der Schule das Recht auf freie Meinungsäußerung.

Die Schule kann ihre gesetzliche Aufgabe, Schüler „... zu selbständigem, kritischem Urteil, zu eigenverantwortlichem Handeln und zur Wahrnehmung von Rechten und Pflichten im politischen und gesellschaftlichen Leben ..." zu befähigen„ (§ 36 Abs. 1 Satz 1 ASchO), nur erfüllen, wenn Schüler lernen, ihre Meinung frei und kritisch zu äußern. Dazu gehört auch die freie Meinungsäußerung im **Unterricht**, sofern sie im sachlichen Zusammenhang mit dem Unterricht steht.

Zu den allgemeinen Gesetzen, durch die nach Art. 5 Abs. 2 GG die Meinungsfreiheit eingeschränkt werden kann, gehören aber auch die Schulgesetze, die der Verwirklichung des schulischen Bildungs- und Erziehungsauftrages dienen. So dürfen gem. § 36 Abs. 3 ASchO durch die freie Meinungsäußerung der Schüler insbesondere die Durchführung des Unterrichts und anderer schulischer Veranstaltungen sowie die Rechte anderer nicht beeinträchtigt werden. Zu solchen Beeinträchtigungen zählen beispielsweise ein Aufruf zum Unterrichtsboykott, ein sogenannter „Schülerstreik", Aufrufe zu Demonstrationsteilnahmen während der Unterrichtszeit oder Unterrichtsstörungen durch Zwischenrufe oder sachfremde Äußerungen.

Inhaltlich gilt, daß Meinungsäußerungen in der Schule die Verwirklichung der **Bildungsziele** nicht beeinträchtigen dürfen. Hier können sich im Einzelfall Abgrenzungsprobleme ergeben bei intoleranten Äußerungen zu religiösen Fragen (etwa durch herabsetzende Äußerungen über christliche Glaubensinhalte oder nichtchristliche Religionen), bei der Darstellung sexueller Themen (Schutz insbesondere der jüngeren Schüler), aber auch bei links- oder rechtsextremen politischen Äußerungen (etwa durch die Billigung von Gewalttaten gegen politisch Mißliebige oder Minderheiten).

In Konfliktfällen müssen unmittelbar betroffene Lehrer und die Schulleitung sorgfältig abwägen und den Grundsatz der **Verhältnismäßigkeit** beachten. Dabei muß berücksichtigt werden, daß einerseits Schüler erst lernen sollen, von der Meinungsäußerungsfreiheit verantwortungsbewußten Gebrauch zu machen und daher je nach Alter und Einsichtsfähigkeit einen Anspruch auf Nachsicht haben, daß die Schule aber andererseits die Mitschüler vor Meinungsäußerungen schützen muß, die sie zu Recht als beleidigend, anstößig, belästigend oder bedrängend empfinden. Besonderes Gewicht erhält diese Verpflichtung durch die Tatsache, daß Schüler sich in der Schule in der Regel nicht — wie in den meisten anderen Lebenssituationen — Meinungsäußerungen anderer einfach durch Weggehen entziehen können. Im Schulbereich können dem Grundrecht auf politische Meinungsäußerung neben dem Bildungs- und Erziehungsauftrag der Schule auch die Rechte der Eltern und der Mitschüler, die eine politische Beeinflussung ablehnen, gegenüberstehen.

In diesem Zusammenhang sollten Lehrer und Schulleiter darüber hinaus bedenken, daß die Meinungsäußerungsfreiheit auch das Recht umfaßt, die eigene Meinung nicht preiszugeben. Schülerinnen und Schüler müssen daher im Unterricht und im gesamten schulischen Leben vor dem Zwang geschützt werden, ihre Meinung äußern zu müssen.

V. Schulpflicht und Schulverhältnis

46 Ein über die individuelle Meinungsäußerungsfreiheit hinausgehendes Problem stellt die Tätigkeit politischer, weltanschaulicher oder religiöser **Schülergruppen** in der Schule dar. Die Tätigkeit solcher Schülergruppen in der Schule ist schulrechtlich nicht ausdrücklich geregelt, damit aber auch nicht grundsätzlich verboten. Untersagt ist lediglich eine parteipolitische, weltanschauliche oder religiöse Werbung oder gar Agitation, da diese Verhaltensweisen gegen die Verpflichtung der Schule zur Unparteilichkeit und das allgemeine Werbungsverbot verstoßen. Liegen solche Verstöße nicht vor und sind sie nicht zu befürchten, kann die Schule — Schulleiter unter Beteiligung der Schulkonferenz — selbst entscheiden, ob sie solchen Gruppen z. B. Räume zur Verfügung stellen will. Dabei ist der verfassungsrechtliche Grundsatz der Gleichbehandlung zu beachten.

47 Das Recht auf Meinungsfreiheit kann in besonderer Weise durch die Herausgabe und Mitarbeit bei der Gestaltung von **Schülerzeitungen** ausgeübt werden. Es ist wichtig, dabei den Unterschied zwischen einer von der Schule verantworteten Schulzeitung und Schülerzeitungen zu beachten.

Eine **Schulzeitung** wird im Namen der Schule herausgegeben und richtet sich nicht nur an die Schüler, sondern stellt auch ein wichtiges Verbindungsmittel zu den Eltern und Freunden der Schule dar. Sie repräsentiert die Schule nach außen, muß sich also auch an den Grundsatz der Unparteilichkeit halten. Im Unterschied dazu können Schülerzeitungen frei von einzelnen oder vielen Schülern einer Schule für ihre Mitschüler herausgegeben und gestaltet werden. Sie unterliegen nicht der Verantwortung der Schule. Sie unterliegen dem Presserecht.[65])

Schülerzeitungen können als periodisches Mitteilungsblatt und Diskussionsforum ohne Genehmigung der Schulleitung herausgegeben und auf dem Schulgelände verteilt werden. Sie sind vom Werbeverbot in der Schule ausgenommen und dürfen daher durch angemessene Anzeigenwerbung finanziert werden.

Diese Privilegien machen es im Einzelfall notwendig zu prüfen, ob auch tatsächlich eine Schülerzeitung vorliegt. Zwar können auch Schülerzeitungen für mehrere Schulen gemeinsam herausgegeben werden, dann müssen aber auch tatsächlich Schüler jeder dieser Schulen der Redaktion angehören. Jugendzeitschriften oder Mitteilungsorgane außerschulischer Gruppen sind keine Schülerzeitungen. Das gleiche gilt auch für als Schülerzeitung auftretende Anzeigenblätter, denen wegen eines Übermaßes an Anzeigen im Verhältnis zum redaktionellen Teil der Charakter einer Schülerzeitung abzusprechen ist.[66])

Schülerzeitungen unterliegen keiner **Zensur**. Das bedeutet, daß der Schulleiter kein Recht hat, den Abdruck eines Artikels vorher zu verhindern. Auf Grund einer Änderung des Schulverwaltungsgesetzes hat der Schulleiter in Nordrhein-Westfalen auch nicht mehr die Möglichkeit, den Vertrieb einer Schülerzeitung auf dem Schulgrundstück zu untersagen.[67])

---

65) Schulzeitung: § 37 Abs. 8 ASchO; Schülerzeitung: § 25 Abs. 2 SchVG, § 37 Abs. 1-5 und 7 ASchO sowie VV dazu: RdErl. vom 20.8.1981 (BASS 17-52 Nr. 1; SchR 3.1.1/71); Auszug aus dem Landespressegesetz (SchR 5.13/51).
66) Ausnahme vom Werbungsverbot: § 47 Abs. 3 Satz 2 ASchO.
67) § 37 Abs. 5 ASchO (seit 1994).

V. Schulpflicht und Schulverhältnis

Diese Gesetzesänderung ist nicht unbedenklich, da sie insbesondere jüngere Schüler schutzlos jeder denkbaren Art von Veröffentlichung in einer Schülerzeitung aussetzt. Zudem erhöht sie für die häufig noch minderjährigen verantwortlichen Schülerzeitungsredakteure die Gefahr einer Anzeige bei Polizei oder Staatsanwaltschaft, da die Schulleitung die Verbreitung einer Veröffentlichung in der Schule nicht mehr auf einen möglichst kleinen Personenkreis beschränken kann. Sollten pädagogische Einwirkungen und Ordnungsmaßnahmen nach Auffassung der Schulleitung und Schulaufsicht nicht ausreichen, bleibt nur die Anzeige.

Da Schülerinnen und Schüler, die eine Schülerzeitung herausgeben, dafür selbst die rechtliche Verantwortung tragen, ist es wichtig, daß sie von der in § 37 Abs. 4 ASchO eingeräumten Mithilfe der Schule Gebrauch machen, sich bei ihrer redaktionellen Tätigkeit durch einen Lehrer ihres Vetrauens beraten zu lassen. Führt die Beratung nicht zu einem einvernehmlichen Ergebnis, soll ein aus dem Vorsitzenden der Schulpflegschaft, dem Schülersprecher und dem Schulleiter bestehender **Vermittlungsausschuß** angerufen werden. Diese Beratung erfolgt allerdings auf freiwilliger Basis, und die Redaktion entscheidet letztlich allein über eine Veröffentlichung.

Für **Flugblätter** und andere aus aktuellem Anlaß von Schülern einer oder mehrerer Schulen für deren Schüler herausgegebene Druckschriften gelten die genannten Grundsätze gem. § 37 Abs. 6 ASchO entsprechend. In diesen Fällen ist aber vor der Verteilung auf dem Schulgelände ein Exemplar dem Schulleiter zur Kenntnis zu geben, der aber ebensowenig wie bei einer Schülerzeitung ein Vertriebsverbot aussprechen kann.

Diese Regelung berücksichtigt nicht in ausreichendem Maße entscheidende Unterschiede zwischen Schülerzeitung und Flugblättern. Eine im Verhältnis zu den Schülerzeitungen stärkere Kontrolle und die Möglichkeit eines Vertriebsverbotes rechtfertigen sich insbesondere dadurch, daß die Verantwortlichen für Flugblätter in der Regel schwerer zu ermitteln sind als bei der auf Dauer angelegten Schülerzeitung und daß die von Flugblättern als einem typischen Agitationsmittel möglicherweise ausgehenden Beeinträchtigungen des Schulbetriebes schwerer korrigierbar sind.

Dem trägt § 37 Abs. 7 Satz 1 ASchO in Bezug auf Schülerzeitungen und Flugblätter, die von Schülern anderer Schulen herausgegeben werden, Rechnung. Danach ist der Vertrieb auf dem Schulgrundstück von der Erlaubnis der Schulleiterin oder des Schulleiters abhängig.

Die von überschulischen Zusammenschlüssen der Schülervertretungen im Rahmen ihrer Aufgaben (kein allgemeines politisches Mandat) herausgegebenen Zeitungen und Flugblätter bedürfen gem. § 37 Abs. 7 Satz 2 ASchO keiner Vertriebserlaubnis.

VI. Schulaufsicht und Schulverwaltung

1. Allgemeines (Überblick)

Als komplexes, in die allgemeine Rechtsordnung und Verwaltungsorganisation eingebettetes Gebilde kann Schule nicht ohne einen rechtlich-organisatorischen Rahmen auskommen, auch wenn selbstverständlich ihr Wesen davon nicht geprägt wird oder sich darin erschöpft. Dieser Rahmen darf also durchaus nicht als Selbstzweck mißverstanden werden. Andererseits ist er für eine sachgerechte schulische Arbeit und Planung, aber auch im Interesse der Rechtsstaatlichkeit und Rechtssicherheit, unverzichtbar. Er dient der optimalen Erfüllung des schulischen Auftrags; damit kommt ihm eine nicht zu unterschätzende dienende Funktion zu. 1

Die **Schulaufsicht** spielt für Funktionsfähigkeit und Qualität des Schulwesens eine herausragende Rolle. Ihr obliegt es, die schulische Arbeit zu überwachen und da, wo es notwendig ist, beratend, mahnend, anordnend oder korrigierend, vor allem aber pädagogisch motivierend, einzugreifen. Sie darf nicht einseitig der Praxis des „langen Zügels" folgen, andererseits aber auch nicht den Handlungsspielraum der Schulen über Gebühr einschränken. Vielmehr ist der Einsatz schulaufsichtlicher Mittel und Methoden — ausgerichtet an der jeweiligen Situation — in jedem Einzelfall sorgfältig abzuwägen. 2

Bei der **Schulverwaltung**, die sich häufig mit der Schulaufsicht überschneidet, handelt es sich um einen Oberbegriff mit zahlreichen Ausfächerungen. Eine besondere Bedeutung kommt in diesem Bereich dem **Schulträger** zu (z. B. im Hinblick auf die Errichtung von Schulen, für Schulbau, Schulfinanzierung und Schulentwicklungsplanung). Allen diesen Erscheinungsformen der Schulverwaltung wird in den folgenden Abschnitten nachgegangen. 3

Die **Rechtsgrundlagen** für das rechtlich-organisatorische Beziehungsgeflecht von Schule, Schulverwaltung und Schulaufsicht finden sich im wesentlichen im **Schulverwaltungsgesetz**.[1]) Ergänzend hierzu müssen das **Verwaltungsverfahrensgesetz** und in größerem Zusammenhang mit dem Verwaltungsrechtsschutz, also den Rechtsmitteln im Schulbereich, die **Verwaltungsgerichtsordnung** berücksichtigt werden. Das Verwaltungsverfahrensgesetz stellt Grundsätze für das Verwaltungsverfahren auf, die mit Einschränkungen auch für das schulische Handeln gelten. Die Verwaltungsgerichtsordnung regelt das Verfahren bei Widersprüchen gegen Verwaltungsakte und bei Klagen vor den Verwaltungsgerichten. Diese sind ihrerseits dazu berufen, schulische Entscheidungen auf ihre Rechtmäßigkeit zu überprüfen und damit für die Bewährung des materiellen Rechts (z. B. der ASchO) im Konfliktfall zu sorgen (Rechtsschutz). 4

Schulaufsicht und Schulverwaltung haben die Schule zum Gegenstand und Ziel. Deren **Rechtsstellung** ist daher vorab zu klären. Inwieweit der Einzelschule ein eigener Gestaltungsspielraum zuzubilligen ist, der ihr ein noch größeres Maß an Selbständigkeit geben würde, ist eine in diesem Kontext immer stärker diskutierte Frage. Auch die Zusammenarbeit von Schulen erhält zunehmendes Gewicht. 5

Das gesamte Kapitel „Schulaufsicht und Schulverwaltung" bezieht sich auf

---
1) Siehe Kap. I Rdnr. 14.

VI. Schulaufsicht und Schulverwaltung

das **öffentliche** Schulwesen.[2]) Der Schulträgerbegriff gilt allerdings in gleicher Weise für öffentliche wie für private Schulen.

2. Die Rechtsstellung der Schule

6 Die öffentliche Schule ist eine nichtrechtsfähige öffentliche Anstalt des Schulträgers (§ 6 SchVG).

Unter dem Begriff „**Anstalt**" ist ein „Bestand an Personal und sächlichen Mitteln" zu verstehen, der dazu dient, Aufgaben der öffentlichen Verwaltung zu erfüllen (§ 14 LOG). Auf die Schule bezogen sind Sachmittel die Schulgebäude und die Lehrmittel; das Personal setzt sich aus den Lehrern und den nichtpädagogischen Mitarbeitern (z. B.: Schulsekretärinnen, Hausmeister) zusammen.

Als Anstalt ist die Schule, anders als z. B. Ärzte- oder Industrie- und Handelskammern, nicht körperschaftlich organisiert. Im Rechtssinne hat sie deshalb keine Mitglieder, sondern Benutzer; dies sind die Schülerinnen und Schüler bzw., als mittelbare Benutzer, die Erziehungsberechtigten.

7 Dem Charakter der Schule als **öffentliche** Anstalt entspricht es, daß die Rechtsbeziehungen zwischen ihr und den Benutzern öffentlich-rechtlich geregelt sind. Dem tragen die Schulgesetze sowie die Allgemeine Schulordnung[3]) (ASchO) und die hierzu erlassenen Verwaltungsvorschriften Rechnung. Im übrigen ist die Schule berechtigt, im Benehmen mit dem Schulträger eine eigene Schulordnung in Kraft zu setzen; der Schulträger schließlich soll (seinerseits im Benehmen mit der Schule) die Benutzung der Schuleinrichtungen und des Schulgebäudes in einer Hausordnung regeln (§ 26 Abs. 4 SchVG).

Wegen des öffentlich-rechtlichen Charakters der Rechtsbeziehungen zwischen der Schule einerseits und Schülern und Erziehungsberechtigten andererseits entscheiden über Streitigkeiten nicht die Zivil-, sondern die Verwaltungsgerichte.

8 Da die Schule **nicht rechtsfähig** ist (sog. unselbständige Anstalt), ist nicht sie Trägerin von Rechten und Pflichten, sondern der Schulträger. Diesem gehört deshalb z. B. das Schulvermögen. Ihm obliegen auch die Schulunterhaltung und große Bereiche der Verwaltung der Schule. Daneben nehmen aber auch die Schulen selbst **Verwaltungsaufgaben** wahr. Dies betrifft z. B. die Aufnahme von Schülerinnen und Schülern in die Schule, die Überwachung der Schulpflicht, Beurlaubungen vom Schulbesuch sowie die Verhängung von Ordnungsmaßnahmen. Die Schulen verwalten ferner umfangreiches Datenmaterial[4]) und übermitteln an die Schulaufsichtsbehörden eine Fülle amtlicher Schuldaten.[5]) Außerdem halten sie die durch Krankheit oder Mutter

---

2) Privatschulen siehe Kap. VII.
3) Siehe dazu Kap. V Rdnr. 14 ff.
4) Vgl. die Dienstanweisung für die automatisierte Verarbeitung von personenbezogenen Daten in der Schule vom 15. 9. 1988 i. d. F. vom 26. 5. 1995 (BASS 10-41 Nr. 4; SchR 3.9.4/151) sowie den RdErl. vom 21. 8. 1992 (BASS 10-41 Nr. 6; SchR 3.9.4/161).
5) Zu Einzelheiten siehe RdErlasse vom 6. 10. 1981 (BASS 10-45 Nr. 3; SchR 3.7.2/41), vom 16. 3. 1989 (BASS 10-41 Nr. 2; SchR 3.7.2/41) und vom 10. 9. 1996 (BASS 10-41 Nr. 7; SchR 3.7.2/43).

VI. Schulaufsicht und Schulverwaltung

schutz bedingten Abwesenheitszeiten von Lehrkräften fest (Weitergabe an die Schulaufsichtsbehörden nur in anonymisierter Form).[6]
Bei ihren Handlungen sind die Schulen an Vorgaben durch Rechtsvorschriften und Anordnungen der Schulaufsichtsbehörden gebunden. Auch ohne eine institutionelle „Freiheit der Einzelschule", die an deren fehlender Rechtsfähigkeit scheitert, ist aber eine deutlich wachsende Tendenz erkennbar, der einzelnen Schule eine größere Eigenständigkeit zuzugestehen.[7] Unabhängig davon ist die Schule schon seit langem mit eingeschränkten behördlichen Befugnissen ausgestattet: In allem, was unmittelbar mit dem Unterrichtsbetrieb zusammenhängt, trifft sie selbst die Entscheidungen (z. B.: Versetzungen, Prüfungen). Insoweit ist sie also **Behörde**, die Verwaltungsakte erlassen und an verwaltungsgerichtlichen Verfahren beteiligt sein, z. B. verklagt werden kann.

Die öffentliche **Aufgabe**, die sie als Anstalt zu erfüllen hat, ist ihr Bildungs-, Ausbildungs- und Erziehungsauftrag (Art. 7, 8 LV). Damit trägt sie nicht nur gegenüber der Allgemeinheit, sondern mehr noch für die ihr anvertrauten Schülerinnen und Schüler und gegenüber den Erziehungsberechtigten eine besondere Verantwortung. 9

3. Selbständigkeit der Einzelschule

Um persönliche Verantwortung und individuelles Engagement zu erhöhen und damit bessere Arbeitsergebnisse zu erreichen, beschreiten Wirtschaft und Verwaltung mit unterschiedlicher Entschlossenheit, aber insgesamt mit zunehmender Intensität den Weg, Aufgaben verstärkt auf Organisationseinheiten vor Ort zu **delegieren**, anstatt sie zentral wahrzunehmen. Diese Entwicklung schlägt sich in Begriffen wie „lean production" und „lean management" im Wirtschaftssektor bzw. „lean administration" und „flache Hierarchien" oder „Abbau von Hierarchien" im Bereich der öffentlichen Verwaltung nieder. Auch das Schulwesen ist hiervon nicht unberührt geblieben. Eine besondere Rolle spielen dabei Überlegungen, die Selbständigkeit der Einzelschule auszuweiten; ganz neu sind sie allerdings nicht. 10

Schon mit den „Empfehlungen der Bildungskommission des Deutschen **Bildungsrats** zur verstärkten Selbständigkeit der Schule" aus dem Jahr 1973 sollte ein Gegengewicht zur „verwalteten" Schule, zum Lehrer als „Unterrichtsbeamten" geschaffen werden. Ein größerer Freiraum der Schule ist auch Grundprinzip des Schulmitwirkungsgesetzes.[8] In dessen § 1 wird als Ziel der Mitwirkung u. a. beschrieben, „die Eigenverantwortung in der Schule zu fördern". 11

Einen neuen Schub in der Diskussion über eine mit größerer Selbständigkeit ausgestattete Schule hat die **Denkschrift** „Zukunft der Bildung — Schule der Zukunft" der vom Ministerpräsidenten des Landes Nordrhein-Westfalen berufenen **Bildungskommission** ausgelöst. Sie plädiert mit Verve für eine „teilautonome, das heißt im wesentlichen freiere Einzelschule, für deren Entwicklung zu einer lernenden Organisation". Diese soll Eigeninitiative und „Selbstverantwortungsübernahme" fördern und auch solche Aufgaben und 12

---

6) Zunächst beschränkt auf das Schuljahr 1997/98: RdErl. vom 30. 6. 1997 (GABl. NW. S. 191; SchR 3.7.2/45).
7) Siehe dazu unten Rdnr. 10 bis 15.
8) Siehe hierzu Kap. I Rdnr. 14; Kap. III.

VI. Schulaufsicht und Schulverwaltung

Entscheidungsrechte wahrnehmen, die bislang der Schulaufsicht bzw. dem Schulträger vorbehalten waren.

13 Auf dem Weg zu größerer Selbständigkeit der Schule sind bereits wichtige Schritte getan worden. Beispielhaft sind zu nennen:

- Entwicklung eines spezifischen **Schulprogramms**.[9]) Es stellt Schwerpunkte und Entwicklungsperspektiven der pädagogischen Arbeit an der einzelnen Schule dar und dient auch dazu, der Schule ein eigenes **Profil** zu geben und die **Identifikation** mit ihr zu erhöhen (Corporate Identity).

- Gestaltung des Schullebens und **Öffnung der Schule** (GÖS) mit dem Ziel, vorhandene Freiräume für die interne Schul- und Unterrichtsorganisation zu nutzen. Darüber hinaus geht es um die Einbeziehung außerschulischer Lernorte (z. B. Betriebe, Kirchen und Vereine) in die schulische Arbeit.

- Mitwirkung der Schule bei **schulscharfen Stellenausschreibungen** und Ausweitung der Eigenverantwortung der Schulleitung im Rahmen des Programms „**Geld statt Stellen**".[10])

- Intensivierung der schulinternen Fortbildung von Lehrkräften.

- Delegation bestimmter dienstlicher **Beurteilungen** (in der Probezeit, vor einer Tätigkeit im Auslandsschuldienst, in der Entwicklungshilfe sowie im Hochschuldienst) auf die Schulleiter.[11])

  Bewilligung von **Sonderurlaub** an Lehrkräfte (bis zur Dauer von insgesamt 5 Tagen im Jahr) durch die Schulleiterinnen und Schulleiter.[12])

- Verwaltung eines Teils der Haushaltsmittel des Schulträgers durch die Schule selbst (**Budgetierung**; dezentrale Ressourcenverantwortung).

14 Alle Reformüberlegungen und -schritte stehen allerdings unter der Prämisse, daß die **staatliche Gesamtverantverantwortung** für das Schulwesen unberührt, die staatliche Schulaufsicht also erhalten bleibt. Eine „Autonomie" der Einzelschule im Rechtssinne wäre damit nicht vereinbar; sie könnte deshalb auch nicht auf gesetzlichem Weg begründet werden. Andernfalls wären einheitliche Leistungsstandards und eine zuverlässige Qualitätssicherung schulischer Arbeit nicht zu gewährleisten. Selbst eine Umgestaltung der Schulaufsicht zu einem rein Pädagogischen Dienst, wie sie den Autoren der Denkschrift (s. o.) vorschwebt, ist daher nicht zu erwarten. Das Schwergewicht der Schulaufsicht könnte sich gleichwohl in Zukunft noch stärker als bisher von Anordnungen auf die Beratung hin verlagern.

15 Die Schulträger sind schließlich nicht berechtigt, sich unter dem Aspekt größerer Selbständigkeit der Einzelschule zu Lasten des Schulleiters/Kollegiums in zu großem Umfang von ihrer Verantwortung für die Organisation und Ver-

---

9) RdErl. vom 25. 6. 1997 (BASS 14-23 Nr. 1; SchR 3.2.2/1). Dazu Kap. III Rdnrn. 9 und 16.
10) Siehe RdErl. — Abschnitt II — vom 11. 9. 1997 (GABl. NW. S. 230; SchR 6.1.3/71): Stellenausschreibungsverfahren, sowie RdErl. vom 26. 6. 1996 (BASS 11-11 Nr. 2.2; SchR 3.7.2/25): Geld statt Stellen.
11) § 1 Abs. 5 der Verordnung über beamtenrechtliche Zuständigkeiten (BASS 10-32 Nr. 44; SchR 3.7.1/111) sowie Nr. 2.7 des RdErl. vom 25. 5. 1992 (BASS 21-02 Nr. 2; SchR 6.3.3/1).
12) RdErl. — Abschnitt II — vom 28. 6. 1988 (BASS 21-05 Nr. 11; SchR 6.3.2/12 a).

VI. Schulaufsicht und Schulverwaltung

waltungsführung der Schule zu lösen. Dies widerspräche nicht nur der geltenden Rechtslage (§ 2 SchVG), sondern auch der Erwägung, daß die pädagogische Arbeit, der Schulleitung und Kollegium zuallererst verpflichtet sind, Vorrang vor Verwaltungsaufgaben gebührt, die an sich dem Schulträger obliegen.

4. Kooperation von Schulen

§ 5 Abs. 1 SchVG enthält die grundsätzliche Verpflichtung der Schulen, schulfachlich und organisatorisch zusammenzuarbeiten. Sie sollen damit zur Sicherung eines effektiven Bildungsangebots in allen Landesteilen beitragen. Ziel ist insbesondere, das schulische **Leistungsangebot** regional ausgewogen zu gestalten und die Bildungschancen der Schülerinnen und Schüler durch vielfältige, aufeinander abgestimmte Wahlmöglichkeiten zu verbessern und auszubauen. Dem dienen u. a.

- die wechselseitige Abstimmung von Bildungsgängen und Abschlüssen,
- die Sicherung, Erweiterung und gegenseitige Öffnung unterrichtlicher und außerunterrichtlicher Angebote durch gemeinsame Veranstaltungen,
- der Einsatz von Lehrkräften über die einzelne Schule hinaus,
- die Erleichterung des Schülerwechsels von einer Schulform und -stufe in eine andere,
- die möglichst effektive Nutzung schulischer Einrichtungen und die arbeitsteilige Erfüllung von Verwaltungsaufgaben.

Die Zusammenarbeit mit anderen Schulen ist **Aufgabe** aller Schulstufen und -formen. Es sollen kooperieren

- Grundschulen mit anderen Grundschulen, mit Sonderschulen und mit weiterführenden Schulen,
- Hauptschulen, Realschulen, Gymnasien und Gesamtschulen mit Grundschulen, Schulen ihrer Schulform und — im Rahmen des pädagogisch und dienstrechtlich Möglichen — mit Schulen anderer Schulformen und -stufen,
- berufsbildende Schulen und Kollegschulen untereinander und — soweit möglich (s. o.) — mit Schulen anderer Schulformen und -stufen sowie mit berufsbildenden Sonderschulen,
- Abendrealschulen, Abendgymnasien und Kollegs (Institute zur Erlangung der Hochschulreife) untereinander,
- Sonderschulen mit anderen Sonderschulen, mit Grundschulen sowie mit Schulen der Sekundarstufen I und II.

Besondere Regelungen gelten u.a. für die Zusammenarbeit in der **gymnasialen Oberstufe** der Gymnasien und Gesamtschulen.

Die **Initiative** zur Kooperation liegt bei den Schulleitungen. Sie leiten den Schulkonferenzen ein Konzept für die Zusammenarbeit zu, über das diese zu entscheiden haben. Die Schulkonferenzen sind grundsätzlich berechtigt, das Konzept zu ändern oder die Kooperation mit anderen Inhalten zu beschließen.

VI. Schulaufsicht und Schulverwaltung

Schule und Schulträger sind aufgefordert, bei der Planung und Durchführung zusammenwirken. Die Schulaufsicht soll ihrerseits dafür Sorge tragen, daß die Möglichkeiten der Zusammenarbeit von Schulen genutzt werden.[13])

5. Schulträger

18 Schulträger ist, wer für die Errichtung, Organisation und Verwaltungsführung der einzelnen Schule rechtlich unmittelbar die Verantwortung trägt und zur Schulunterhaltung eigene Leistungen erbringt (**Legaldefinition** in § 2 SchVG).[14])

Errichtung bedeutet, eine Schule als Erziehungs- und Bildungssystem ins Leben zu rufen; dies ist von der Bereitstellung der Schulanlagen und -gebäude zu unterscheiden.

Organisation umfaßt den äußeren Aufbau und die Gliederung der Schule. Dabei sind die gesetzlichen Vorgaben zur Mindestzügigkeit von Grund-, Haupt-, Real-, Gesamtschulen und Gymnasien zu beachten.[15])

Zur **Verwaltungsführung** gehören alle sonstigen Maßnahmen, mit denen die Voraussetzungen dafür gelegt werden, daß Unterricht und Erziehung stattfinden kann. Hierzu zählen z. B.: Schaffung und Unterhaltung der erforderlichen Schulgebäude, Einrichtungen und Lehrmittel, Einstellung des nichtpädagogischen Personals (z. B.: Schulsekretärinnen, Hausmeister) sowie die gerichtliche und außergerichtliche Vertretung der Schule. Als generelle Faustregel gilt, daß sich die Verwaltungsführung auf die sog. **äußeren Schulangelegenheiten** bezieht. Im Gegensatz dazu umfassen die inneren Schulangelegenheiten den Bereich, der unmittelbar dem Unterricht und der Erziehung dient. Die Grenzen sind allerdings fließend; gleichwohl erleichtert das Begriffspaar „äußere — innere Schulangelegenheiten" die Unterscheidung und erscheint auch in anderen Zusammenhängen unverzichtbar.

Voraussetzung für die Eigenschaft als Schulträger ist ferner, daß zur Unterhaltung der Schule eigene **Leistungen** erbracht werden. Sie brauchen sich nicht auf den gesamten finanziellen Aufwand zu erstrecken, dürfen sich aber auch nicht in nur gelegentlichen Zuwendungen erschöpfen. Deshalb sind auch Zuschüsse Dritter (Erziehungsberechtigte, Fördervereine, Firmen) in Form des sog. **Sponsoring** zulässig. Dieses erlangt angesichts der angespannten Finanzlage der öffentlichen Haushalte eher eine zunehmende Bedeutung. Dabei sind allerdings die grundsätzlichen Verbote der Werbung an Schulen (§ 47 Abs. 3 ASchO), der wirtschaftlichen Betätigung in der Schule (§ 47 Abs. 4 ASchO) sowie der Verteilung schulfremder Druckschriften und des Aushängens von Plakaten auf dem Schulgrundstück (§ 48 ASchO) zu beachten. Vor allem darf nicht durch Sponsoring in relevantem, also nicht nur unwesentlichem Ausmaß die Gleichheit der Bildungschancen im Schulwesen

---

13) Zur Kooperation von Schulen: § 5 SchVG; Verordnung über die Zusammenarbeit von Schulen (Kooperationsverordnung — KVO) vom 24. 3. 1995 (BASS 12-21 Nr. 12; SchR 3.8.5/1); Verwaltungsvorschriften zur Verordnung über die Zusammenarbeit von Schulen (VVzKVO) vom 12. 5. 1997 (BASS 12-21 Nr. 12.1; SchR 3.8.5/51).
14) Die Legaldefinition bezieht sich sowohl auf das öffentliche als auch auf das private Schulwesen. Zu letzterem: Kap. VII. Schulträger kann nur eine natürliche oder eine juristische Person sein.
15) Siehe hierzu § 10 a SchVG, § 16 a SchOG.

VI. Schulaufsicht und Schulverwaltung

beeinträchtigt werden. Mit diesen Einschränkungen sind Schulleitungen zu ermutigen, Sponsoring zugunsten einer Verbesserung der Situation an der Schule zu nutzen (z. B. Anschaffung von Computern, Sportgeräten wie etwa Booten für eine Ruderriege, Instrumenten für das Schulorchester, Geräten für den Physikraum; Spenden für Schulwanderungen und -fahrten).

Die **Schulträgerschaft** im öffentlichen Schulwesen ist in § 10 SchVG unterschiedlich geregelt. 19

Im allgemeinen liegt sie bei **kommunalen** Körperschaften: Schulträger sind für Grund- und Hauptschulen die Gemeinden, ebenfalls für Realschulen, Gymnasien und Gesamtschulen (subsidiär die Kreise); für Berufsschulen und andere berufsbildende Schulen die kreisfreien Städte und Kreise; für Schulen für Kranke die Gemeinden, Kreise oder Landschaftsverbände. Die Gemeinden (subsidiär die Kreise) sind ferner gehalten, Schulen für Erziehungshilfe, für Geistigbehinderte, Lernbehinderte und in der Primarstufe Schulen für Sprachbehinderte zu errichten. Schulen für Blinde, Gehörlose, Körperbehinderte, Schwerhörige, Sehbehinderte und in der Sekundarstufe I für Sprachbehinderte werden von den Landschaftsverbänden getragen. Auch Schulverbände (Zusammenschlüsse von Gemeinden und Gemeindeverbänden) können Schulträger sein.

Das **Land** ist berechtigt, zur Ergänzung des Schulwesens Schulen mit einem besonderen Bildungsangebot oder mit überregionalem Einzugsbereich sowie **Versuchsschulen** zur Weiterentwicklung des Schulwesens zu errichten und fortzuführen. Schulen in der Trägerschaft des Landes sind die Glasfachschule Rheinbach, das Eichendorff-Kolleg Geilenkirchen — Staatliches Institut für spätausgesiedelte Abiturienten — und (als Versuchsschulen) das Oberstufen-Kolleg und die Laborschule an der Universität Bielefeld.

Für Schülerinnen und Schüler, die wegen einer Erkrankung voraussichtlich länger als 6 Wochen die Schule nicht besuchen oder langfristig und regelmäßig an mindestens 1 Tag je Woche am Unterricht nicht teilnehmen können, richtet die Schulaufsichtsbehörde auf Antrag Hausunterricht ein.

Das Angebot wird durch Schulen der Innungen, Handwerkskammern, Industrie- und Handelskammern sowie der Landwirtschaftskammern vervollständigt.

Alle diese Schulen sind öffentliche Schulen. Was nicht öffentliche Schule ist oder als solche gilt, ist Privatschule (§ 3 SchVG).

6. Errichtung, Änderung und Auflösung öffentlicher Schulen

Schulen des **Landes** werden von den obersten Landesbehörden (im allgemeinen: Ministerium für Schule und Weiterbildung) im Rahmen ihres Geschäftsbereichs errichtet; sie sind im Haushaltsplan zu veranschlagen (§ 14 Abs. 2 LOG). Die oberste Landesbehörde befindet auch über das weitere Schicksal (Änderung, Auflösung) dieser Schulen. 20

Die Errichtung, Änderung und Auflösung **kommunaler** Schulen beschließt der jeweilige Schulträger (§ 8 SchVG). Über Beginn, Verlauf und Beendigung des Betriebs von Schulen der **Innungen** und **Kammern** entscheiden diese nach ihrem Satzungsrecht.

VI. Schulaufsicht und Schulverwaltung

Unter **Errichtung** ist nicht nur die Neuschaffung eines Schulsystems, sondern auch die Teilung einer Schule in mehrere selbständige Schulen und die dauernde Zusammenlegung selbständiger Schulen zu einer einzigen Schule zu verstehen, unter **Änderung** der Aus- und Abbau von Schulen, der Wechsel des Schulträgers, die Änderung der Schulform, des Schultyps und der Schulart. **Auflösung** ist die Nichtfortführung des Schulsystems.[16])

Für die Gemeinden ist die Errichtung von Schulen eine im Rahmen der kommunalen Selbstverwaltung zu erfüllende **Pflichtaufgabe**. Hiernach sind Schulen grundsätzlich dann zu errichten, wenn dafür ein **Bedürfnis** besteht. Die entsprechende Feststellung ist von der Gemeinde zu treffen.

21 Der Beschluß über Errichtung, Änderung oder Auflösung einer nichtstaatlichen öffentlichen Schule bedarf der **Genehmigung** der Bezirksregierung.[17])

Die Errichtung oder Änderung einer Schule darf insbesondere in folgenden Fällen nicht genehmigt werden: Für die beschlossene Maßnahme besteht kein Bedürfnis, die Voraussetzungen für einen geordneten Schulbetrieb liegen nicht vor, es fehlen ausreichende und geeignete Schulräume oder der Schulträger besitzt nicht die erforderliche Verwaltungs- und Finanzkraft, so daß die Unterhaltung der Schule nicht dauerhaft gesichert ist. Selbst dann ist jedoch die Genehmigung zu erteilen, wenn Erziehungsberechtigte mit einem auf eine bestimmte Schulart (Gemeinschaftsschule — Bekenntnisschule) gerichteten Antrag Erfolg gehabt haben.

Die Bezirksregierung darf eine beschlossene Auflösung unterbinden, wenn ein Bedürfnis für die Fortführung der Schule be steht, die Voraussetzungen für einen geordneten Schulbetrieb vorliegen und wenn ausreichende und geeignete Schulräume vorhanden sind. Bevor die Bezirksregierung eine Genehmigung verweigert, muß sie sich mit dem Schulträger ins Benehmen setzen (§ 8 Abs. 8 SchVG).

7. Schulbezirke, Schuleinzugsbereiche

22 Für jede öffentliche Grundschule und Berufsschule **muß** ein Schulbezirk, für andere öffentliche Schulen oder Teile von ihnen **können** (getrennt nach Schulform, Schulart und Schultyp) im Gebiet des Schulträgers Schuleinzugsbereiche gebildet werden. Beides geschieht in Gestalt von Rechtsverordnungen, deren Erlaß im allgemeinen den Schulträgern, unter bestimmten Voraussetzungen auch den Schulaufsichtsbehörden obliegt (§ 9 SchVG).

Der **Schulbezirk** ist für die Erfüllung der Schulpflicht von Bedeutung: Wo Schulbezirke bestehen, müssen Schülerinnen und Schüler die für ihren Wohnsitz zuständige Schule besuchen. Etwas anderes gilt nur, wenn aus besonderen Gründen Ausnahmen zugelassen werden; zu beachten ist außerdem das Recht der Erziehungsberechtigten von Kindern einer konfessionellen oder weltanschaulichen Minderheit, ihre Kinder in eine benachbarte Gemeinde zur Schule zu schicken, wenn und weil nur dort eine Schule ihrer Wahl vorhanden ist.[18])

---

16) Zur Errichtung neuer Schulen und der dabei zu beachtenden Erreichbarkeit anderer Schulformen: § 10 b Abs. 2 Satz 2 SchVG sowie RdErl. vom 6. 5. 1997 (BASS 10-2 Nr. 9; SchR 3.8.2/1).
17) § 8 Abs. 2 SchVG; § 1 der Verordnung über schulrechtliche Zuständigkeiten (ZustVOSchulR) vom 30. 3. 1985 (BASS 10-32 Nr. 50; SchR 3.7.1/25).
18) Siehe § 6 Abs. 2, 3 SchPflG, § 25 SchOG; Schulpflicht: Kap. V Rdnrn. 1 bis 13.

VI. Schulaufsicht und Schulverwaltung

Sind **Schuleinzugsbereiche** gebildet, so darf die Schule die Aufnahme eines nicht im Schuleinzugsbereich wohnenden Schülers ablehnen; ein Ablehnungsrecht besteht jedoch — abgesehen von allgemeinen Kapazitätsgrenzen — nicht, wenn für die Aufnahme stichhaltige Gründe geltend gemacht werden können.

Benachbarte Schulbezirke oder Schuleinzugsbereiche können sich überschneiden. In diesem Fall ist in der Rechtsverordnung die Stelle zu bestimmen, die für das Überschneidungsgebiet die zuständige Schule festlegt, damit gleichmäßige Klassenstärken erreicht werden.

8. Schulbau

Für den Schulbau ist der Schulträger zuständig; er hat die für einen ordnungsgemäßen Unterricht erforderlichen Schulanlagen, Gebäude und Einrichtungen bereitzustellen und zu unterhalten (§ 30 SchVG).

Aus Gründen der Kostenersparnis müssen neue Gebäude außer für die Primarstufe grundsätzlich in einem **Schulzentrum** errichtet werden, wenn die örtlichen Verhältnisse dies zulassen. Ein Schulzentrum ist die Zusammenfassung von Schulgebäuden zur Aufnahme einer Gesamtschule oder von Schulen verschiedener Schulformen der Sekundarstufe I, der Sekundarstufe II oder beider Sekundarstufen. Von der Einbeziehung von Schulen verschiedener Schulformen sind Ausnahmen zugunsten von Schulversuchen und Sonderschulen möglich.

Durch Richtlinien kann das Schulministerium — im Einvernehmen mit den beteiligten Fachministerien — Umfang und Ausgestaltung der Schulgrundstücke und Schulgebäude, die Einrichtung der Schulgebäude sowie die Ausstattung der Schulen mit Lehrmitteln festlegen (§ 31 SchVG). Hiervon hat es in der Vergangenheit mit einer Vielzahl detaillierter Raumprogramme und Ausstattungsrichtlinien Gebrauch gemacht. Inzwischen sind diese weitestgehend aufgehoben worden; es hat sich gezeigt, daß eine zu starke Reglementierung die auch in diesem Bereich anzustrebende Eigenverantwortlichkeit und Eigeninitiative der kommunalen Schulträger erheblich einschränkt und zu unnötiger Bürokratisierung beiträgt. An die Stelle der früheren Vorschriften sind im wesentlichen die Grundsätze für die Aufstellung von Raumprogrammen für allgemeinbildende Schulen und für Sonderschulen getreten.[19])

9. Schulfinanzierung

Schule ist mit erheblichen Kosten verbunden, bei denen zwischen Personal- und Sachausgaben unterschieden werden muß. Wer sie zu tragen hat, bestimmt das Schulfinanzgesetz.[20])

Die **Personalausgaben** für Lehrerinnen und Lehrer an öffentlichen Schulen, deren Träger das Land, eine Gemeinde oder ein Gemeindeverband ist, sind vom Land, für das nichtpädagogische Personal (z. B.: Hausmeister, Sekretärinnen) vom Schulträger aufzubringen. Diese Regelung ist einleuchtend, sind

---

19) RdErl. vom 19. 10. 1995 (BASS 10-21 Nr. 1; SchR 3.8.3/151). Vgl. wegen bestimmter, besonders geregelter Teilbereiche: SchR 3.8.3/51 ff.
20) Gesetz über die Finanzierung der öffentlichen Schulen (Schulfinanzgesetz — SchFG) in der Neufassung vom 17. 4. 1970 (BASS 1-5; SchR 2.4/1).

VI. Schulaufsicht und Schulverwaltung

doch die Lehrkräfte dieser Schulen Bedienstete des Landes, während sich die nichtpädagogischen Mitarbeiter in einem Arbeitsverhältnis zum Schulträger (Land oder Kommune) befinden; wer Dienstherr oder Arbeitgeber ist, muß daher die Personalkosten tragen. Daneben gibt es öffentliche Schulen, deren Lehrer ausnahmsweise Bedienstete des Schulträgers sind. Das ist z. B. bei den Stiftischen Gymnasien in Bethel, Düren und Gütersloh der Fall. Da es sich hier um öffentliche Schulen handelt, erstattet das Land die Personalausgaben, die der Schulträger für seine zur Deckung des normalen Unterrichtsbedarfs erforderlichen Lehrer aufwendet.

Personalausgaben sind insbesondere die Dienst- und Versorgungsbezüge, Vertretungskosten, Beihilfen, Trennungsentschädigungen sowie die nur für die Angestellten zu erbringenden Beiträge zur Sozialversicherung. Als Personalausgaben gelten auch Reise- und Umzugskosten.

27 Alle übrigen Schulkosten sind **Sachausgaben**. Zu diesen gehören z. B. Schülerfahrkosten und Kosten für die Haftpflichtversicherung der Schülerlotsen und der an Betriebspraktika, Betriebserkundungen oder an ähnlichen Schulveranstaltungen teilnehmenden Schülerinnen und Schüler. Alle Sachausgaben fallen dem Schulträger zur Last.

28 Das Schulfinanzgesetz bildet schließlich die Grundlage für die Zahl der **Lehrerstellen**, die zur Deckung des Unterrichtsbedarfs erforderlich sind. Maßgebend für die Errechnung dieser Stellen ist insbesondere die in der Verordnung zur Ausführung des § 5 Schulfinanzgesetz festgelegte, nach Schulformen unterschiedliche **Schüler-Lehrer-Relation** (Zahl der Schülerinnen und Schüler je Lehrerstelle). Außerdem regelt die Verordnung nach den pädagogischen und verwaltungsmäßigen Bedürfnissen der einzelnen Schulformen, Schulstufen oder Klassen die Zahl der regelmäßigen wöchentlichen Unterrichtsstunden für Schülerinnen und Schüler und der Pflichtstunden der Lehrkräfte sowie die Klassenbildungswerte (Klassenfrequenzrichtwerte,- höchst- und -mindestwerte).[21])

10. Schulentwicklungsplanung

29 Gemeinden und Kreise mit Schulträgeraufgaben sind nach § 10 b SchVG verpflichtet, für ihren Bereich einen Schulentwicklungsplan aufzustellen und fortzuschreiben. Die Planung ist mit den benachbarten Schulträgern und — im Rahmen der kommunalen Entwicklungsplanung — mit anderen Fachplanungen und der Bauleitplanung abzustimmen. Sie dient dem Ziel, in allen Landesteilen ein **gleichmäßiges** und alle Schulformen **umfassendes** Bildungs- und Abschlußangebot sicherzustellen. Schulen und Schulstandorte sind deshalb unter Berücksichtigung des Angebots anderer Schulträger so zu planen, daß Angebote von Haupt-, Realschulen, Gymnasien und Gesamtschulen (Schulformen gemäß § 10 Abs. 2 SchVG) unter möglichst gleichen Bedingungen wahrgenommen werden können. Bei Errichtung neuer Schulen (z. B. Gesamtschulen) muß gewährleistet sein, daß andere Schulformen i. S. des § 10 Abs. 2 SchVG mit bereits bestehendem schulischen Angebot auch künftig in zumutbarer Weise erreichbar sind.

---

21) VO zur Ausführung des § 5 Schulfinanzgesetz (VO zu § 5 SchFG) i. d. F. vom 22. 5. 1997 (BASS 11-11 Nr. 1; SchR 2.4/5). Vgl. auch die Verwaltungsvorschriften zu dieser Verordnung in der jeweils gültigen Fassung (BASS 11-11 Nr. 1.1; SchR 2.4/21).

VI. Schulaufsicht und Schulverwaltung

Die **Grundsätze** für die Schulentwicklungsplanung sind durch Rechtsverordnung[22]) festgelegt. Sie enthält insbesondere Bestimmungen über

- die Planungszeiträume für die Aufstellung und Fortschreibung der Schulentwicklungspläne (fünfjähriger Zielplan),
- die Art und die Ermittlung der für die Schulentwicklungsplanung erforderlichen Grundlagen (auch Bedürfnisprüfung),
- die inhaltliche Abstimmung der Schulentwicklungsplanung benachbarter Schulträger und
- die Abstimmung der Schulentwicklungsplanung mit anderen Fachplanungen und mit der kommunalen Bauleitplanung.

Der Schulentwicklungsplan ist der Bezirksregierung zur Kenntnis zu geben, also nicht an deren Zustimmung geknüpft. Er kann beim Schulträger eingesehen werden und ist regelmäßig fortzuschreiben.

11. Schulverwaltung

Unter Schulverwaltung versteht man jede verwaltende Tätigkeit im Schulwesen, die weder als pädagogische Bildungsarbeit noch als Schulaufsicht zu qualifizieren ist. Die Übergänge zwischen Schulaufsicht und Schulverwaltung sind begrifflich allerdings fließend; dies gilt insbesondere für die Bereiche des Dienst- und Disziplinarrechts.

Schulverwaltung bezieht sich in erster Linie auf die **äußeren** Schulangelegenheiten. Zu ihr werden damit zunächst alle **organisatorischen Grundakte** gezählt. Hierzu gehören Gründung, Änderung und Schließung von Schulen, die Festlegung von Schulbezirken und Schulaufsichtsbereichen, Schulunterhaltung und -finanzierung sowie die Verwaltung der einzelnen Schule. Dazu kommt die personelle Ausstattung mit Lehrkräften und sonstigem nichtlehrenden Personal und damit die Anwendung des gesamten **Dienstrechts** in diesem Bereich. Hieraus ergibt sich, daß die Schulverwaltung überwiegend von außerhalb der Schule stehenden Organisationseinheiten (Schulträger, staatliche Verwaltung) getragen wird. In zunehmendem Maß sind allerdings auch die Schulleitungen an der Verwaltung der Schulen beteiligt (z. B. durch Mitwirkung an schulscharfen Stellenausschreibungen sowie an Beurteilungen, durch Erteilung von Sonderurlaub, Verwendung von Haushaltsmitteln, Überwachung der Schulpflicht, Verhängung von Ordnungsmaßnahmen). Ohnehin ist der Schulleiter gehalten, die äußeren Schulangelegenheiten in enger Zusammenarbeit mit dem Schulträger zu erledigen, dessen Weisungen für ihn verbindlich sind (§ 20 Abs. 2 Satz 5 SchVG).

Als besonderes Organ der Schulverwaltung erwähnt das Schulverwaltungsgesetz in seinem § 12 den kommunalen **Schulausschuß**. Schulausschüsse werden von den Gemeinden, Kreisen und Schulverbänden nach den Vorschriften der kommunalen Verfassungsgesetze (z. B.: Gemeinde-, Kreisordnung) gebildet. Als ständiges Mitglied — mit allerdings nur beratender Stimme — gehört ihnen je ein von der katholischen und der evangelischen

---

22) VO zur Schulentwicklungsplanung vom 14. 6. 1983 (BASS 10-01 Nr. 1; SchR 3.8.1/1).
Zur kommunalen Entwicklungsplanung: Gesetz zur Landesentwicklung (Landesentwicklungsprogramm — LEPro) vom 5. 10. 1989 (SchR 3.8.1/11).

VI. Schulaufsicht und Schulverwaltung

Kirche benannter Geistlicher an. Die Teilnahme von Vertretern der Lehrerschaft schreibt das Gesetz dagegen nicht zwingend vor. An den Sitzungen soll aber der zuständige Schulrat teilnehmen, wenn der Ausschuß dies wünscht.

Als spezielle Schulverwaltungsorgane für die Schulen im Bergbau sieht das Gesetz die **Schulvorstände** vor (§ 13 SchVG).

12. Schulaufsicht

32 Nach Art. 7 Absatz 1 des Grundgesetzes steht das gesamte Schulwesen unter der Aufsicht des Staates. Art. 8 Absatz 2 der Verfassung des Landes Nordrhein-Westfalen und § 14 Absatz 1 des Schulverwaltungsgesetzes wiederholen für unser Land diese „Fundamentalnorm der deutschen Bildungsverfassung" (Oppermann). Dem Staat kommt also im Schulwesen eine **zentrale Stellung** zu. Allerdings konkurriert er mit anderen Bildungs- und Erziehungsmächten (Eltern, Kirchen). Daneben hat er das Selbstverwaltungsrecht der Gemeinden und Kreise als Schulträger zu respektieren, das gleichfalls mit Verfassungsrang ausgestattet ist. Weitere Einschränkungen der Schulaufsicht ergeben sich aus der pädagogischen Freiheit des Lehrers[23]) und (faktisch) aus der auf eine größere Selbständigkeit der Einzelschule gerichteten Entwicklung.[24])

Gleichwohl ist die Schulaufsicht nach eindeutig herrschender Meinung grundsätzlich als **umfassende Gestaltungsmacht des Staates** zu definieren, die auch als staatliche Schulhoheit bezeichnet wird. Sie schließt die Gesamtheit der staatlichen Befugnisse zur Organisation, Planung, Leitung und Beaufsichtigung des Schulwesens ein und bezieht sich sowohl auf die äußeren wie auf die inneren Schulangelegenheiten.[25]) Dieser weite Inhalt ist sachlich deshalb gerechtfertigt und geboten, weil der Staat die Verantwortung dafür trägt, daß dem Recht auf Bildung und Chancengleichheit zur Verwirklichung verholfen wird.

33 Die Schulaufsicht ist in Nordrhein-Westfalen inhaltlich in § 14 SchVG umschrieben. Sie umfaßt danach die Dienst- und Fachaufsicht sowie die staatliche Ordnung, Förderung und Pflege des Schulwesens, muß zugleich die pädagogische Selbstverantwortung (pädagogische Freiheit; s.o.) pflegen, Schulträger, Schulleiter, Lehrer und Schüler zur Erfüllung der ihnen obliegenden Pflichten anhalten und das Interesse der kommunalen Selbstverwaltung an der Schule fördern. Zu den Aufgaben der Schulaufsicht gehört es insbesondere, die schulische Arbeit zu überwachen und da, wo es notwendig ist, beratend, mahnend, ggf. auch anordnend oder korrigierend, vor allem aber pädagogisch motivierend, einzugreifen. Die Diskussion darüber, ob sie künftig noch stärker als bisher auf Beratungsaufgaben im pädagogischen Bereich verlagert werden sollte, ist bisher nicht abgeschlossen. In die Überlegungen wird auch die Tatsache einzubeziehen sein, daß die staatliche Kontrolle des Schulwesens schon jetzt teilweise sehr zurückhaltend ausgeübt wird; Kritiker sprechen vielfach von einer zu „timiden" Aufsicht. Manche Mißstände sind sicher auch darauf zurückzuführen.

---

23) Siehe dazu Kap. III Rdnr. 16, Kap. IV Rdnr. 4.
24) Siehe dazu oben Rdnrn. 10 bis 13.
25) BVerfGE 6, S. 101; 34, S. 165; BVerwGE 47, S. 201.

VI. Schulaufsicht und Schulverwaltung

Die **Dienstaufsicht** erstreckt sich nach § 12 LOG auf den Aufbau der Schulen, ihre innere Ordnung, die allgemeine Geschäftsführung im Schulbereich und auf die Personalangelegenheiten der Lehrkräfte (Dienst- und Disziplinarrecht). Wenn im Rahmen der Dienstaufsicht Lehrerinnen und Lehrer an die Erfüllung ihrer Dienstpflichten erinnert werden müssen, so geschieht dies in der Regel unterhalb der Schwelle dienst- oder gar disziplinarrechtlicher Maßnahmen. Gelegentlich sind allerdings dienstliche Anordnungen oder Weisungen unverzichtbar (z. B. zur Pünktlichkeit, zur sachgerechten Vorbereitung des Unterrichts, zur Unparteilichkeit, zum Verbot diskriminierender oder beleidigender Äußerungen gegenüber Schülerinnen und Schülern). In schweren Fällen, vor allem bei Uneinsichtigkeit oder wiederholten Verstößen, bedient sich die Schulaufsicht aber auch der Mittel des Disziplinarrechts. Ob und wie sie tätig wird, ist im allgemeinen eine Frage der **Zweckmäßigkeit** und/oder der **Verhältnismäßigkeit**. 34

Die **Fachaufsicht** bezieht sich auf die rechtmäßige und zweckmäßige Wahrnehmung der schulischen Aufgaben (§ 14 LOG), vornehmlich auf die Erziehungs- und Unterrichtsarbeit und die schulfachliche Beratung von Schulleitungen und Lehrkräften. Sie umfaßt ferner die Bearbeitung von Beschwerden gegen schulische Maßnahmen. Diese sind von der Schulaufsicht u. a. dann aufzuheben, wenn sie gegen schulrechtliche Vorschriften, gegen den Gleichbehandlungsgrundsatz oder den Grundsatz der Verhältnismäßigkeit verstoßen oder wenn sie auf sachfremden Erwägungen oder unzutreffenden Voraussetzungen beruhen. 35

An die Schulaufsicht werden damit insgesamt hohe Anforderungen gestellt. Sie darf nur durch **hauptamtlich** tätige, fachlich vorgebildete Beamte (Pädagogen, Verwaltungsbeamte) ausgeübt werden. Die schulfachlichen und die verwaltungsfachlichen Aufsichtsbeamten sind gehalten, zur Wahrung der pädagogischen Aufgabe der Schule zusammenzuwirken (§ 14 Abs. 5 SchVG). Zur Unterstützung der schulfachlichen Schulaufsichtsbeamten können die Schulaufsichtsbehörden Lehrkräfte als **Fachberater** hinzuziehen, die diese Aufgabe im Rahmen ihres Hauptamtes wahrnehmen.[26] 36

13. Schulaufsichtsbehörden

Die Schulaufsicht ist grundsätzlich in einem dreistufigen Verwaltungsaufbau organisiert. 37

Oberste Schulaufsichtsbehörde ist das **Schulministerium**, seit 1998 umständlich „Ministerium für Schule und Weiterbildung, Wissenschaft und Forschung". Es nimmt die Aufsicht über das gesamte Schulwesen des Landes wahr und entscheidet über Angelegenheiten von grundsätzlicher Bedeutung. Seine besondere Aufgabe ist es, die landeseinheitlichen Grundlagen für die pädagogische und organisatorische Arbeit der Schulen und für ein leistungsfähiges Schulwesen zu sichern.

Als obere Schulaufsichtsbehörden üben die **Bezirksregierungen** in Arnsberg, Detmold, Düsseldorf, Köln und Münster in ihrem jeweiligen Amtsbezirk die Schulaufsicht aus. Ihnen obliegt vor allem die Sicherung der fachlichen Anforderungen im Unterricht. Die früher für Gymnasien, Abendgymnasien und

---

26) Siehe § 14 Abs. 6 SchVG sowie zum Einsatz von Fachberatern: RdErl. vom 27. 7. 1992 (BASS 10-32 Nr. 51; SchR 3.7.1/81).

VI. Schulaufsicht und Schulverwaltung

Kollegs als obere Schulaufsichtsbehörden zuständigen Schulkollegien bei den Regierungspräsidenten in Düsseldorf und Münster sind bereits seit 1985 aufgelöst, ihre Aufgaben auf die Bezirksregierungen übergegangen. Dem lag als Ziel die Vereinheitlichung und Verbesserung der Schulaufsicht zugrunde.[27])

Untere Schulaufsichtsbehörden sind die in den kreisfreien Städten und Kreisen bestehenden **Schulämter**. Ihre Aufsicht erstreckt sich auf Grund-, Haupt- und Sonderschulen, soweit es sich nicht um Schulen für Blinde, für Gehörlose oder um Sonderschulen im Bildungsbereich der Realschule, des Gymnasiums und der berufsbildenden Schulen handelt. Durch Rechtsverordnung können ihnen weitere Zuständigkeiten für alle Schulformen und -stufen zugewiesen werden.

38 Für bestimmte Bereiche sind **besondere**, hiervon abweichende **Zuständigkeitsregelungen** getroffen oder möglich. Danach ist z. B. das **Landesoberbergamt** in Dortmund obere Schulaufsichtsbehörde für die bergmännischen berufsbildenden Schulen. In grundsätzlichen Fragen der Schulaufsicht muß es das Benehmen mit der Bezirksregierung in Arnsberg herstellen.

Die Schulaufsicht über die sozialpädagogischen Fachschulen sowie die Schulen in Heimen der Fürsorgeerziehung und der freiwilligen Erziehungshilfe obliegt dem Schulministerium im Benehmen mit dem Ministerium für Arbeit, Gesundheit und Soziales, über die beiden zuletzt genannten Gruppen von Schulen den Bezirksregierungen und Schulämtern im Rahmen ihrer Zuständigkeiten als obere bzw. untere Schulaufsichtsbehörden (Ausübung im Benehmen mit dem Landschaftsverband Rheinland bzw. Westfalen).

Im übrigen kann einer Bezirksregierung die Schulaufsicht in einem bestimmten Aufgabenbereich auch für das Gebiet einer oder mehrerer anderer Bezirksregierungen durch Rechtsverordnung übertragen werden, soweit dies zur einheitlichen Wahrnehmung der Schulaufsicht erforderlich ist. Dies gilt insbesondere im Hinblick auf die Sicherung einheitlicher fachlicher Unterrichtsanforderungen und für besondere organisatorische oder schulfachliche Vorhaben. Schließlich kann das Schulministerium Schulaufsichtsbeamte beauftragen, für den Bereich mehrerer Schulaufsichtsbehörden derselben Ebene tätig zu sein. Das geschieht z. B. beim Einsatz von Dezernenten für landwirtschaftliche Berufsschulen.[28])

39 Die **innere Organisation** der Bezirksregierungen und Schulämter ist durch gesetzliche Vorgaben und Erlasse geregelt.[29])

---

27) Drittes Gesetz zur Funktionalreform (3. FRG) vom 26. 6. 1984 (GV. NW. S. 370, 385); vgl. auch: *Jülich, RdJB 1985, S. 142*.
28) Zur Gesamtorganisation der Schulaufsicht: §§ 15,16 SchVG. Im übrigen siehe: VO über die Zuständigkeiten von Regierungspräsidenten für den Bereich anderer Regierungspräsidenten in der Schulaufsicht (BASS 10-32 Nr. 48; SchR 3.7.1/1); VO über schulrechtliche Zuständigkeiten (BASS 10-32 Nr. 50; SchR 3.7.1/25); VO über die Zuweisung weiterer allgemeiner Angelegenheiten auf die Schulämter (BASS 10-32 Nr. 47; SchR 3.7.1/31).
29) Für die Bezirksregierungen: § 17 SchVG; Organisations- und Mustergeschäftsverteilungsplan (SchR 3.7.1/51); ergänzende Ordnung zur Geschäftsordnung für die Regierungspräsidenten (SchR 3.7.1/11). Für die Schulämter: § 18 SchVG; Geschäftsordnung für das Schulamt (BASS 10-32 Nr. 2; SchR 3.7.1/41).

VI. Schulaufsicht und Schulverwaltung

Bei der **Bezirksregierung** ist für die Aufgabe der Schulaufsicht die **Schulabteilung** (Abteilung 4) zuständig, der schulfachliche und verwaltungsfachliche Schulaufsichtsbeamte angehören. Nach dem Organisations- und Mustergeschäftsverteilungsplan umfaßt die Abteilung 9 Dezernate. Davon sind 4 (Dezernate 41-44) nach Schulformen/Schulstufen gegliedert. Die weiteren 5 Dezernate sind zuständig für die Lehreraus- und -fortbildung (Dezernat 45), Kunst- und Kulturpflege sowie (nur bei den Bezirksregierungen Arnsberg und Düsseldorf) den Zweiten Bildungsweg und den Sport (Dezernat 46), für Personal- und Stellenplanangelegenheiten (Dezernat 47), für Schulrecht und Schulverwaltung, Schulbau und Kirchensachen (Dezernat 48) sowie für wirtschaftliche Angelegenheiten, Ersatzschulen und die Finanzierung der Weiterbildung (Dezernat 49).

Innerdienstliche Grundsätze für schulfachliche Entscheidungen werden, unbeschadet des Weisungsrechts des Schulministeriums, durch Kollegialbeschluß der Schulaufsichtsbeamten festgelegt. Das **Kollegialprinzip** gilt also nur für den schulfachlichen Bereich und bezieht sich auch dort lediglich auf allgemeine Aspekte. Insoweit ist die Konzeption übernommen worden, die bei den aufgelösten Schulkollegien (s. o.) bestand. Der übrige, insbesondere der gesamte verwaltungsfachliche Bereich ist dagegen, wie die Bezirksregierung allgemein, nach dem sog. **monokratischen** Prinzip organisiert (Entscheidungen grundsätzlich durch eine Person = Behördenleiter bzw. in deren Auftrag).

Das **Schulamt** besteht aus dem Oberstadt- bzw. Oberkreisdirektor und dem schulfachlichen Schulaufsichtsbeamten (Schulrat). Der Schulrat ist Landesbeamter und im Sinne des Beamtenrechts Vorgesetzter der Schulleiter und Lehrer. In der Regel gehören dem Schulamt mehrere schulfachliche Schulaufsichtsbeamte an, denen jeweils ein bestimmter Aufsichtsbezirk, z.T. daneben ein fachlich abgegrenzter Aufgabenbereich, zugewiesen ist.

Zum Dienstbereich des Schulrats gehören die schulfachlichen, zum Dienstbereich des Oberstadt- bzw. Oberkreisdirektors die rechtlichen, insbesondere die verwaltungs- und haushaltsrechtlichen Angelegenheiten. Jedes Mitglied entscheidet in seinem Dienstbereich selbständig, muß sich aber in wichtigen Fragen mit dem anderen Mitglied ins Benehmen setzen. Angelegenheiten, die beide Dienstbereiche berühren, sind von den betreffenden Mitgliedern des Schulamts gemeinsam zu erledigen. Verstöße gegen die Geschäftsverteilung sind für die Wirksamkeit der Entscheidungen nach außen ohne Belang.

Im Jahr 1995 hat eine Unternehmensberatungsfirma im Auftrag des Schulministeriums eine „**Untersuchung der staatlichen Schulaufsicht NRW**" vorgelegt und darin u. a. die Auflösung der Schulämter vorgeschlagen. Nach dem gegenwärtigen Erkenntnisstand dürfte damit allerdings ebensowenig zu rechnen sein wie mit der von der Bildungskommission (s. o.) angeregten Umwandlung in einen rein pädagogischen Dienst. Aufbau und Aufgabenzuweisung der Schulaufsicht haben sich in der derzeitigen Form grundsätzlich bewährt, so daß für durchgreifende Änderungen keine Notwendigkeit zu erkennen ist. Bemühungen um eine inhaltliche Verbesserung der Schulaufsicht bleiben davon unberührt.

VI. Schulaufsicht und Schulverwaltung

14. Verwaltungsverfahren

41 Öffentliche Schulen üben auch sog. hoheitliche Aufgaben („Schulgewalt" im früheren Verständnis) aus und erlassen in diesem Rahmen Verwaltungsakte. Soweit das geschieht, haben sie die Stellung von Behörden. Dabei müssen sie eine Vielzahl **schulspezifischer Verfahrensvorschriften** beachten (z. B. Versetzungsordnungen, Abiturprüfungsordnungen). Gibt die spezielle Verfahrensordnung auf eine Einzelfrage keine Antwort, so ist auf die allgemeinen Bestimmungen des **Verwaltungsverfahrensgesetzes**[30]) zurückzugreifen. Dieses ist allerdings im Schulbereich nicht uneingeschränkt, sondern nur grundsätzlich anwendbar. Ausgenommen von der Geltung für die Schule sind u.a. die Regelungen über Bevollmächtigte und Beistände, über Verjährung und — bei Leistungsbeurteilungen (z. B. Zeugnisse) — über die Begründungspflicht und die vorherige Anhörung. Unmittelbare und uneingeschränkte Bedeutung hat das Gesetz dagegen für das Handeln der Schulträger sowie der Schulverwaltungs- und Schulaufsichtsbehörden. An dieser Stelle können nur die wichtigsten Aspekte behandelt werden.

42 Das Gesetz klärt zunächst einige Grundbegriffe. Als **Verwaltungsverfahren** bezeichnet es u.a. die nach außen wirkende Tätigkeit der Behörden, die auf die Prüfung der Voraussetzungen sowie auf die Vorbereitung und den Erlaß eines Verwaltungsakts gerichtet ist. **Verwaltungsakt** ist jede Verfügung, Entscheidung oder andere hoheitliche Maßnahme, die zur Regelung eines Einzelfalls auf dem Gebiet des öffentlichen Rechts mit unmittelbarer rechtlicher Wirkung nach außen getroffen wird. Verwaltungsakte sind z. B. Prüfungs- und Versetzungsentscheidungen, die Aufnahme eines Schülers bzw. deren Ablehnung, Ordnungsmaßnahmen nach der ASchO sowie das Vertriebsverbot für eine Schülerzeitung. Der Unterricht ist hiernach kein Verwaltungsverfahren, wohl aber eine Versetzungskonferenz.

43 Beteiligte am Verwaltungsverfahren sind vor allem Antragsteller und -gegner sowie diejenigen, an die die Behörde den Verwaltungsakt richten will oder gerichtet hat. Beteiligte am Verwaltungsverfahren der Schulen sind damit in erster Linie die Schülerinnen und Schüler und deren Eriehungsberechtigten, nicht aber Außenstehende.

Im Verwaltungsverfahren darf für die Schule nicht tätig werden, wer Angehöriger eines Beteiligten ist oder sonstige, im Gesetz abschließend aufgeführte Ausschlußgründe erfüllt. Ein Hinderungsgrund fürs Tätigwerden ist außerdem die Besorgnis der **Befangenheit**. Von Bedeutung ist dies u.a. bei der Verhängung einer Ordnungsmaßnahme gegen einen Schüler, an der deshalb ein mit diesem verwandter Lehrer nicht mitwirken darf. Da der Unterricht kein Verwaltungsverfahren ist, ist es dagegen rechtlich unbedenklich, wenn ein Kind des Lehrers daran teilnimmt.[31])

---

30) Verwaltungsverfahrensgesetz für das Land Nordrhein-Westfalen (VwVfG. NW.) vom 21. 12. 1976 (GV. NW. S. 438; geltende Fassung: SchR 1.4/7).
31) Allgemein zu Ausschlußgründen zur Besorgnis der Befangenheit: §§ 20, 21 VwVfG. NW.; bei Mitgliedern von Prüfungsausschüssen vgl. auch § 27 APO-GOSt (BASS 13-32 Nr. 3.1/Nr. 3.2; SchR 4.4.2/101) sowie § 7 APO-BBS (BASS 13-33 Nr. 2; SchR 4.4.7/1).

VI. Schulaufsicht und Schulverwaltung

Im Verwaltungsverfahren gilt der **Untersuchungsgrundsatz**; der Sachverhalt muß also von Amts wegen ermittelt werden. Die Schule bestimmt jedoch Art und Umfang der Ermittlungen und bedient sich der Beweismittel, die sie zu dieser Sachverhaltsermittlung nach pflichtgemäßem Ermessen für erforderlich hält (z. B. Einholung schriftlicher Auskünfte oder Stellungnahmen, Anhörung Beteiligter). **44**

Den Beteiligten gegenüber besteht eine Rechtspflicht zur Beratung und Auskunft sowie (grundsätzlich) zur Gewährung von Akteneinsicht. Ihnen ist in der Regel Gelegenheit zu geben, sich zu den für die Entscheidung erheblichen Tatsachen zu äußern (**Anhörung**), bevor ein Verwaltungsakt erlassen wird, der in ihre Rechte eingreift; ausgenommen von dieser Pflicht zur vorherigen Anhörung sind jedoch im Schulbereich Prüfungs- und Versetzungsentscheidungen, da sie auf Leistungsbeurteilungen beruhen (s. o.).

Der **Verwaltungsakt** muß hinreichend bestimmt sein. Wenn nicht besondere Formvorschriften bestehen, kann er auch mündlich ergehen. Grundsätzlich ist er zu begründen; dies gilt jedoch ebenfalls nicht für die auf Leistungsbeurteilungen beruhenden schulischen Entscheidungen. **45**

Das Gesetz befaßt sich sodann mit **Fehlern** des Verwaltungsakts und deren Folgen bzw. mit den Möglichkeiten zu ihrer Beseitigung. Schreibfehler und offenbare Unrichtigkeiten (z. B. in Zeugnissen) können jederzeit berichtigt werden. Im übrigen ist festzuhalten: Ein Verwaltungsakt ist (nur dann) nichtig und darum unbeachtlich, soweit er an einem besonders schwerwiegenden Fehler leidet und dies bei verständiger Würdigung aller in Betracht kommenden Umstände offenkundig ist. Er muß den Stempel der Fehlerhaftigkeit „auf der Stirn tragen" (Ausfluß der sog. Evidenztheorie). Daneben gibt es gesetzlich normierte Nichtigkeitsgründe (z. B. Nichterkennbarkeit der erlassenden Behörde, tatsächliche Unmöglichkeit der Ausführung).

Ein fehlerhafter, aber nicht nichtiger Verwaltungsakt ist grundsätzlich solange zu beachten, bis er auf Anfechtung (Widerspruch) des Betroffenen oder durch die Behörde von sich aus aufgehoben worden ist (Rücknahme). Wirkt sich die Fehlerhaftigkeit zugunsten des Adressaten aus, so kann die Rücknahme unter bestimmten Voraussetzungen (Schutzwürdigkeit des Begünstigten, der auf die Rechtmäßigkeit des Verwaltungsakts vertraut hat) ausgeschlossen sein.

Das Verwaltungsverfahrensgesetz enthält daneben Vorschriften über die **Amtshilfe**, zu der alle Behörden verpflichtet sind (Art. 35 GG). Behörden in diesem Sinne sind auch die Schulen. **46**

15. Verwaltungsrechtsschutz

Wie jede menschliche Tätigkeit, so löst auch schulisches Handeln immer wieder Konflikte aus. Dem Staat obliegt es, dafür Vorsorge zu treffen, daß sie in einem geordneten Verfahren gelöst werden können. **47**

Dies muß nicht immer mit förmlichen Rechtsbehelfen oder gar einer gerichtlichen Klage geschehen. Vielmehr sollte versucht werden, Meinungsverschiedenheiten zwischen Erziehungsberechtigten oder Schülern auf der einen und Lehrkräften auf der anderen Seite im Wege einer **Aussprache** beizulegen. Bei Konflikten mit der Schulleitung kann der **Lehrerrat** eingeschaltet werden, der

VI. Schulaufsicht und Schulverwaltung

nicht nur in Angelegenheiten der Lehrer, sondern auch der Schüler vermitteln soll.

48 Läßt sich hierdurch eine Verständigung nicht herbeiführen, so kann der Schüler **Beschwerde** beim Schulleiter einlegen, wenn er sich in seinen Rechten beeinträchtigt sieht. Die Beschwerde ist nicht an bestimmte Fristen und Formen gebunden, kann also auch mündlich erhoben werden. Daneben gibt es die Möglichkeit der **Aufsichtsbeschwerde** durch die Erziehungsberechtigten bzw. (volljährige) Schüler. Eine bestimmte Frist ist hierfür ebenfalls nicht vorgeschrieben; die Aufsichtsbeschwerde soll aber schriftlich erfolgen. Sie wird beim Schulleiter eingelegt und, wenn dieser ihr nicht abhilft, also die Angelegenheit nicht bereinigt, von der Schulaufsichtsbehörde entschieden.[32])

49 Ein förmlicher Rechtsbehelf ist dagegen der **Widerspruch**. Er ist gegen solche schulische Entscheidungen zulässig, die die Qualität von Verwaltungsakten[33]) haben. Das Widerspruchsverfahren dient dazu, **Rechtmäßigkeit** und **Zweckmäßigkeit** des Verwaltungsakts zu überprüfen. Die Einlegung des Widerspruchs ist an eine Frist von einem Monat nach Bekanntgabe des Verwaltungsakts gebunden, wenn dieser mit einer Rechtsbehelfsbelehrung versehen war (sonst: Widerspruchsfrist von einem Jahr). Hält die Schule den Widerspruch für begründet, so hilft sie ihm ab; andernfalls muß sie ihn mit ihrer Stellungnahme der unteren Schulaufsichtsbehörde vorlegen, die dann den Widerspruchsbescheid erläßt.[34])

50 Bei einem für den Widerspruchsführer ungünstigen Widerspruchsbescheid ist **Anfechtungsklage** vor dem Verwaltungsgericht möglich. Denn die Verfassung eröffnet jedem Bürger, also auch Schülerinnen und Schülern, die geltend machen, durch die öffentliche Gewalt in ihren Rechten verletzt zu sein, den Rechtsweg (Art. 19 Abs. 4 GG); öffentliche Gewalt in diesem Sinne ist auch die Schulgewalt.

Das Verwaltungsgericht entscheidet, nach Ermittlung des Sachverhalts von Amts wegen, auf Grund seiner freien, aus dem Gesamtergebnis des Verfahrens gewonnenen Überzeugung. Es überprüft dabei nur die Rechtmäßigkeit einer schulischen Entscheidung, also nicht deren Zweckmäßigkeit oder fachliche Richtigkeit: Pädagogische Entscheidungen können nur dann von den Gerichten korrigiert werden, wenn sie auf falschen Tatsachen, auf Verfahrensfehlern oder auf sachfremden Erwägungen beruhen oder wenn allgemeingültige Bewertungsmaßstäbe mißachtet worden sind. Dieser den Verwaltungsbehörden von der Rechtsprechung der Verwaltungsgerichte eingeräumte **Bewertungsspielraum** ist allerdings vom Bundesverfassungsgericht für berufsbezogene Prüfungen relativiert worden. Danach sind in diesem Bereich fachliche Meinungsverschiedenheiten zwischen Prüfer und Prüfling keineswegs gerichtlicher Kontrolle entzogen. Vielmehr haben die Gerichte hier auch darüber zu

---

32) Insgesamt hierzu: § 50 ASchO, § 8 Abs. 3 SchMG.
33) Siehe dazu oben Rdnr. 42.
34) Siehe hierzu und zum folgenden: Verwaltungsgerichtsordnung (VwGO) in ihrer geltenden Fassung (SchR 1.5/1); Gesetz zur Ausführung der Verwaltungsgerichtsordnung im Lande Nordrhein-Westfalen (AG VwGO) in seiner geltenden Fassung (SchR 1.5/51).

VI. Schulaufsicht und Schulverwaltung

entscheiden, ob vertretbare und mit gewichtigen Argumenten folgerichtig begründete Lösungen von den Prüfern zutreffend bewertet worden sind.

Neben oder vor Klageerhebung kann das Gericht auf Antrag eine **einstweilige Anordnung** erlassen.[35] Dies geschieht dann, wenn die Gefahr besteht, daß durch Veränderung des bestehenden Zustandes die Verwirklichung eines Rechts des Antragstellers vereitelt oder wesentlich erschwert werden könnte. Darüber hinaus sind einstweilige Anordnungen zur Regelung eines vorläufigen Zustandes zulässig; Voraussetzung ist u. a., daß dies nötig erscheint, um wesentliche Nachteile abzuwenden.

51

Einstweilige Anordnungen werden vielfach erbeten, um bei einer Nichtversetzung die Teilnahme am Unterricht in der nächsthöheren Klasse oder Jahrgangsstufe zu erzwingen. Sie dürfen nicht die endgültige gerichtliche Entscheidung (in der Hauptsache) vorwegnehmen, haben also lediglich die Funktion einer vorübergehenden Regelung.

Widerspruch und Anfechtungsklage haben grundsätzlich **aufschiebende** Wirkung. Soweit das der Fall ist, bleibt also der Verwaltungsakt bis zur bestandsbzw. rechtskräftigen Entscheidung in der Schwebe. Bestandskräftig ist ein Verwaltungsakt dann, wenn der Widerspruchsbescheid wegen Fristablaufs nicht mehr angefochten werden kann oder eine Klage gegen ihn endgültig abgewiesen worden ist. Von Rechtskraft spricht man bei gerichtlichen Entscheidungen. Sie tritt ein, wenn keine Rechtsmittelmöglichkeit mehr besteht (z. B., weil die Rechtsmittelfrist abgelaufen ist oder alle Rechtsmittelmöglichkeiten erfolglos ausgeschöpft worden sind).

52

Die aufschiebende Wirkung kann die Behörde dadurch zu Fall bringen, daß sie die **sofortige Vollziehung** anordnet. Dies darf jedoch nur im öffentlichen Interesse oder im Interesse eines Beteiligten geschehen.

---

35) Siehe hierzu BVerfG vom 17. 4. 1991 (SPE n. F. 540 Nr. 1) und die dieser Grundsatzentscheidung folgende spätere Rechtsprechung der Verwaltungsgerichte in SPE n. F. 540, Nr. 2 ff.

VII. Privatschulen

1. Begriffsbestimmung, Allgemeines

Nach gesetzlicher **Begriffsbestimmung**[1]) sind unter Privatschulen solche 1
Schulen zu verstehen, die weder vom Land, von Gemeinden oder Gemeindeverbänden unterhalten werden (also keine öffentlichen Schulen sind) noch nach Bundes- oder Landesrecht als öffentliche Schulen gelten. Mehr und mehr im Vordringen begriffen ist für sie die Bezeichnung „Schulen in freier Trägerschaft".[2])

Während das Wesen der öffentlichen Schule darin besteht, daß sie einen aus der Staatsgewalt abgeleiteten Bildungsauftrag erfüllt, läßt sich die private Schule mit den Merkmalen privater Initiative, wirtschaftlichen Risikos und eigenverantwortlicher, von staatlichem Einfluß freier Gestaltung und Prägung des Lehrstoffs bzw. der Lehrmethoden kennzeichnen.[3])

Grundgesetz und Landesverfassung verbürgen ein Grundrecht auf Errich- 2
tung von Privatschulen.[4]) Mit dieser **Privatschulfreiheit** (Gründungsfreiheit) ist zugleich eine Garantie der Privatschule als Institution verbunden, die ihr verfassungskräftig eine ihrer Eigenart entsprechende Verwirklichung sichert. Die Gewährleistung der Privatschulfreiheit enthält die Absage des Gesetzgebers an ein staatliches Schulmonopol. Sie ist zugleich, als Ausdruck religiöser und weltanschaulicher Neutralität des Staates und seiner Offenheit für die Vielfalt der Formen und Inhalte, in denen Schule sich darstellen kann, eine Wertentscheidung, die eine Benachteiligung von Privatschulen allein wegen ihrer andersartigen Erziehungsformen und -inhalte verbietet. Deshalb ist der Staat auch nicht befugt, das Bedürfnis für die Errichtung einer Privatschule zu prüfen und diese je nach dem Ergebnis der Überprüfung zu gestatten oder zu untersagen. Die Errichtung vollzieht sich nach den Grundsätzen des Privatrechts, d. h. durch Willensakt des Schulträgers.[5])

Privatschulen sind entweder **Ersatzschulen** oder **Ergänzungsschulen**. Beiden 3
Erscheinungsformen ist gemeinsam, daß es sich um Schulen im schulrechtlichen Sinne handelt. Hieran fehlt es bei den sonstigen freien Unterrichtseinrichtungen, beim Privatunterricht und beim Fernunterricht. Sie gehören deshalb nur im weiteren Sinne zum Privatschulbereich.[6])

---

1) § 36 Abs. 1 SchOG, § 3 SchVG.
2) Siehe auch die Gesamtdarstellungen zum Recht der Privatschulen von *Vogel/Knudsen, Bildung und Erziehung in freier Trägerschaft (Lose-Blatt-Werk)*, und *Vogel, Das Recht der Schulen und Heime in freier Trägerschaft, 1997*.
3) VGH Baden-Württemberg in DÖV 1983, S. 553, in Anlehnung an BVerwG vom 11. 3. 1966, SPE n. F. 236 Nr. 1, und vom 22. 9. 1967, SPE n. F. 236 Nr. 2. Nicht nur die Entscheidungen des BVerwG, sondern auch der Verwaltungsgerichte anderer Bundesländer sind für Nordrhein-Westfalen jedenfalls insofern von Bedeutung, als sie Interpretationen der allgemeinen, in Art. 7 GG getroffenen und damit gemäß Art. 31 GG für die Länder verbindlichen Festlegungen enthalten. Siehe dazu SPE n. F. 230 ff.
4) Art. 7 Abs. 4 GG, Art. 8 Abs. 4 LV.
5) Vgl. BVerfG vom 14. 11. 1969, SPE n. F. 230 Nr. 2; BayVerfGH vom 3. 3. 1983, SPE n. F. 244 Nr. 6.
6) Zum Begriff der Schule siehe Kap. I Rdnr. 2.

VII. Privatschulen

2. Ersatzschulen (Begriff, Genehmigung)

4 Privatschulen haben dann die Rechtsform einer Ersatzschule, wenn im Land entsprechende öffentliche Schulen allgemein bestehen oder grundsätzlich vorgesehen sind (§ 36 Abs. 1 SchOG). Nach dem mit ihrer Errichtung verfolgten Gesamtzweck müssen sie also als Ersatz für eine öffentliche Schule konzipiert sein (z. B. als private Realschule, private berufsbildende Schule oder als privates Gymnasium). Nicht erforderlich ist aber, daß eine solche öffentliche Schule bereits besteht. Das Ausbildungsziel der Ersatzschule muß sich nur in den gesamten staatlichen Bildungsplan einfügen, so daß sie unter diesem Gesichtspunkt als Ersatz für eine noch nicht vorhandene öffentliche Schule bezeichnet werden kann.[7])

5 **Träger** von Ersatzschulen sind entweder Privatpersonen, Personenvereinigungen oder juristische Personen. Der weitaus überwiegende Teil der Ersatzschulen in der Bundesrepublik und im Land Nordrhein-Westfalen wird von den Kirchen oder kirchlichen Institutionen (z. B. Diakoniewerk, Orden) unterhalten.[8])

6 Im Grund- und Hauptschulbereich sind nach dem Grundgesetz[9]) nur ausnahmsweise Privatschulen zugelassen (in der Hauptsache: Waldorf- und Montessorischulen). Voraussetzung hierfür ist, daß die Unterrichtsverwaltung ein besonderes pädagogisches Interesse anerkennt oder die Ersatzschule auf Antrag von Erziehungsberechtigten als Gemeinschafts-, Bekenntnis- oder als Weltanschauungsschule errichtet werden soll und eine öffentliche Schule dieser Art in der Gemeinde nicht besteht.

Die Auslegung des Begriffs „**besonderes pädagogisches Interesse**" war in Rechtsprechung und Schrifttum lange umstritten. Nach Auffassung des Verwaltungsgerichtshofs Kassel handelt es sich hierbei um einen unbestimmten Rechtsbegriff, dessen Anwendung voraussetze, daß ein Interesse der Allgemeinheit an der Zulassung der privaten Grund- oder Hauptschule bestehe. Danach hätte die Schulverwaltung keinen Beurteilungsspielraum; ihre Entscheidungen wären in vollem Umfang gerichtlich überprüfbar. Demgegenüber haben sich das Oberverwaltungsgreicht Berlin und ihm folgend das Bundesverwaltungsgericht für ein von den Gerichten nur beschränkt zu kontrollierendes Bewertungsvorrecht der Verwaltung entschieden. Das Bundesverfassungsgericht vertritt eine vermittelnde Position.[10])

7 Zu ihrer Errichtung bedürfen Ersatzschulen der **staatlichen Genehmigung**. Zuständig hierfür ist in Nordrhein-Westfalen das Ministerium für Schule und Weiterbildung. Die Genehmigung ist zu erteilen, wenn die Lehrziele und Einrichtungen der Schule sowie die wissenschaftliche Ausbildung der Lehrkräfte nicht hinter den Anforderungen im öffentlichen Schulbereich zurückstehen und eine Sonderung der Schüler nach den Besitzverhältnissen der Eltern

---

7) BVerfG a.a.O.(Anm.5).
8) Zum Schulträgerbegriff vgl. Kap. VI Rdnr. 18.
9) Art. 7 Abs. 5 GG; siehe auch § 43 SchOG.
10) VGH Kassel vom 29. 11. 1982, SPE n. F. 238 Nr. 2; OVG Berlin vom 2. 2. 1984, SPE n. F. 238 Nr. 4; BVerwG vom 10. 12. 1986, SPE n. F. 238 Nr. 5; BVerfG vom 16. 12. 1992, SPE n. F. 238 Nr. 14.

VII. Privatschulen

nicht gefördert wird. Die Genehmigung ist zu versagen, falls die wirtschaftliche und rechtliche Stellung der Lehrkräfte nicht genügend gesichert ist.[11])

Ob die **Genehmigungsvoraussetzungen** erfüllt sind, richtet sich nach folgenden, landesgesetzlich konkretisierten Maßstäben:

- Die innere und äußere Gestaltung der Schule muß im Vergleich zu den im öffentlichen Schulwesen bestehenden Anforderungen als gleichwertig anzusehen sein (§ 37 Abs. 3 a SchOG). Gefordert ist also **Gleichwertigkeit**, nicht aber Gleichartigkeit.

  Was im Einzelfall noch als gleichwertig einzustufen ist, läßt sich nicht einheitlich beantworten. Maßgebliches Kriterium ist die Vergleichbarkeit der **Lernziele**, über die die inhaltliche Anbindung der Ersatzschulen an das öffentliche Schulwesen erfolgt. Grundsätzlich muß deshalb der Schüler einer Ersatzschule am Ende des Schuljahres befähigt, ohne Zeitverlust in den entsprechenden Schülerjahrgang einer öffentlichen Schule derselben Schulform überzuwechseln. Daß der Staat die Anpassung an die Zugangsvoraussetzungen und an die Versetzungsbestimmungen der öffentlichen Schulen fordern darf, hat das Bundesverwaltungsgericht ausdrücklich klargestellt. Die Ersatzschule muß also eine besondere Gewähr für einen der öffentlichen Schule gleichrangigen Ausbildungserfolg sowohl während der einzelnen Ausbildungsabschnitte als auch bei Abschluß der Ausbildung bieten.[12])

- Die sachliche, pädagogische und unterrichtliche **Vor- und Ausbildung** der Lehrkräfte sowie die von ihnen abgelegten Prüfungen müssen den von Lehrerinnen und Lehrern an öffentlichen Schulen zu erfüllenden Voraussetzungen im Wert gleichkommen. Auch hier wird also keine völlige Gleichartigkeit verlangt. Außerdem kann in besonderen Ausnahmefällen auf den Nachweis der Vor- und Ausbildung und der Prüfung verzichtet werden, wenn die wissenschaftliche und pädagogische Eignung des Lehrers durch **gleichwertige freie Leistungen** nachgewiesen wird. Das geschieht in einem sog. **Gleichstellungsverfahren**.[13])

- Minderbemittelten Schülerinnen und Schülern ist durch Erleichterungen, die denen an vergleichbaren öffentlichen Schulen entsprechen, der Schulbesuch zu ermöglichen, damit eine Sonderung nach den Besitzverhältnissen der Eltern vermieden wird. Es darf daher zwar Schulgeld erhoben werden, doch müssen für Kinder finanziell schwächer ausgestatteter Eltern Ausnahmemöglichkeiten bestehen (§ 37 Abs. 3 c SchOG). Nach Art. 9 Abs. 2 LV kann die Ersatzschule zu Lasten des Landes auf die Erhebung von Schulgeld verzichten.

- Den Lehrkräften an Ersatzschulen sind nach Art und Umfang vergleichbare Leistungen wie im öffentlichen Schuldienst zu gewähren (§ 37 Abs. 3 d SchOG). Bei Berufung in das Beschäftigungsverhältnis und bei dessen

---

11) Siehe hierzu Art. 7 Abs. 4 GG, Art. 8 Abs. 4 LV, § 37 Abs. 2 SchOG.
12) BVerwG vom 6.12.1963, SPE n. F. 238 Nr. 1, vom 18.11.1983, SPE n. F. 232 Nr. 3. Zur Gleichwertigkeit siehe auch § 2 Abs. 7 SchMG und § 1 Abs. 3 ASchO.
13) § 37 Abs. 3 b SchOG, § 27 LABG. Zum Gleichstellungsverfahren (Verzicht auf die übliche Vor- und Ausbildung) siehe § 7 der Verordnung über die Ersatzschulen (EschVO) vom 27.9.1994 (BASS 10-02 Nr. 1; SchR 2.7/1).

VII. Privatschulen

Beendigung müssen grundsätzlich die Regelungen des öffentlichen Dienstrechts entsprechend berücksichtigt werden (§ 8 Abs. 2, 3 EFG).

Kein Versagungsgrund ist also ein fehlendes Bedürfnis für die Ersatzschule, etwa weil genügend öffentliche Schulen vorhanden sind.

9 Wer eine Ersatzschule errichten will, muß außer diesen inhaltlichen Anforderungen auch die erforderliche persönliche **Zuverlässigkeit** besitzen und die Gewähr dafür bieten, daß er nicht gegen die verfassungsmäßige Ordnung verstößt; bei Personenvereinigungen und juristischen Personen gilt dies analog für die vertretungsberechtigten Personen, also z. B. für den Vorstand (§ 38 SchOG). Nur wenn auch diese Voraussetzungen erfüllt sind, darf die Genehmigung oder die vorläufige Erlaubnis erteilt werden.[14]

Verfassungsrechtlich läßt sich das Erfordernis der Zuverlässigkeit auf Art. 12 Abs. 1 Satz 2 GG zurückführen, nach dem die Berufsausübung durch Gesetz oder auf Grund eines Gesetzes geregelt werden kann. Wegen der grundrechtlichen Verbürgung der Ersatzschulfreiheit in Art. 7 Abs. 4 Satz 1 GG ist allerdings die Feststellung mangelnder persönlicher Zuverlässigkeit an enge Kriterien geknüpft.[15]

10 Die **Folgen der Genehmigung** lassen sich folgendermaßen zusammenfassen:

- Die Ersatzschule hat nunmehr das Recht, mit gleicher Wirkung wie öffentliche Schulen Zeugnisse auszustellen und unter Vorsitz eines staatlichen Prüfungsleiters Prüfungen abzuhalten. Ihr stehen damit die auf staatlicher Verleihung beruhenden sog. **Öffentlichkeitsrechte** zu.[16] Diese sind nicht schon mit dem herkömmlichen Begriff der Ersatzschule verbunden, wie er Art. 7 Abs. 4 Satz 2 GG zugrunde liegt.[17] Zur Erlangung der Öffentlichkeitsrechte bedarf es aber in Nordrhein-Westfalen wegen Art. 8 Abs. 4 LV keiner (zusätzlichen) Anerkennung, da es hier im Gegensatz zu anderen Bundesländern nicht die Unterscheidung zwischen lediglich genehmigten und (darüber hinaus) anerkannten Ersatzschulen gibt.

- Die Ersatzschule hat einen Rechtsanspruch auf Zuschüsse nach dem Ersatzschulfinanzgesetz.[18]

11 Durchgangsstadium auf dem Weg zur Genehmigung kann eine **vorläufige Erlaubnis** sein. Sie ist möglich, wenn sich die Gleichwertigkeit noch nicht feststellen läßt, und gibt den Schulbetrieb einstweilen frei. Die von vorläufig erlaubten Schulen ausgestellten Zeugnisse werden beim Übergang auf andere (auch öffentliche) Schulen anerkannt, so daß den Schülerinnen und Schülern aus dem Zustand des Provisoriums keine Nachteile erwachsen (§ 37 Abs. 2 SchOG).

3. Rechtsverhältnisse an Ersatzschulen

12 Die Rechtsbeziehungen, die zwischen dem Träger einer Ersatzschule einerseits und Lehrern, Schülern und Erziehungsberechtigten andererseits bestehen, beruhen auf **Privatrecht**, nämlich dem Bürgerlichen Gesetzbuch (BGB).

---
14) Zur Konkretisierung der Errichtungsvoraussetzungen siehe die ESchVO (Anm. 13).
15) BVerwG in Buchholz 11, Art. 7 Abs. 4 Nr. 7.
16) Siehe dazu unten Rdnr. 23.
17) BVerwG vom 18.11.1983, SPE n. F. 232 Nr. 3.
18) Dazu unten Rdnr. 29.

VII. Privatschulen

Die Personalhoheit über die **Lehrer** und damit auch die Personalauswahl sind 13 als Ausfluß der Privatschulfreiheit Sache des Schulträgers. Er schließt mit den Lehrkräften Dienstverträge auf der Grundlage der §§ 611 ff. BGB ab, in die die staatliche Schulaufsicht grundsätzlich nicht eingreifen darf. Bei Rechtsstreitigkeiten zwischen dem Träger und einem Lehrer entscheiden die Arbeitsgerichte.

Die Lehrkräfte bedürfen aber, ebenso wie Schulleiter und deren Vertreter, für 14 die Tätigkeit an der Ersatzschule einer staatlichen **Unterrichtsgenehmigung**. Diese wird — grundsätzlich anhand schriftlicher Unterlagen — erteilt, wenn die persönliche und fachliche Eignung und der Anstellungsvertrag (im Hinblick auf die wesentliche Gleichbehandlung mit den Regelungen im öffentlichen Dienst) keinen Bedenken unterliegen.

Die Überprüfung der **persönlichen Eignung** ist allerdings in erster Linie eine Aufgabe des Schulträgers. Ein Grund, diese Eignung zu verneinen, besteht deshalb für den Staat nur dann, wenn schwerwiegende Tatsachen einer Tätigkeit an der Ersatzschule entgegenstehen.

Die **fachliche Eignung** ist nachgewiesen, wenn die Voraussetzungen des § 37 Abs. 3 b Satz 1 SchOG erfüllt oder durch gleichwertige freie Leistungen nach § 37 Abs. 3 b Satz 2 SchOG ersetzt sind.[19])

Schulleiter und deren Vertreter müssen außerdem die **Befähigung** zum Lehramt der betreffenden Schulform besitzen (§ 20 Abs. 6 SchVG) oder über eine gleichwertige wissenschaftliche Ausbildung im Sinne des § 37 Abs. 3 SchOG verfügen. Sie müssen ferner in der Lage sein, den besonderen mit einer Schulleitung verbundenen Aufgaben gerecht zu werden (prognostisches Urteil). Die Genehmigung darf aber nicht mit der Begründung verweigert werden, ein anderer Bewerber sei besser qualifiziert.

Wird eine Unterrichtsgenehmigung versagt, so kann dagegen Widerspruch 15 eingelegt und ggf. Klage erhoben werden. Angegriffen wird damit eine Maßnahme der Schulaufsicht. Für das Klageverfahren sind deshalb die Verwaltungsgerichte und nicht die Arbeitsgerichte zuständig.[20])

Für die Beziehungen des Ersatzschulträgers zu den **Schülern** und deren **Er-** 16 **ziehungsberechtigten** gilt prinzipiell — unbeschadet der Tatsache, daß an genehmigten und vorläufig erlaubten Ersatzschulen die Schulpflicht abgeleistet werden kann — ebenfalls das **Privatrecht** (Bürgerliches Gesetzbuch) und damit der Grundsatz der Vertragsfreiheit. Es gibt daher im allgemeinen keinen Rechtsanspruch auf Aufnahme in eine Ersatzschule und auf Abschluß eines Ausbildungs- oder Schulvertrages (Dienstvertrag gemäß §§ 611 ff. BGB). Dies steht vielmehr in der Regel im freien Ermessen des Schulträgers. Die Vertragsfreiheit erschöpft sich im übrigen nicht nur in der Abschlußfreiheit, sondern bezieht sich auch auf die inhaltliche Ausgestaltung des Vertrags (z. B. auf die Höhe des Schulgelds), die allein Sache der Vertragspartner ist. Vertragspartner des Schulträgers sind entweder die Schüler (bei Minderjäh-

---

19) Siehe dazu oben Rdnr. 8.
20) Zur staatlichen Unterrichtsgenehmigung siehe § 41 Abs. 2 SchOG i.V.m. § 6 Abs. 4 ESchVO und Nrn. 2.3 bis 2.4 des RdErl. zur Schulaufsicht über Ersatzschulen vom 23.10.1989 i.d.F. vom 27.5.1997 (BASS 10-32 Nr.54; SchR 2.7/11); zur Rechtsstellung der Lehrkräfte an Ersatzschulen auch: Hoffmann, *Dienstrecht der Lehrer in Nordrhein-Westfalen*, 2. Auflage 1988, Kap. 33.

VII. Privatschulen

rigkeit vertreten durch die gesetzlichen Erziehungsberechtigten) oder die Erziehungsberechtigten.

Allerdings darf der Vertrag selbstverständlich nicht gegen die guten Sitten verstoßen; in diesem Fall wäre er nichtig. Ausserdem muß der Schulträger die öffentlich-rechtliche Vorgabe beachten, daß eine Sonderung der Schülerinnen und Schüler nach den Besitzverhältnissen der Eltern nicht gefördert werden darf.[21]) Eine gegen diesen Grundsatz verstoßende Vereinbarung wäre aber gleichwohl gültig. Insbesondere dürfte die Schulaufsicht hier ebenfalls nicht in die Vertragsbeziehungen eingreifen.

17 In Streitfällen (z. B.: Kündigung des Vertrags wegen mangelhafter Vertragserfüllung, Entlassung eines Schülers im Wege einer schulischen Ordnungsmaßnahme) ist nicht der Verwaltungs-, sondern der **Zivilrechtsweg** eröffnet.

Das aus der Vertrags- und Privatschulfreiheit folgende Recht der freien Schülerauswahl wird jedoch durch die generelle Bindung der Ersatzschule an die für die vergleichbaren öffentlichen Schulen erlassenen Aufnahme- und Versetzungsbestimmungen eingeschränkt.[22]) Insoweit ist, anders als hinsichtlich der inhaltlichen Ausgestaltung von Schulverträgen, eine Überwachung durch die staatliche Schulaufsicht möglich. Ohnehin bestehen überall dort, wo die Ersatzschule als sog. beliehener Unternehmer öffentlich-rechtliche Befugnisse wahrnimmt[23]), zwischen ihr und den Schülern öffentlich-rechtliche Rechtsbeziehungen mit der Folge, daß über Streitigkeiten, die hieraus erwachsen, abweichend vom Normalfall, die Verwaltungsgerichte zu entscheiden haben.[24])

4. Aufsicht über Ersatzschulen

18 Ersatzschulen unterliegen der **staatlichen Schulaufsicht**, die sich auf das gesamte Schulwesen, also nicht nur auf den Bereich öffentlicher Schulen erstreckt. Auch aus dem Grundsatz der Privatschulfreiheit kann nicht abgeleitet werden, daß die Ersatzschule eine staatsfreie Schule wäre.[25])

Hierüber herrscht auch in der Literatur im wesentlichen Übereinstimmung. Umstritten ist jedoch die Intensität der staatlichen Aufsicht über Ersatzschulen, z. B. ob es sich dabei um bloße Rechts- oder auch um Fachaufsicht handelt. Zwei extreme Positionen stehen sich gegenüber: Während die einen aus der Privatschulfreiheit auf eine grundsätzliche Vermutung der Freiheit von staatlicher Einflußnahme schließen, gestehen die anderen wegen der Schulaufsicht wegen ihres prinzipiell umfassenden Inhalts auch im Ersatzschulbereich extensive Kontrollbefugnisse zu. Eine sachgerechte Lösung dürfte etwa in der Mitte zwischen diesen Positionen liegen.

19 Allerdings wird der durchaus weit zu definierende Begriff der Schulaufsicht in Verfassungsurkunden und Gesetzestexten in gleicher Weise für das Ersatz- wie für das öffentliche Schulwesen verwendet. Für eine nach Inhalt und Um-

---
21) Dazu oben Rdnr. 8, 3. Gliederungsabschnitt.
22) Dazu oben Rdnr. 8, 1. Gliederungsabschnitt.
23) Dazu Rdnr. 10, 23.
24) Zur Rechtsnatur des Schulverhältnisses und zum Rechtsweg: BGH vom 29.5.1961, SPE n. F. 244 Nr. 1; VGH Mannheim in NJW 1971, S. 2091; VGH München vom 28.1.1982, SPE n. F. 636 Nr. 12; OVG Münster vom 23.7.1997, SPE n. F. 636 Nr. 21.
25) Art. 7 Abs. 1 GG, § 41 Abs. 1 SchOG sowie VGH München a.a.O. (Anm. 24). Allgemein zur Schulaufsicht: Kap. VI Rdnr. 32 ff.

VII. Privatschulen

fang in beiden Bereichen identische Aufsicht könnte ferner die Tatsache sprechen, daß an Ersatzschulen in beachtlichem Ausmaß die Schulpflicht erfüllt wird. Zudem gewährleistet die institutionelle Garantie privater Schulen im wesentlichen nur die Errichtung unter bestimmten Voraussetzungen. Doch kann die Privatschulfreiheit nicht unberücksichtigt bleiben, zumal sie sich als schulspezifischer Ausdruck einer pluralistischen Gesellschaftsordnung darstellt. Aus dieser Freiheit ergeben sich deshalb, gemessen am öffentlichen Schulwesen, gewisse **Einschränkungen der Schulaufsicht** im Ersatzschulbereich: Sie wird hier weniger intensiv zu führen sein als dort. Insbesondere kann sie nur die Gleichwertigkeit, nicht auch die Gleichartigkeit mit öffentlichen Schulen erzwingen. Sie muß daher den größeren Freiraum der Ersatzschulen, z. B. hinsichtlich besonderer Inhalte, Methoden und Formen der Erziehung und des Unterrichts, respektieren. Im übrigen darf sie nicht übersehen, daß die Rechtsbeziehungen der Schulträger sowohl zu den Lehrkräften als auch zu den Schülern und Erziehungsberechtigten grundsätzlich privatrechtlich geordnet und damit im allgemeinen staatlichen Zugriffsmöglichkeiten entzogen sind. Demgemäß hat die Schulaufsicht auch keinen Einfluß auf die Lehrerauswahl durch die Schule, sondern ist (etwa durch Versagung der Unterrichtsgenehmigung) lediglich imstande, Fehlentwicklungen zu verhindern.

Immerhin ist in den §§ 37 bis 39 SchOG eindeutig geregelt, daß der Schulaufsicht die umfassende Prüfung der **Genehmigungsvoraussetzungen** und deren weiteren Einhaltung obliegt. Eine vorläufige Erlaubnis oder Genehmigung ist zurückzunehmen, sofern sich Tatsachen ergeben, die die Versagung gerechtfertigt hätten. Dies ist etwa der Fall, wenn der Träger wegen schweren Betrugs die erforderliche Zuverlässigkeit eingebüßt hat oder wenn die innere und äußere Gestaltung der Ersatzschule nicht mehr einer vergleichbaren öffentlichen Schule entspricht. Vor der Rücknahme soll dem Schulträger, außer bei Verstößen gegen die verfassungsmäßige Ordnung, eine angemessene Frist zur Beseitigung der Mängel gesetzt werden. Die Rücknahme stellt einen Verwaltungsakt dar. Gegen sie kann sich der Träger mit Widerspruch und Anfechtungsklage zur Wehr setzen. 20

Bemerkenswerte Klarstellungen zu Inhalt und Ausübung der Schulaufsicht über Ersatzschulen sind darüber hinaus inzwischen durch Rechtsverordnung[26]) und Runderlaß[27]) getroffen worden. Darin sind weitere wichtige Vorgaben für die rechtlichen **Rahmenbedingungen** enthalten, die die staatliche Schulaufsicht im Ersatzschulbereich zu beachten hat. Hiernach gilt u.a.: 21

Staatliche Vorschriften, die — gemäß dem Regelfall — die Ersatzschulen nicht besonders berücksichtigen, sind für diese lediglich im Rahmen der Ersatzschulfreiheit, d. h. grundsätzlich nur insoweit verbindlich, als die Gleichwertigkeit mit öffentlichen Schulen davon betroffen ist. Wo dies nicht der Fall ist, kann der Träger einer Ersatzschule abweichende (gleichwertige) Konzeptionen einführen. Seinen ausdrücklichen gesetzlichen Niederschlag hat dieses Prinzip für spezielle Bereiche in § 1 Abs. 3 ASchO und § 2 Abs. 6 SchMG gefunden. Darüber hinaus gilt es insbesondere für Lehrpläne. 22

---

26) Verordnung über die Ersatzschulen (ESchVO) vom 27.9.1994 (BASS 10-02 Nr. 1; SchR 2.7/1).
27) RdErl. zur Schulaufsicht über Ersatzschulen vom 23.10.1989 i.d.F. vom 27.5.1997 (BASS 10-32 Nr. 54; SchR 2.7/11).

VII. Privatschulen

Die Gestaltungsfreiheit der Ersatzschulen findet ferner dort ihre Grenze, wo es um die Einhaltung speziell für Ersatzschulen oder für jedermann gültiger Rechtsnormen geht. Dazu gehören z. B. Unfallverhütungs- und Sicherheitsvorschriften sowie Regelungen zum Gesundheitsschutz.

23 Weiter reicht die Staatsaufsicht im Bereich der Erteilung **staatlicher Berechtigungen** durch Ersatzschulen (Noten, Zeugnisse, Abschlüsse, Prüfungen u.a.). Hier kommen der Ersatzschule öffentlich-rechtliche Befugnisse zu; sie hat damit die Funktion eines sog. beliehenen Unternehmers. Insoweit gelten deshalb die staatlichen Regelungen uneingeschränkt. Die Schulaufsicht ist in gleicher Weise wie über öffentliche Schulen auszuüben.

24 Graduelle Unterschiede bei der Ausübung der Schulaufsicht bestehen im Verhältnis zu **kirchlichen Ersatzschulen**. Im Hinblick auf die besondere verfassungsrechtliche Stellung der Kirchen nach Art. 140 GG i.V.m. Art. 137 der Weimarer Reichsverfassung und auf die eigene kirchliche Schulverwaltung wird es als vertretbar und geboten angesehen, daß sich die staatlichen Schulbehörden hier zusätzliche Zurückhaltung auferlegen.

25 Von der Schulaufsicht ist die Prüfung und Feststellung der Zuschüsse des Landes nach dem Ersatzschulfinanzgesetz(EFG)[28] streng zu unterscheiden. Zu beachten ist insoweit ausschließlich dieses Gesetz. Allgemeine Aspekte der Schulaufsicht müssen dabei unberücksichtigt bleiben.

26 **Adressaten** schulaufsichtlicher Maßnahmen sind die Schulträger. Nur im Geltungsbereich öffentlich-rechtlicher Befugnisse der Ersatzschulen (s.o.) sowie in dringenden Angelegenheiten dürfen solche Maßnahmen auch unmittelbar an die Schulen gerichtet werden.

27 Hinsichtlich der Ersatzschulen aller Träger gilt, daß die Schulaufsicht keine rechtliche Handhabe hat, die **Einstellung** des Betriebs und die **Auflösung** einer Schule zu verhindern. Die Absicht der Auflösung ist vielmehr lediglich 6 Monate vorher, eine Einstellung unverzüglich der Schulaufsichtsbehörde anzuzeigen. Im Falle der Auflösung muß der Schulträger dafür sorgen, daß der Wechsel der Schülerinnen und Schüler zu anderen Schulen nicht unnötig erschwert wird.

5. Ersatzschulfinanzierung

28 Nach ständiger Rechtsprechung des Bundesverwaltungsgerichts ergibt sich unmittelbar aus der Privatschulgarantie des Art. 7 Abs. 4 GG, d. h. aus dem Grundrecht auf Errichtung und Betrieb privater Ersatzschulen, ein **Rechtsanspruch** auf staatliche Finanzierung. Zugleich hat das Gericht aber eine Bestandsgarantie für die einzelne private Ersatzschule verneint. Diese hat hiernach bundesverfassungsrechtlich nur in dem Maß Anspruch auf staatliche Hilfe, wie dies zur Erhaltung des privaten Ersatzschulwesens als **Institution** vonnöten ist. Nach Auffassung des Bundesverwaltungsgerichts darf der Landesgesetzgeber deshalb auch im Licht des Art. 7 Abs. 4 GG der Ersatzschule eine gewisse Eigenleistung und ein dementsprechendes Unternehmerrisiko aufbürden; dessen volle Abwälzung auf den Staat werde vom Grundgesetz nicht gefordert.

Selbst in dieser eingeschränkten Form ist die Ableitung eines direkten Subventionierungsanspruchs aus Art. 7 Abs. 4 GG rechtlich nicht unumstritten.

---

[28] Siehe dazu unten Rdnr. 29 ff.

VII. Privatschulen

Im Land Nordrhein-Westfalen kann diese Frage jedoch auf sich beruhen, weil hier nach der expliziten Regelung des Art. 8 Abs. 4 LV genehmigte Privatschulen Anspruch auf die zur Durchführung und Erfüllung ihrer Pflichten erforderlichen öffentlichen **Zuschüsse** haben. Auch nach Landesverfassungsrecht ist aber, wie das OVG Münster mit Urteil vom 28.5.1982 ausdrücklich festgestellt hat, eine volle oder nahezu volle staatliche Finanzierung nicht geboten. Dies werde durch den Begriff „Zuschüsse" zum Ausdruck gebracht.[29])

29 Die Verfassungsnorm des Art. 8 Abs. 4 LV ist, in einem im Ländervergleich besonders großzügigen Finanzierungsmodell, durch das **Ersatzschulfinanzgesetz (EFG)**[30]) ausgefüllt und konkretisiert worden. Darin hat sich der Gesetzgeber — im Gegensatz zu dem etwa in Bayern und Niedersachsen praktizierten Pauschalberechnungs-(Pauschalierungs-)system — für das **Defizitdeckungsverfahren** als Finanzierungsprinzip entschieden (§ 5 EFG).

Das Gesetz unterscheidet zwischen Zuschüssen auf Grund Rechtsanspruchs und solchen kraft Ermessens (§ 1 EFG). Erstere werden genehmigten, letztere vorläufig erlaubten Ersatzschulen gewährt. In der Verwaltungspraxis belaufen sich die im Ermessenswege gezahlten Zuschüsse auf 50 v.H. der nach dem Gesetz an genehmigte Ersatzschulen zu erbringenden staatlichen Leistungen.

Die Zuschüsse werden nach dem **Haushaltsfehlbetrag** der Schule bemessen. Er ist nach Abzug der Eigenleistung des Schulträgers zu zahlen. Ein Ausgleich für Verluste, die durch eine nicht sachgerechte, insbesondere unwirtschaftliche Führung der Schule entstanden sind, kommt jedoch nicht in Betracht.[31]) Deshalb dürfen im Haushaltsplan der Ersatzschule fortdauernde Ausgaben grundsätzlich auch nur in Höhe der Aufwendungen öffentlicher Schulen veranschlagt werden (Ausgabenbegrenzungsgebot des § 7 EFG). Etwas anderes gilt nur, wenn die oberste Schulaufsichtsbehörde ein besonderes pädagogisches Interesse anerkannt hat.

30 Das **Ausgabenbegrenzungsgebot** verpflichtet die Ersatzschulträger, die Dienst- und Versorgungsbezüge hauptberuflicher Leiter und Lehrer sowie die Vergütungen für nebenberufliche Lehrkräfte im Haushalt nur entsprechend den vergleichbaren Regelungen im öffentlichen Schuldienst auszubringen. Hinsichtlich des Unterhalts für Mitglieder religiöser Genossenschaften (z. B. Orden) gelten Besonderheiten (§ 10 EFG). Die Vereinbarung eines darüber hinausgehenden Entgelts (z. B. in Form einer noch an einigen berufsbildenden Ersatzschulen gezahlten sog. Industriezulage) ist zwar für die Vertragsparteien rechtsverbindlich; die Differenz geht aber voll zu Lasten des Schulträgers, darf also nicht vom Land bezuschußt werden.

Im übrigen gilt das Ausgabenbegrenzungsgebot auch für Sachausgaben und

---

29) Zur Grundproblematik der Ersatzschulfinanzierung siehe die Entscheidungen des BVerwG und des OVG Münster in SPE n. F. 236. Die Aufhebung des im Text erwähnten OVG-Urteils vom 28.5.1982 (Beschränkung auf Zuschüsse) durch die Entscheidung des BVerwG vom 30.11.1984, SPE n. F. 236 Nr. 12, betraf andere Aspekte.
30) Gesetz über die Finanzierung der Ersatzschulen (Ersatzschulfinanzgesetz — EFG) vom 27.6.1961, zuletzt geändert durch Gesetz vom 8.3.1994 (BASS 1-6/1; SchR 2.7/51). Ergänzend hierzu: Verwaltungsvorschriften zur Durchführung des EFG (VVzEFG) vom 30.12.1983, zuletzt geändert durch RdErl. vom 24.3.1997 (BASS 1-6.1; SchR 8.3/1).
31) Zum Erfordernis ordnungsgemäßer Wirtschaftsführung: BVerwG vom 22.9.1967, SPE n. F. 236 Nr. 2.

VII. Privatschulen

für allgemeine Ausgaben, für die gemäß § 12 EFG in den Verwaltungsvorschriften zur Durchführung des EFG Pauschbeträge festgesetzt sind.

31 Alle Zuschüsse sind **zweckgebunden** (Sicherung der Gehälter und der Altersversorgung der Lehrerinnen und Lehrer sowie der unterrichtlichen Leistungsfähigkeit der Schule). Eine zweckwidrige Verwendung kann zu strafrechtlichen Konsequenzen und/oder zur Rücknahme der Genehmigung bzw. der vorläufigen Erlaubnis führen.

32 Die **Eigenleistung** des Schulträgers beträgt 15 v.H. der fortlaufenden Ausgaben. Sie wird für die Bereitstellung der Schulräume um 7 v.H. und der Schuleinrichtung um 2 v.H. gemindert, sofern hierfür im Haushaltsplan des Schulträgers keine Miet- oder Pachtzinsen oder ähnliche Vergütungen veranschlagt sind (unentgeltliche Bereitstellung); der Schulträger hat daher insoweit ein Wahlrecht. Anzurechnen sind ferner fortdauernde Zuwendungen Dritter, die zur Aufbringung der Eigenleistung gewährt werden (z. B. von einem Schulverein). Demgegenüber entfällt die Eigenleistung für Schülerfahrkosten und für die Kosten der Lernmittel nach dem Lernmittelfreiheitsgesetz.

Auf Antrag kann sie durch die obere Schulaufsichtsbehörde bis auf 2 v.H. der Ausgaben **herabgesetzt** werden, wenn dem Schulträger unter Berücksichtigung seiner sonstigen Einkünfte und Verpflichtungen eine höhere Eigenleistung nicht zuzumuten ist. Die Regelung verfolgt den Zweck, die wirtschaftlichen Voraussetzungen der verfassungsrechtlich garantierten Privatschulfreiheit in finanziellen Ausnahmesituationen sicherzustellen. Nähere Einzelheiten sind durch einen Runderlaß des Schulministeriums geregelt.[32] Dieser enthält — neben den formalen Erfordernissen für eine Ermäßigung — wichtige Hinweise auf die maßgeblichen materiellen Kriterien und die dazu ergangene Rechtsprechung. Von besonderer Bedeutung ist dabei ein Urteil des Bundesverwaltungsgerichts vom 30.11.1984.[33] Danach hat ein Schulträger auf Grund des Art. 7 Abs. 4 GG keinen Anspruch auf eine über die nordrhein-westfälische Regelförderung hinausgehende staatliche Finanzhilfe (Herabsetzung der Eigenleistung), wenn er ohne wirtschaftlich und finanziell gesicherte Existenzbasis gegründet worden ist und daher von vornherein keine angemessene Eigenleistung aus eigenen Mitteln und Quellen aufbringen kann, wenn er also keinerlei Unternehmerrisiko zu tragen gewillt ist.

33 Eigenleistung und Anrechnungsmöglichkeiten könnten vom Gesetzgeber zum Nachteil der Ersatzschulträger verändert werden; die verfassungsrechtlich verbürgte Privatschulgarantie würde dadurch nicht notwendigerweise verletzt. In diese Richtung weist das bereits erwähnte Urteil des Bundesverwaltungsgerichts vom 30.11.1984. Schon mit seiner Entscheidung vom 22.9.1967[34] hatte das Gericht dem Gesetzgeber einen weiten Spielraum für die Subventionierung eingeräumt. Eigenleistung und Anrechnungsmöglichkeiten dürfen aber nicht dem Ermessen der Schulbehörden anheimgegeben werden; die grundlegenden Aussagen sind vielmehr im Gesetz selbst zu treffen.[35]

---

32) RdErl. vom 7.1.1986 (BASS 11-03 Nr. 4; SchR 8.3/81). Zur ratio der möglichen Herabsetzung der Eigenleistung: OVG Münster vom 7.11.1975, SPE n. F. 236 Nr. 7.
33) SPE n. F. 236 Nr. 12.
34) SPE n. F. 236 Nr. 2.
35) VerfGH NW vom 3.1.1983, SPE n. F. 236 Nr. 9.

VII. Privatschulen

Die Zuschüsse werden auf Antrag des Schulträgers von der Bezirksregierung nach Vorlage der Jahresrechnung festgesetzt und ausgezahlt; auf den voraussichtlichen Zuschuß sind im voraus vierteljährlich **Abschlagszahlungen** zu leisten. Soweit dies für die Bemessung des Zuschusses erforderlich ist (Grundsatz der Verhältnismäßigkeit), sind Schulträger und Schulleiter verpflichtet, der Behörde jederzeit Einblick in den Betrieb und in die Einrichtungen der Schule zu geben sowie Auskünfte zu erteilen und Nachweise zu erbringen. Die Bezirksregierung ist berechtigt, durch Beauftragte die Einrichtungen und Abrechnungen der Schule an Ort und Stelle überprüfen zu lassen. 34

Bei einem **Wegfall** der Ersatzschule muß zunächst versucht werden, die Lehrkräfte entsprechend ihrer bisherigen Tätigkeit anderweitig unterzubringen (statusgleiche Unterbringung), z. B. an einer anderen Schule des Schulträgers oder im Schuldienst des Landes. Mißlingt dies, so ist — zusammen mit etwa bereits bestehenden Versorgungslasten der aufgelösten Ersatzschule — im Haushaltsplan einer anderen, vom Schulministerium zu bestimmenden Ersatzschule Ruhegehalt nach den beamtenrechtlichen Vorschriften über den einstweiligen Ruhestand zu veranschlagen. Ruhegehalt und Versorgungslasten werden dann voll vom Land erstattet (§ 11 EFG). 35

Will der kommunale Schulträger die durch den Wegfall entstandene Lücke in der schulischen Versorgung durch eine öffentliche Schule schließen, so sollte er alles vermeiden, was nach der arbeitsgerichtlichen Rechtsprechung als rechtsgeschäftlicher Übergang der Ersatzschule gemäß § 613 a BGB interpretiert werden könnte mit der Folge, daß die Gemeinde die Arbeitsverhältnisse mit allen bisherigen Beschäftigten an der Schule fortzuführen hätte. Verhindern läßt sich diese Konsequenz aus der Rechtsprechung nur dadurch, daß der Weg einer unmißverständlichen Auflösung der Schule und deren zweifelsfreien Neuerrichtung in kommunaler Trägerschaft gewählt wird.[36])

6. Ergänzungsschulen

Ergänzungsschulen sind Privatschulen, für die es in der Regel keine vergleichbaren öffentlichen Schulen gibt, die sich also begrifflich nicht als Ersatzschulen einordnen lassen (**Legaldefinition** in § 36 Abs. 4 SchOG). Sie sind nicht Ersatz für das staatliche Schulangebot, sondern ergänzen und erweitern es in spezifischer Weise. Ergänzungsschulen haben deshalb vielfach, unbeschadet gelegentlich bedenklichen Geschäftsgebarens einiger Träger, bei der Weiterentwicklung des Schulwesens eine Pionierfunktion erfüllt; manche Bildungsinhalte und Unterrichtsformen, die von ihnen neu eingeführt und erprobt worden waren, fanden später Aufnahme in das öffentliche Schulwesen. Diese nicht selten praktizierte Vorreiterrolle haben sie jedoch fast vollständig eingebüßt, seitdem das öffentliche Schulwesen, häufig nach längerer Erprobung in Schulversuchen, selbst mit großem Engagement bildungsreformerische Bestrebungen verwirklicht hat und weiterhin, wenn auch inzwischen in geringerem Maß, zu verwirklichen sucht. 36

Als Ergänzungsschulen werden sehr unterschiedliche Einrichtungen mit vielfältigen Angeboten betrieben. Ihre **Träger** sind im allgemeinen Privatpersonen oder Personenvereinigungen. Sie — bzw. deren vertretungsberechtigte Personen — müssen ebenso wie Leiter und Lehrer die erforderliche **Zuverläs**- 37

---
36) Siehe dazu: *Hoffmann*, SchVw NRW 1992, S. 166.

VII. Privatschulen

sigkeit besitzen (§ 45 Abs. 1 SchOG). Öffentlich-rechtliche Befugnisse zur Erteilung von Qualifikationen, die auch an öffentlichen Schulen erworben werden können, haben sie im Gegensatz zu Ersatzschulen nicht. Ausnahmsweise kann aber an ihnen die Schulpflicht für den Besuch der Haupt- oder der berufsbildenden Schule erfüllt werden.[37])

38 Die **Rechtsbeziehungen** zu Lehrern, Schülern und Erziehungsberechtigten sind rein privatrechtlich geordnet (Dienstvertrag gemäß §§ 611 ff. BGB mit Vertragsfreiheit). Anders als im Ersatzschulwesen gibt es insbesondere für den Inhalt der Verträge keinerlei vom Inhaber der Schule zu beachtende öffentlich-rechtliche Vorgaben. Dieser ist aber verpflichtet, (volljährige) Schüler bzw. deren Eriehungsberechtigte vor Vertragsschluß über wesentliche Punkte (z. B.: Ausbildungsziele, Zahl der Unterrichtsstunden in den einzelnen Fächern, Gesamtvergütung für den Schulbesuch) zu informieren (§ 44 Abs. 5 SchOG). Über Streitigkeiten zwischen den Vertragspartnern entscheiden die Zivilgerichte.

39 Die staatliche **Schulaufsicht** über Ergänzungsschulen ist im wesentlichen auf Aufgaben der allgemeinen Gefahrenabwehr beschränkt: Im Gegensatz zu Ersatzschulen bedürfen Ergänzungsschulen nicht der Genehmigung durch das Schulministerium. Ihre Errichtung ist der örtlich zuständigen Bezirksregierung nur anzuzeigen. Dies ist mit bestimmten, gesetzlich vorgeschriebenen Angaben zu verbinden. Dazu gehören u.a. die Bezeichnung der Schule, die Benennung des Schulträgers und des Schulleiters und die Auskunft über Bildungsziele und Lehrpläne (§ 44 Abs. 1 SchOG). Die Bezirksregierung kann die für die Überprüfung benötigten Auskünfte und Nachweise verlangen sowie Einblick in Betrieb und Einrichtungen der Schule nehmen (§ 44 Abs. 2 SchOG).

Die Schule darf keine Bezeichnung führen und keine Unterlagen verwenden, die geeignet sein können, eine Verwechslung mit öffentlichen Schulen oder mit Ersatzschulen herbeizuführen (§ 44 Abs. 3 und 4 SchOG).

Wenn Träger, Leiter, Lehrer oder Einrichtungen den an sie zu stellenden Anforderungen nicht genügen, kann die Bezirksregierung die Errichtung oder Fortführung der Schule untersagen oder andere geeignete Maßnahmen treffen. Zuvor soll sie eine angemessene Frist zur Beseitigung der Mängel setzen (§ 45 Abs. 2 und 3 SchOG). Hiervon darf lediglich in Ausnahmefällen abgesehen werden. Die Art des konkreten Vorgehens bestimmt sich nach dem Grundsatz der Verhältnismäßigkeit. Die Schließung einer Schule stellt nur die ultima ratio dar.

7. Fernunterricht

40 Seit dem Ende der 60er Jahre wurde dem Fernunterricht eine ständig wachsende Aufmerksamkeit zuteil. Diese galt, im Rahmen der Bildungsreformdiskussion, seiner Bedeutung als eines nicht unwesentlichen Elements der Aus-, Fort- und Weiterbildung ebenso wie den Gefahren, die für Fernunterrichtsteilnehmer aus den Geschäftspraktiken einiger unseriöser Fernlehrinstitute erwuchsen. Die auf zahlreichen Ebenen der Bildungspolitik in Bund und Län-

---

[37]) Siehe hierzu § 22 SchpflG; hinsichtlich des Besuchs einer Ergänzungs- statt der Hauptschule: RdErl. vom 27.12.1967 i.d.F. vom 23.10.1984 (BASS 12-51 Nr. 2; SchR 2.2/21.

VII. Privatschulen

dern geführten Diskussionen mündeten schließlich in das Fernunterrichtsschutzgesetz (FernUSG)[38]) und in den Staatsvertrag über das Fernunterrichtswesen[39]) ein.

Mit dem Fernunterrichtsschutzgesetz wurde erstmalig eine **Legaldefinition** des Fernunterrichts geschaffen. Fernunterricht ist hiernach die auf vertraglicher Grundlage beruhende, entgeltliche Vermittlung von Kenntnissen und Fähigkeiten bei ausschließlicher oder überwiegender räumlicher Trennung von Lehrenden und Lernenden und unter Überwachung des Lernerfolgs durch den Lehrenden oder dessen Beauftragten. Wesentlich ist also insbesondere, daß es sich um eine vertraglich abgesicherte Vermittlung von Kenntnissen und Fähigkeiten handeln und die Lernerfolgskontrolle gewährleistet sein muß. Die räumliche Distanz zwischen Lehrenden und Lernenden ist dagegen kein ständiges Erfordernis; Präsenzphasen sind vielmehr häufig zur Lernerfolgskontrolle unerläßlich, dürfen aber nicht das Schwergewicht bilden.

Soweit das Fernunterrichtsschutzgesetz dies ausdrücklich vorsieht, findet es auch auf unentgeltlichen Fernunterricht Anwendung (§ 1 FernUSG).

In seinem 1. Abschnitt regelt es detailliert die **Rechte** und **Pflichten** der Vertragsschließenden, Form und Inhalt des Fernunterrichtsvertrags, das Widerrufsrecht des Teilnehmers sowie die verschiedenen Kündigungsmöglichkeiten.

Die vertragliche Pflicht des Veranstalters von Fernunterricht besteht in der Lieferung des Fernlehrmaterials innerhalb der vereinbarten Zeitabstände, der Überwachung des Lernerfolgs, vornehmlich durch sorgfältige Korrektur der eingesandten Arbeiten in angemessener Zeit, sowie in der Weitergabe von Anleitungen an den Fernunterrichtsteilnehmer. Dessen Pflicht erschöpft sich in der Zahlung der vereinbarten Entgelts.

Der **Fernunterrichtsvertrag** darf nicht formlos abgeschlossen werden. Die auf den Vertragsabschluß gerichtete Willenserklärung des Teilnehmers ist vielmehr schriftlich abzugeben. Diesem ist eine deutlich lesbare Abschrift der Urkunde auszuhändigen. Dabei ist er über das für ihn bestehende Widerrufsrecht zu belehren; die Belehrung ist von ihm gesondert zu unterschreiben. Beide Seiten sind zur Kündigung berechtigt.

Diese Regelungen sind zwingend, soweit es sich um rechtlich geschützte Positionen der Teilnehmerinnen und Teilnehmer handelt. Auf Verträge, die darauf abzielen, die Zwecke eines Fernunterrichtsvertrags in einer anderen Rechtsform zu erreichen, finden sie entsprechende Anwendung. Insoweit gilt also auch ein **Umgehungsverbot**.

Im übrigen treffen den Veranstalter schon im Vorfeld von Vertragsabschlüssen Rechtspflichten. Bei geschäftlicher Werbung muß er den Interessenten durch Übermittlung von Informationsmaterial einen vollständigen Überblick in wichtigen Punkten verschaffen. Nur wenn zuvor entsprechendes Material zugegangen und außerdem schriftlich um Beratung gebeten worden ist, dürfen Besuche durch den Veranstalter oder seine Beauftragten stattfinden.

Von wenigen Ausnahmen abgesehen, ist die Veranstaltung von Fernlehrgän-

---

38) SchR 4.5.6/1.
39) SchR 4.5.6/13, 23.

VII. Privatschulen

gen an eine staatliche **Zulassung** gebunden. Zuständige Stelle hierfür ist für die Bundesländer — mit Ausnahme des Hochschulbereichs — die auf Grund des Staatsvertrags über das Fernunterrichtswesen als Einrichtung des Landes Nordrhein-Westfalen errichtete **Staatliche Zentralstelle für Fernunterricht** in Köln.[40])

Die Zulassung kann befristet, unter Bedingungen erteilt und mit Auflagen verbunden werden, die dem Schutz der Teilnehmer und der ordnungsgemäßen Durchführung des Fernunterrichtsgesetzes dienen. U.U. kommt nur eine vorläufige Zulassung in Betracht. Unter bestimmten Voraussetzungen ist die Rücknahme oder der Widerruf der Zulassung eines Fernlehrgangs zwingend vorgeschrieben oder möglich. Über die zugelassenen Fernlehrgänge führt die Zentralstelle ein jährlich zu veröffentlichendes Verzeichnis.

Neben der Überprüfung von Fernlehrgängen hat die Zentralstelle die **Aufgabe**, die Entwicklung des Fernunterrichtswesens zu beobachten, sie durch Empfehlungen und Anregungen zu fördern und die Länder in Fragen des Fernunterrichts zu beraten. Interessenten erteilt sie Auskünfte über Fernlehrgänge und über die Möglichkeiten der Bildung durch Fernunterricht.[41])

43 Spezielle Vorschriften befassen sich mit der Abgabe von Stellungnahmen zu entgeltlichen berufsbildenden Fernlehrgängen und mit der Prüfung und Anerkennung berufsbildender Fernlehrgänge durch das **Bundesinstitut für Berufsbildung** in Berlin.[42])

44 Beispiele für staatliche (abgeschwächte) Formen des Fernunterrichts sind die **Telekollegs I und II**. Das Telekolleg I wird vom Land Nordrhein-Westfalen und vom Westdeutschen Rundfunk in Zusammenarbeit mit den Einrichtungen der Weiterbildung in Nordrhein-Westfalen, das Telekolleg II in Zusammenarbeit des Landes Nordrhein-Westfalen mit den Ländern Baden-Württemberg, Bayern, Brandenburg, Rheinland-Pfalz, Saarland sowie dem Bayerischen Rundfunk, dem Südwestfunk (zugleich Geschäftsstelle) und dem Westdeutschen Rundfunk durchgeführt. Im Rahmen eines Medienverbundsystems ermöglichen die beiden Telekollegs durch Lehrsendungen, schriftliches Begleitmaterial, Direktunterricht an Kollegtagen und Prüfungen den Erwerb der Fachoberschulreife (Telekolleg I) bzw. der Fachhochschulreife (Telekolleg II) in der gewerblich-technischen, kaufmännischen bzw. hauswirtschaftlich-sozialpädagogischen Fachrichtung. Sie dauern jeweils 2 Jahre, gliedern sich in 6 Trimester und unterstehen staatlicher Aufsicht.[43]) Weitere abgeschwächte Fernunterrichtsformen sind **Schulfunk** und **Schulfernsehen**.[44])

---

40) Errichtungserlaß vom 28.1.1980 (BASS 10-31 Nr. 5; SchR 4.5.6/21).
41) Art. 2 des Staatsvertrages. Wegen weiterer Regelungen siehe Geschäftsordnung der Zentralstelle (BASS 10-32 Nr.8). Ferner: Ausführungsbestimmungen zum Verfahren bei staatlichen Abschlußprüfungen für Fernlehrgangsteilnehmer (BASS 19-41 Nr. 2; SchR 4.5.6/111).
42) § 6 Abs. 2 Nr. 6a BerBiFG; § 15 FernUSG i.V.m. § 6 Abs. 2 Nr. 6b BerBiFG. Ferner: Richtlinien des Bundesinstituts für Berufsbildung (SchR 4.5.6/51).
43) VO über die Ausbildung und Prüfung im Telekolleg I (BASS 19-42 Nr. 2; SchR 4.5.6/401) bzw.im Telekolleg II (BASS 19-42 Nr. 1.1; SchR 4.5.6/501).
44) Mitschnitt von Schulfunk- und Schulfernsehsendungen: RdErl. vom 13.12.1985 (BASS 16-11 Nr. 1; SchR 3.9.1/101). Rundfunkgebührenpflicht der Schulen (Gebührenbefreiung für 3 Monate): RdErl. vom 12.11.1985 (BASS 16-2 Nr. 4; SchR 3.7.5/97).

VII. Privatschulen

8. Freie Unterrichtseinrichtungen, Privatunterricht

Freien Unterrichtseinrichtungen und dem zu ihnen im weiteren Sinne gerechneten Privatunterricht ist gemeinsam, daß sie nicht unter den Schulbegriff einzuordnen, also keine Schulen im schulrechtlichen Verständnis sind: Sie erteilen nicht unabhängig vom Wechsel der Lehrer und Schüler zur Erreichung eines bestimmten Bildungsziels auf Dauer lehrplanmäßig allgemein- oder berufsbildenden Unterricht in mehreren Fächern (**Legaldefinition** in § 46 SchOG). Daher kann mit dem Besuch einer freien Unterrichtseinrichtung auch nicht die Schulpflicht erfüllt werden. 45

Zu den **freien Unterrichtseinrichtungen** gehören hiernach Kurse, die nur die Vermittlung bestimmter Fertigkeiten in einem Fach oder in wenigen Fachgebieten bezwecken, Lehrgänge, die wegen ihrer geringen Dauer keinen schulischen Charakter haben, sowie solche Veranstaltungen, in denen sich der Unterricht auf schulfremde Gegenstände bezieht. Diese Merkmale treffen z. B. auf Sprach-, Koch- und Gymnastikkurse, fachschulähnliche, zeitlich begrenzte Lehrgänge, Nachhilfeinstitute sowie auf Tanz-, Reit- und Fahrschulen zu. Die Abgrenzung von Ergänzungsschulen ist gelegentlich schwierig, da die Übergänge vielfach fließend sind. Dies wird auch daran deutlich, daß Unterrichtsgegenstände, die früher nicht den Schulen zugeordnet worden sind, im Laufe der Entwicklung häufig in das Schulwesen integriert wurden. Für die Abgrenzung kommt es jedenfalls, wie die Beispiele zeigen, nicht auf die verwendete Bezeichnung an. 46

Angebote im Bereich der Erwachsenen- und Weiterbildung sowie private Hochschulen unterstehen dagegen eigenem Recht und sind deshalb hier auszuklammern.

Freie Unterrichtseinrichtungen werden zumeist von Vereinen und Privatpersonen betrieben. Sie unterliegen den **allgemeinen Gesetzen** (z. B.: BGB, ferner — sofern auf Gewinnerzielung angelegt — dem Gewerberecht)[45]). Dies gilt auch für das Geschäftsgebaren der Träger freier Einrichtungen. Ein Institut für Nachhilfeunterricht darf daher nicht mit der Zusage werben: „Bei Mißerfolg Geld zurück." Geschieht dies dennoch, so kann ein Konkurrent Unterlassung nach dem Gesetz über den unlauteren Wettbewerb verlangen.[46]) Die Rechtsbeziehungen der Träger zu Unterrichtenden und Unterrichteten beruhen ausschließlich auf dem Bürgerlichen Recht (Dienstvertragsrecht) mit dem Grundsatz der Vertragsfreiheit. 47

Weil freie Unterrichtseinrichtungen keine Schulen im Rechtssinne sind, erstreckt sich die **staatliche Schulaufsicht** nur insoweit auf sie, als dies durch Gesetz ausdrücklich geregelt ist (§ 46 SchOG). Ihr sind lediglich rudimentäre Befugnisse eingeräumt. 48

Für alle freien Unterrichtseinrichtungen gilt, daß sie nicht als Ergänzungsschulen bezeichnet werden dürfen. Erst recht ist ihnen der Gebrauch von Namen und Unterlagen untersagt, die eine Verwechslungsgefahr mit öffentlichen oder mit Ersatzschulen begründen könnten. Hierauf hat die Schulaufsicht zu achten.

---

45) Zur Anwendung des Gewerberechts siehe OVG Münster vom 10.6.1985 (SPE n. F. 264 Nr. 3). Diesem Urteil kommt grundsätzliche Bedeutung zu.
46) BGH in NJW 1983, S. 1327. Siehe auch: *Gounalakis* in SchVw NRW 1995, S. 308.

VII. Privatschulen

In den Fällen, in denen freie Unterrichtseinrichtungen regelmäßig auch Personen unter 18 Jahren gewerbsmäßig, d. h. mit Gewinnerzielungsabsicht, in schulischen Gegenständen Unterricht, insbesondere Nachhilfeunterricht, erteilen, stehen der Schulaufsicht weitergehende Rechte zu. Sie hat dann u.a. Anspruch auf vorherige Mitteilung über die Unterrichtsaufnahme, auf Auskünfte, Nachweise sowie auf Augenscheinseinnahme vor Ort. Wenn Träger, Leiter oder Unterrichtende nicht die gebotene **Zuverlässigkeit** besitzen oder sonstigen gesetzlichen Anforderungen nicht genügen, kann sie die Inbetriebnahme der Einrichtung oder deren Fortführung untersagen bzw. andere geeignete Maßnahmen treffen (§ 46 Abs. 2 SchOG).

49 Ansonsten unterliegen die freien Unterrichtseinrichtungen nicht der Schulaufsicht, sondern einer im wesentlichen auf die Aufgaben der **allgemeinen Gefahrenabwehr** begrenzten Staatsaufsicht durch die Ordnungsbehörden bzw. die Ämter für Arbeitsschutz. Diese stellen sicher, daß Lehrkräfte und das sonstige Personal nur tätig werden, wenn sie frei von ansteckenden Krankheiten sind. Wo Grund zu Beanstandungen besteht, können die zuständigen Behörden Beseitigung verlangen oder die vorübergehende, ggf. auch die endgültige Schließung der Einrichtung anordnen. Welche Maßnahme im Einzelfall getroffen wird, richtet sich auch in diesem Bereich nach dem Grundsatz der Verhältnismäßigkeit.

50 Privatunterricht ist die Unterrichtserteilung durch Privatpersonen oder Vereinigungen an einzelne Schüler oder an kleine Gruppen von Schülern. Ihm fehlt die feste Organisationsform der Schule und (meistens) ein fester Lehrplan. Charakteristisch für ihn ist eine nur vorübergehende individuelle Beziehung zwischen Unterrichtendem und Unterrichteten, für die ausschließlich das Privatrecht gilt. Privatunterricht kann gewerbsmäßig oder unentgeltlich erteilt werden. Im ersten Fall unterliegt er der Gewerbeordnung (Gewerbeaufsicht).

Stichwortverzeichnis

(Die Fundstellenangaben beziehen sich auf Kapitel und Randnummern.)

A

Abendgymnasium II 41
Abendrealschule II 40
Abgangszeugnis IV 53
Abiturprüfung II 29, IV 68
Abschlüsse
– allgemein IV 60 ff
– Berufskolleg II 31
– Sekundarstufe III 16
– Sekundarstufe IIII 27
– Sonderschulen II 12
– Zweiter Bildungsweg II 39 ff
Abschlußprüfung IV 67 ff
Abschlußzeugnis IV 53
Alkohol V 32
Allgemeine Dienstordnung III 10 f
Allgemeine Hochschulreife
  II 29, IV 66
Amtsblatt I 40
Amtshilfe VI 46
Analogieschluß I 21
Androhung der Entlassung V 21
Anerkennung von Abschlüssen I 24
Anfechtung
– Leistungsbewertung IV 49
– Ordnungsmaßnahme V 22
– Zeugnis IV 54
Anfechtungsklage VI 50
Ankündigung
– von Klassenarbeiten IV 42
Anmeldeüberhang V 13
Anstalt VI 6
Anstaltspflege V 9
Arbeitslehre IV 92
Arbeitszeit
– Lehrer III 15
Ärztliches Attest V 16
Asylbewerber
– Schulpflicht V 3
Attest V 16
Aufbaugymnasium II 22
Auflösung
– Ersatzschule VII 27, 35
– von Schulen VI 20
Aufnahme in die Schule V 13
Aufschiebende Wirkung VI 52
Aufsichtsbeschwerde VI 48
Aufsichtspflicht V 37
Ausbildungsbetrieb
– Information V 24

– Klassenpflegschaft III 24
Ausbildungskonsens I 35
Ausbildungsverhältnis I 34, II 32
Ausgleichsregelung
– Versetzung IV 56
Auskunft
– Leistungsstand V 24
Auskunftsstellen I 43
Ausländische Kinder
– Schulpflicht V 3
Ausländische Schule V 3
Auslegung I 20
Ausschluß
– aus Unterrichtsstunde V 20
– vom Unterricht V 21
Äußere Schulangelegenheiten
  VI 18, 30
Außerschulische Einrichtungen
  II 35, V 7
Außerunterrichtlicher Schulsport
  IV 84
Ausstattung
– zum Schulbesuch V 12
Ausstattungsrichtlinien
– für Schulen VI 24
Autonomie VI 14

B

Beanstandungsrecht
– Schulleiter III 12
Bedürfnis II 25, VI 20
Befangenheit VI 43
Befreiung
– vom Religionsunterricht IV 74
– vom Sportunterricht IV 85
– vom Unterricht V 18
– vom Klassenfahrt V 18
Behinderte Schüler II 10, V 9
Bekenntnisfreiheit I 28
Bekenntnisschulen II 4
Beliehener Unternehmer VII 17
Benachrichtigung
– Blauer Brief IV 52
Beratung
– bei Konflikten III 35
– der Eltern III 29
– Leistungsbewertung IV 43
Beratungslehrer IV 43
Beratungsstellen V 25

Stichwortverzeichnis

Bereinigung
- von Vorschriften I 18

Berufsabschluß II 37, 43
Berufsausbildungsverhältnis V 10
Berufsberatung IV 92
Berufsbildende Schulen
- Abschlußprüfung IV 69
- Fachkonferenz III 33
- Klassenpflegschaft III 24
- Schulkonferenz III 8
- Stundentafeln IV 33

Berufsbildung I 34
Berufsbildungsgesetz
- Abschlußprüfung IV 69
- Duales System I 34

Berufsfachschule II 36 f
Berufsgrundschuljahr II 35, V 11
Berufskolleg II 2, 27, 30
Berufsreife II 19, 35
Berufsschulabschluß II 34
Berufsschule
- allgemein II 32
- Blockunterricht IV 24, V 11
- Duales System I 34 f
- Kammerprüfung IV 69
- Teilzeitunterricht V 11
- überbetr. Unterweisung V 17
- Unterrichtsstunden IV 24

Berufsschulpflicht V 2, 10 ff
Berufswahlvorbereitung IV 92
Beschwerde VI 48
Besondere Einrichtungen II 39
Besonderes Gewaltverhältnis I 6
Betriebserkundung IV 92
Betriebspraktikum IV 92
Beurlaubung V 17
Bewertungsspielraum VI 50
Bezirksregierung
- Aufsichtsbehörde VI 37 ff
- Schulabteilung VI 39

Bildungs- und Erziehungsauftrag
- der Schule IV 5

Bildungs- und Erziehungsziele I 11
Bildungsgänge
- Berufsfachschulen II 37

Bildungskommission VI 12
Bildungsplanung I 26
Bildungsziele
- der Fächer IV 7

Blauer Brief IV 52
Blockunterricht II 34, IV 24, V 11
Budgetierung
- Sachmittel IV 13, VI 13

Bundesrecht I 8 f

D

Datenschutz V 24
Defizitdeckungsverfahren VII 29
Demokratiegebot I 6
Denkschrift VI 12
Deutscher Bildungsrat I 25
Dialog
- mit Verbänden III 44

Dienstaufsicht VI 33 f
Differenzierungsmaßnahmen IV 18,21
Disziplinarrecht VI 34
Drogenmißbrauch V 32
Duales System I 34, II 32
Durchlässigkeit der Schulformen IV 60

E

Eigenleistung
- Ersatzschule VII 32

Einschulung II 7, V 12
Einstweilige Anordnung VI 51
Elterliche Sorge I 36
Eltern
- Mitarbeit III 28
- Unterrichtsbesuch III 28

Elternkosten V 12
Elternrecht
- bei Errichtung II 25
- Verfassung I 5, IV 1

Elternsprechtag III 29, V 24
Elternverbände
- Geldsammlung V 44
- Mitgliedschaft III 31
- Mitwirkung III 45

Elternversammlung III 31
Elternwille
- Übergang II 9, 23

Entlassung
- von der Schule V 14, 21

Ergänzungsschule I 33, VII 36 ff
Erlass I 18
Ermessensentscheidung I 21
Erprobungsstufe II 15
Errichtung
- Berufsschulen II 33
- Ergänzungsschule VII 39
- Ersatzschule VII 7
- Gesamtschule II 25
- Grundschule II 5
- Gymnasium II 22
- Hauptschule II 18

Stichwortverzeichnis

– Sonderschule II 10
– von Schulen II 4, VI 20
Ersatzfach
– für Religion IV 31, 75
Ersatzschule
– allgemein VII 4 ff
– Auflösung VII 27
– Eigenleistung VII 32
– Genehmigung VII 7 ff, 20
– Lehrkräfte VII 8
– Lehrplan IV 11
– Schulaufsicht VII 18 ff
– Schülerfahrtkosten V 29
– vorläufige Erlaubnis VII 11
Ersatzschulfinanzgesetz I 14
Ersatzschulfinanzierung VII 28 ff
Ersatzunterricht I 27
Erzieherische Einwirkung V 19 ff
Erziehungsberechtigte
– siehe Eltern
Erziehungsrecht
– staatliches IV 1
Europäische Integration I 10
Externenprüfung IV 70

F

Fachaufsicht VI 33,35
Fachberater VI 36
Fachhochschulreife II 27, 37 f
Fachhochschulreifeprüfung II 38
Fachklassenprinzip II 33
Fachkonferenz III 33 ff
Fachleistungskurse IV 21
Fachoberschule II 38
Fachoberschulreife II 16, IV 65
Fachschule II 43
Fahrlässigkeit V 40
Familienpflege V 9
Familienrecht I 36
Fehlverhalten V 19
Ferienordnung IV 27
Ferienverlängerung
– eigenmächtige V 17
Fernunterricht VII 40 ff
Finanzierung
– Hausunterricht IV 86
Flugblätter V 48
Fördermaßnahmen IV 89 ff
Förderunterricht IV 89
Förderverein III 36
Freie Unterrichtseinrichtung VII 45 ff
Fünf-Tage-Woche IV 28

G

Ganztagsschule II 24
Gefährdung der Versetzung IV 52
Geld statt Stellen VI 13
Geldsammlungen V 44
Gemeinde als Schulträger VI 19
Gemeinsamer Unterricht II 11, V 9
Gemeinschaftsschulen I 28, II 4
Geordneter Schulbetrieb II 5, 18
Gesamtschule II 24 ff
Gesellschaftslehre IV 81
Gestaltungsfreiheit
– der SchuleI 19, III 2, VI 10
– Ersatzschule VII 22
Gesundheitsamt V 31
Gewerberecht VII 47
Gleichbehandlungsgrundsatz I 22
Gleichstellungsverfahren VII 8
Gleichwertigkeit
– Ersatzschule VII 8, 19
Grundgesetz I 4
Grundrechte I 5, 12
Grundschule
– allgemein II 7 ff
– Errichtung II 5
– Leistungsbewertung IV 45
– Stundentafel IV 30
– Übergang VI 61
– Zeugnisse IV 51
Gymnasiale Oberstufe
  Aufgabenfelder IV 32
– Schulen II 22, 24
– Struktur II 28 f
Gymnasium II 22 f

H

Haftung
– Regreß V 40
– Schuleigentum V 41
Haftungsfragen V 39 ff
Hamburger Abkommen I 24
Handwerkskammer IV 69, VI 19
Hauptschulabschluß II 16, IV 62
Hauptschule
– allgemein II 17 ff
– Errichtung II 5
Hausaufgaben IV 34 ff
Hausmeister VI 18,26
Hausunterricht II 13, IV 86
Hochschulreife NRW II 29, IV 66
Höchstverweildauer IV 59
Höhere Berufsfachschule II 36
Höhere Fachschule II 43
Hort I 37

Stichwortverzeichnis

I

Informationsanspruch
- Ausbildungsbetrieb V 24
- Eltern V 23
- Leistungsbewertung IV 46

Informationsschriften I 41
Islamische Unterweisung IV 75 f

J

Jahrgangsstufenkonferenz III 22
Jahrgangsstufenpflegschaft III 27
Jugendarbeitsschutzgesetz I 39
Jugendhilfe I 37
Jugendrecht I 36
Jugendschutz I 38

K

Kammern als Schulträger VI 19
Kapazitätsgrenzen
- bei Aufnahme V 13

Kinder- und Jugendhilfe I 37
Kinderarbeit I 39
Kindergarten I 37
Kinderrechte I 36
Kirche und Schule I 27
Kirchen
- Mitwirkung III 44
- Religionsunterricht IV 72

Kirchliche Ersatzschulen VII 24
Kirchliche Lehrerfortbildung I 29
Kirchliche Lehrkräfte IV 73
Klassenarbeiten
- allgemein IV 37 ff
- Anforderungen IV 39
- Notenstufen IV 40
- Schulleiter IV 41
- Überlastung IV 42

Klassenbildung IV 20
Klassenfahrt
- allgemein IV 93
- Aufsicht V 38
- Befreiung V 18
- Kostenrahmen IV 95
- Leitung V 39
- Vertragsschluß IV 98
- weitere Begleiter IV 97

Klassenkonferenz III 20 ff
Klassenleitung III 16
Klassenpflegschaft III 23 ff
Klassensprecher III 20, 23, 37
Klassenverband IV 18
Koedukation IV 21

Koedukativer Sportunterricht
 IV 85, V 18
Kolleg II 42
Kollegschulversuch II 27, 30, 44
Kollektivbestrafung V 21
Kommunale Spitzenverbände
- Mitwirkung III 44

Konfessionsschulen I 28, II 4 ff
Konfliktberatung III 36
Kooperation von Schulen VI 16 f
Kopien im Unterricht IV 17
Körperliche Züchtigung V 21
Körperverletzung V 39
Kostenrahmen
- Klassenfahrt IV 95

Krankenhausschule II 13
Krankheit
- Hausunterricht IV 86 f
- Meldepflicht V 31
- von SchülernII 13

Kulturhoheit I 4, 8
Kultusministerkonferenz I 23, 42
Kurssystem IV 21

L

Laborschule II 45
Land als Schulträger VI 19
Landesoberbergamt VI 38
Landesschülervertretung III 40
Landesschulgesetz I 7, 13
Landesverfassung I 11, II 1, 4
- Bildungsrecht IV 2, 5

Landschaftsverband VI 38
Landtagsausschuß I 15
Lehramtsanwärter
- in der Lehrerkonferenz III 17
Lehrer- Arbeitszeit III 15
- pädagog. Freiheit III 16, 18, 21, 34
- s. auch Lehrkräfte

Lehrerausbildung I 28
Lehrereinstellung III 15, VI 13
Lehrerkonferenz III 17 ff
Lehrerrat III 35 f
Lehrerstellen VI 28
Lehrerverbände III 44
Lehrkräfte
- an Ergänzungsschulen VII 38
- an Ersatzschulen VII 8, 13 f, 35
- mit bes. Funktion III 16
- Rechtsstellung III 15
- s. auch Lehrer

Lehrmittel IV 13
Lehrplankommission IV 9
Leistungsanforderungen
- Versetzung IV 55

Stichwortverzeichnis

Leistungsbewertung IV 43 ff
Leistungsnachweis
– Versäumnis IV 47
Leistungsverweigerung IV 47
Lernmittel IV 14 ff
Lernmittelfreiheit IV 16, V 27
Lernmittelfreiheitsgesetz I 14
Lese-Rechtschreibschwäche IV 91

M

Meinungsfreiheit
– im Unterricht V 45
Meinungsverschiedenheiten V 14
Meldung
– Krankheit V 31
– Unfall V 34, 36
Ministerium für Schule VI 37
Missio canonica IV 73
Mitwirkung
– beim Ministerium III 43
– beim SchulträgerIII 43
Mitwirkungsorgane
– allgemein III 3
– Freiräume I 19, III 2
Muttersprachl. Ergänzungsunterricht IV 75

N

Nacharbeit unter Aufsicht V 20
Nachprüfung IV 58
Notenspiegel
– Information V 24
Notenstufen
– Klassenarbeit IV 44
– Zeugnis IV 50

O

Obere Schulaufsichtsbehörde VI 37
Oberstufenkolleg II 45
Oberstufenzentrum II 22
Öffnung von Schule VI 13
Ordnungsmaßnahmen V 19 ff

P

Pädagogische Freiheit
III 16, 18, 21, 34, IV 4
Partnerschaftliche Zusammenarbeit
III 2
Pausen IV 26

Personalausgaben VI 26
Philosophie
– Ersatzfach IV 75
Politik-Unterricht IV 80 f
Politisches Mandat III 38, 40
Praktische Philosophie I 27, IV 75
Privatschulen I 30, VII 1 ff
Privatschulfreiheit VII 2
Privatunterricht VII 50
Probeunterricht II 23
Prognoseklausel IV 56
Prüfung
– Verfahrensfehler VI 50, IV 67 ff

Q

Qualifikationsvermerk IV 62
Qualitätsentwicklung III 16
Qualitätssicherung VI 14

R

Rahmenplan
– Klassenfahrt IV 95
Realschulabschluß II 21
Realschule II 20 ff
Recht auf Bildung IV 2
Rechtsanwendung I 20
Rechtsbehelfe VI 49
Rechtsschutz VI 47
Rechtsstaatsgebot I 6
Rechtsverordnungen I 15 f
Regelungsverzicht I 19
Regierungspräsident
siehe Bezirksregierung
Reisekosten
– Klassenfahrt IV 96
Religionsunterricht
– allgemein I 27, IV 71 ff
– Befreiung IV 74
– Benotung IV 71, 74
Religiöse Bekleidungsvorschriften IV 85
Religiöse Freizeiten IV 77
Richtlinien und Lehrpläne
I 18, IV 7 ff
Runderlass I 18
Rundverfügung I 18

S

Sachausgaben VI 27
Sachschaden
– Haftung V 40
Schadensersatz V 39

Stichwortverzeichnis

Schmerzensgeld V 36, 39
Schriftlicher Verweis V 21
Schulamt VI 37, 39
Schularten II 2
Schularzt V 31
Schulaufsicht
– allgemein VI 1 ff, 32 ff
– Ersatzschulen I 32
– freie Unterrichtseinrichtungen VII 48
– Reform VI 40
– über Ergänzungsschulen VII 39
– über Ersatzschulen VII 18 ff
Schulaufsichtsbeamte VI 36
Schulaufsichtsbehörden VI 37
Schulausschuß VI 31
Schulbau VI 23
Schulberatung V 25
Schulbezirk V 13, VI 22
Schulbuchzulassung IV 15
Schuldaten VI 8
Schule
– als Behörde VI 8
– als päd. Einheit III 16
– Begriff I 2
– Errichtung VI 20
– Rechtsstellung VI 6
– Selbständigkeit VI 10
Schule für Kranke II 13
Schule und Betrieb I 35
Schule und Jugendhilfe I 37
Schule und Kindergarten I 37
Schule und Kirche I 27
Schuleinzugsbereich V 13, VI 22
Schulen für Behinderte II 10
Schulentwicklung III 16
Schulentwicklungsplanung VI 29
Schüler
– Fehlverhalten V 19
– Informationsanspruch V 23
– Meinungsfreiheit V 45
– Schulverhältnis V 1 ff
Schüler-Lehrer-Relation IV 20, VI 28
Schülerbetriebspraktikum IV 92
Schülerfahrkosten V 29
Schülergruppen V 46
Schülerrat III 37
Schülersportgemeinschaft IV 84
Schülersprecher III 37
Schülerstammblatt V 24
Schülerstreik V 15
Schülerunfallversicherung V 35
Schülerversammlung III 39
Schülervertreter
– Beurlaubung III 37 ff, V 17
Schülerzeitung V 47
Schulfahrt IV 93
Schulferien IV 27

Schulfest
– Alkohol V 32
Schulfinanzgesetz I 14
Schulfinanzierung VI 25 ff
Schulformen II 2
Schulfremde Druckschriften V 44
Schulgebet IV 77
Schulgeldfreiheit V 26
Schulgesetze I 13
Schulgesetzgebung
– Entwicklung I 14
Schulgesundheitswesen V 31
Schulgottesdienst IV 77
Schulkindergarten II 7
Schulkonferenz
– allgemein III 2, 6 ff
– Aufgaben III 8
– Zusammensetzung III 7
Schullandheimaufenthalt IV 93
Schulleitung
– Aufnahmeentscheidung V 13
– Beanstandungrecht III 12
– Begriff III 10
– Ständiger Vertreter III 13
– und Schulkonferenz III 12
Schulministerium VI 37
Schulmitwirkung III 1 ff
Schulmitwirkungsgesetz I 14
Schulmonopol I 30
Schulordnungsgesetz I 14
Schulpflegschaft III 30 ff
Schulpflicht
– allgemein V 2 ff
– Beginn II 7, V 4
– Behinderte Schüler V 9
– Verletzung V 12
– Zehntes Schuljahr V 6 ff
Schulpflichtgesetz I 14
Schulprofil VI 13
Schulprogramm III 9, 16; VI 13
Schulrecht I 1
Schulreife V 5
Schulsekretärin VI 18, 26
Schulsparen V 44
Schulsport V 82 ff
Schulstruktur II 1 ff
Schulstufen II 2
Schulträger
– Aufgaben VI 18 ff
– Budgetierung IV 13, VI 13
– Datenschutz V 24
– Ersatzschule VII 1,9 ff
– Haftung V 40
– Lernmittel V 27
– Mitwirkung beim Personal III 43, VI 18, 30
– Sachaufgaben VI 27

Stichwortverzeichnis

- Schülerfahrkosten 30
- Schulkonferenz und Schulleitung III 2, 19, 11
- Verwaltungsführung VI 15, 18

Schultypen
- allgemein II 2
- Berufsfachschule II 36
- Berufsschule II 33
- Fachoberschule II 38
- Hauptschule II 19
- Sonderschule II 10

Schulveranstaltung IV 94
Schulverein III 32
Schulverfassung III 1
Schulverhältnis V 1
- allgemein V 1
- Ersatzschule VII 16
- Rechte und Pflichten V 14

Schulversäumnis
- Benachrichtigung V 16
- unentschuldigt V 14

Schulversuch
- allgemein II 44
- Praktische Philosophie IV 75

Schulverwaltung VI 3, 30
Schulverwaltungsgesetz I 14
Schulvorstand VI 31
Schulwanderungen IV 93

Schulweg
- Kosten V 29
- Unfall V 34
- Versicherungsschutz V 35

Schulzeitung V 47
Schulzentrum VI 23
Schulzwang V 12
Schwimmunterricht IV 85, V 18
Sekundarabschluß II 16
Sekundarabschluß I IV 63 f

Sekundarstufe I
- allgemein II 14
- Stundentafel IV 31

Sekundarstufe II II 27
Selbstkoordination der Länder I 8, 23
Sexualerziehung IV 78 f
Sicherheitsbeauftragter V 34
Silentien IV 90
Sofortige Vollziehung VI 52
Sollvorschrift I 21
Sonderpädagogischer Förderbedarf II 12, V 9

Sonderschule
- allgemein II 10
- Schulpflicht V 9

Sozialgesetzbuch I 37, V 33, 35
Sozialhilfe
- Lernmittel lV 27

Sozialpädagogische Fachkräfte III 17,35
Sozialstaatsgebot I 5
Sozialwissenschaften IV 81
Splitterberufe II 33
Sponsoring V 44, VI 18
Sport IV 82 ff
Sportförderunterricht IV 83
Sprechstunden für Eltern III 29
Staatliche Zentralstelle
- für Fernunterricht VII 42

Staatsvertrag I 23
Stadtschulpflegschaft III 45
Ständiger Vertreter III 13
Stellenausschreibung VI 13
Stiftische Gymnasien VI 26
Strafarbeiten IV 35, V 20
Strahlenschutz V 34
Streik von Schülern V 15
Studienberechtigung IV 66
Stundentafeln IV 29 ff
Suchtmittel V 32
SV-Stunde III 39

T

Tadel V 20
Täuschungshandlung IV 48
Teilnahmepflicht V 15
Teilzeitunterricht II 34
Telekolleg VII 44
Toleranzgebot IV 3, 5; V 43
Toleranzgebot I 28
Trägerschaft von Schulen VI 19

U

Übergang in die S I II 9
Übergänge in andere Schulformen IV 60 ff
Überschulische Elternmitwirkung III 4
Überschulische Mitwirkung
- beim Schulträger III 43

Überschulische Schülervertretung III 40
Überwachung
- Schulpflicht V 12

Überweisungszeugnis IV 53
Umweltschutz IV 5
Unbestimmter Rechtsbegriff I 20
Unfall
- Meldung V 34, 36

Unfallverhütung V 33
Universität IV 66
Unparteilichkeit
- der Schule V 42

Stichwortverzeichnis

– der Schülervertretung III 38
– im Unterricht V 43
Untere Schulaufsichtsbehörde
  VI 37
Unterrichtsbedarf IV 20
Unterrichtsbeginn IV 25
Unterrichtsbesuche
– Eltern III 28
Unterrichtsboykott V 21
Unterrichtsgenehmigung VII 14
Unterrichtsinhalte
– Auswahl III 25
Unterrichtsorganisation IV 18
Unterrichtsstunde
– Dauer IV 26
Unterrichtsstunden
– Berufsschule IV 24
– wöchentliche IV 23

V

Verbände
– Mitwirkung III 44
Verbindungslehrer III 39
Verfassungsgerichtshof I 11
Verhältnismäßigkeit
– allgemein I 22
– Ordnungsmaßnahmen V 22
Verkehrserziehung V 34
Vermittlungsausschuß V 47
Veröffentlichungsorgane I 40
Versäumnis
– Leistungsnachweis IV 47
Versetzung
– allgemein IV 55 ff
– Ausgleichsregelung IV 56
– Gefährdung IV 52
Versetzungskonferenz
  III 21, 22; IV 57
Verstärkungsunterricht IV 89
Versuchsschulen II 44, VI 19
Vertragsschluß
– Klassenfahrt IV 98
Vertretung
– Schulleitung III 13
Vervielfältigungen
– im Unterricht IV 17, V 28
Verwaltungsabkommen I 23
Verwaltungsakt
– allgemein VI 42
– Ordnungsmaßnahmen V 22
Verwaltungsgerichtsordnung VI 4, 49
Verwaltungsrechtsschutz VI 47

Verwaltungsverfahrensgesetz VI 4, 41
Verwaltungsvorschriften I 17
Verweis V 21
Verweisung von allen Schulen V 21
Vokation IV 73
Volksschulreform II 4, 17
Volljährige Schüler
– allgemein III 23, 27. V 24
– Aufsicht V 38
Vollzeitschulpflicht V 2, 6 ff
Vorbehalt des Gesetzes I 6
Vorklasse zum BGJ II 35, V 11
Vorläufige Erlaubnis VII 11,29
Vormundschaftsgericht V 9

W

Wahlen und Abstimmungen III 41
Wahlpflichtunterricht IV 31
Wanderrichtlinien IV 95
Weiterbildungsgesetz II 3
Weltanschauungsschulen II 4
Werbungsverbot V 44
Wesentlichkeitstheorie I 6
Widerspruch VI 49
Wiedergutmachung V 20
Wiederholung der Klasse IV 59
Wirtschaftsverbände
– Mitwirkung III 44

Z

Zehntes Vollzeitschuljahr
– Schulpflicht V 7
Zensurverbot V 47
Zeugnis
– allgemein IV 50 ff
– Beurteilungsgrundlagen IV 50
– Grundschule II 8, IV 51
Zeugniszensur IV 38
Zügigkeit IV 19
Zurückstellung
– vom Schulbesuch V 4
Zusammenarbeit
– in der Schule III 2
– von Schulen VI 16 f
Zuverlässigkeit
  Ergänzungsschule VII 37
  Ersatzschulträger VII 9
  freie Unterrichtseinrichtung VII 49
Zweiter Bildungsweg II 39 ff

Schule in Nordrhein-Westfalen

Kommentar
Reihe: Praxishilfen Schule
4., völlig überarbeitete und erweiterte Auflage 1998,
510 Seiten, kartoniert,
DM 49,80 • *ISBN 3-472-03346-0*

Margies/Gampe/Gelsing/Rieger
Allgemeine Schulordnung (ASchO) für Nordrhein-Westfalen

Die ASchO enthält wesentliche Regelungen für den Schulalltag, z. B. zu Schulaufnahme und -wechsel, Noten, Erziehungs- und Ordnungsmaßnahmen, Unfallverhütung, Haftung u. v. m. Sie bildet so einheitlich für alle Schulstufen und -formen den schulrechtlichen Handlungsrahmen für Lehrer, Schüler und Erziehungsberechtigte.

Die neue Auflage des Kommentars berücksichtigt alle aktuellen Änderungen der ASchO. Die rechtlichen Voraussetzungen schulischer Entscheidungen sowie das Verwaltungshandeln der Schulen, der Schulaufsichtsbehörden und des Schulträgers werden leicht verständlich erläutert. Rechtliche Fragen aus dem Schulalltag können so mit Hilfe des Kommentars schnell und zuverlässig beantwortet werden.

Kommentar
Reihe: Praxishilfen Schule
2., völlig überarbeitete und erweiterte Auflage 1998,
236 Seiten, kartoniert,
DM 38,– • *ISBN 3-472-03347-9*

Margies/Gampe/Gelsing/ Knapp/Rieger
Schulmitwirkungsgesetz (SchMG)

Lehrer, Schüler und Eltern haben in verschiedenen Gremien die Möglichkeit, an der Gestaltung des Schulwesens mitzuwirken und so die Schulqualität mit zu beeinflussen.

Der Kommentar zeigt rechtliche und pädagogische Chancen und Grenzen der Mitwirkung auf und stellt praxisnah mögliche Abläufe von Konfliktregelungs- und Arbeitsprozessen vor, wie sie bei der Kooperation mit teilweise konträren Auffassungen auftreten können.

Zu beziehen über Ihre Buchhandlung oder direkt beim Verlag.

Luchterhand Verlag
Postfach 2352 · 56513 Neuwied
Tel.: 02631/801-0 · Fax:/801-204
info@luchterhand.de
http://www.luchterhand.de

Rechtssicherheit in der Schule

Das zuverlässige Nachschlagewerk enthält in über 500 Stichworten Informationen und Ratschläge von Schulpraktikern zu allen Bereichen – von Schulrecht, über das Lehrerdienstrecht bis hin zum Steuerrecht.

Füssel u. a.
Rechts ABC für Lehrerinnen und Lehrer
Reihe: Praxishilfen Schule
2., überarbeitete Auflage 1998,
420 Seiten, kartoniert,
DM 32,–
ISBN 3-472-00394-4

Die Autoren kommen aus Schulaufsicht, Wissenschaft, Lehrerverbänden, Weiterbildung und Schulalltag. Das Buch gewährleistet so große Praxisnähe und Verbindlichkeit.

Thomas Böhm
Aufsicht und Haftung in der Schule
– Schulrechtlicher Leitfaden –
Reihe: Praxishilfen Schule
1998, 130 Seiten, kartoniert,
DM 24,80
ISBN 3-472-03101-8

Ob beim Spielen auf dem Schulhof, bei der Klassenfahrt oder dem Verweis eines Schülers aus dem Klassenraum: Die Frage nach Aufsichtspflicht und eventueller Haftung spielt stets eine wichtige Rolle. Ausgehend von zahlreichen Fallbeispielen aus der schulischen Praxis und der Rechtsprechung stellt das Buch die rechtlichen Kriterien zur Beurteilung der Erfüllung der Aufsichtspflicht eingehend dar und ermöglicht so die selbständige Anwendung in der täglichen, pädagogischen Praxis.

Zu beziehen über Ihre Buchhandlung oder direkt beim Verlag.

Luchterhand Verlag
Postfach 2352 · 56513 Neuwied
Tel.: 02631/801-0 · Fax:/801-204
info@luchterhand.de
http://www.luchterhand.de